高等职业教育土建类"十三五"规划教材

会诊工程法律纠纷疑难杂症

从招投标到竣工验收（第2版）

主　审▶吴昌平
主　编▶陈　正　毛云婷
副主编▶柳雄文　王模学　柳卫红

东南大学出版社
SOUTHEAST UNIVERSITY PRESS
·南京·

内容提要

本书立足高校建筑工程专业"建设法规"课程配套实训教材,又考虑建筑工程管理人员解决工程法律纠纷的实际需求,汇集了从招标到竣工验收全过程中 69 个工程法律纠纷疑难杂症,逐一进行精准会诊,对症下药,并提出预防措施。本书适合建筑工程类各专业学生作为实训教材或专业参考书,也可供相关工程管理人员学习参考之用。

图书在版编目(CIP)数据

会诊工程法律纠纷疑难杂症:从招投标到竣工验收/陈正,毛云婷主编.—2 版.—南京:东南大学出版社,2018.5(2021.9重印)
 ISBN 978-7-5641-7763-8

Ⅰ.①会… Ⅱ.①陈…②毛… Ⅲ.①建筑法—案例—中国—高等学校—教材 Ⅳ.①D922.297.5

中国版本图书馆 CIP 数据核字(2018)第 098239 号

会诊工程法律纠纷疑难杂症:从招投标到竣工验收(第 2 版)

出版发行	东南大学出版社
出版人	江建中
社 址	南京市四牌楼 2 号
邮 编	210096
经 销	江苏省新华书店
印 刷	南京京新印刷有限公司
开 本	787 mm×1 092 mm 1/16
印 张	20.25
字 数	505 千字
版 次	2018 年 5 月第 2 版 2021 年 9 月第 3 次印刷
书 号	ISBN 978-7-5641-7763-8
定 价	49.00 元

* 本社图书若有印装质量问题,请直接与营销部联系,电话:025-83791830。

前　言

当前,我国不少建筑企业"工程法律纠纷"呈现出高发的态势,而建筑企业对在校建筑工程类专业大学生法务实务能力提出了新要求,对在职建筑工程管理人员解决工程法律纠纷综合能力也提出了更高要求,本书立足高校建筑工程专业"建设法规"课程配套实训教材,又考虑建筑工程管理人员解决工程法律纠纷的实际需求,汇集了从招标到竣工验收全过程中69个工程法律纠纷疑难杂症,逐一进行精准会诊,对症下药,并提出预防措施,这样,在校学生学习"建设法规"课程时能将"理论联系实际且突出实践"落到实处,建筑企业工程管理人员也能较快地提高解决工程法律纠纷的能力。

本书的特点是:

1. 从建筑企业中来到建筑企业中去。

本书作者通过深入多家企业调研,收集了当前建筑企业普遍存在的法律纠纷问题,精心梳理会诊后,总结归纳出带有共性的解决问题的方式方法,指导建筑企业的法务工作。

2. 理论必需够用,突出法律实务。

本书筛选出必需够用的法律理论,直接服务于法律实务,用最简单通俗的文字表述,将建筑领域最复杂最令人纠结的工程法律实务问题一一破解。

3. 与时俱进,内容新颖,前瞻性强。

本书充分吸收了近两年来建筑工程法律法规的最新成果。

4. 巧用点评,轻松看透本质。

在关键问题分析后,一句简短的点评,让人欣然领悟。

5. 精心使用漫画,画龙点睛的对话使人铭记。

每个案例简介前,都针对性地配有一幅幽默的漫画,且运用典型对话,使人立刻抓住关键点,过目不忘。

本书由吴昌平(江西省住建厅党组书记)主审,由陈正(江西省建筑业法律工作委员会主任、江西省建筑业首席法律专家)、毛云婷(江西省建筑业法律工作委员会委员、江西省建设职业技术学院副教授)主编,柳雄文(江西省南昌县法院法官、江西省建筑业法律专家)、王模学(江西省南昌县监察委员会委员、江西省建筑业法律专家)、柳卫红(江西省建筑业法律工作委员会主任助理、江西国风律师事务所律师)为副主编,朱栋(江西省建筑业法律工作委员会委员、江苏益邦律师事务所建设工程纠纷受理中心副主任)、石雷(江西省建筑业法律工作委员会委员、江苏益邦律师事务所建设工程纠纷受理中心副主任)、李瑾(江西省建设职业技术学院管理系讲师)、张玉丽(江西省建筑业法律工作委员会委员)为参编。本书插图由许超绘制。

本书在编写过程中,参考了大量相关资料和著作,在此谨向文献作者表示感谢。

编者

2018 年 3 月

目录

会诊 工程法律纠纷 疑难杂症

1. "投标专用章"等其他印章能否代替"投标单位公章" …… (1)
2. 如中标候选人造假,是废标还是顺延 ………………… (5)
3. 外省施工单位未按规定办当地建筑市场进入许可手续,中标后所签施工合同是否有效 …………………………… (8)
4. 投标保函必须由基本账户的开户银行开具吗 ………… (11)
5. 因同一日期异地投标多家招标工程,同时要资质证书等原件,怎么办 ……………………………………………………… (14)
6. 投标文件法人代表授权书和投标函等签署日期出现笔误,怎么处理 ……………………………………………………… (17)
7. 中标人签订合同时被要求降价,怎么办 ………………… (20)
8. 如备案合同与标后合同、标前合同发生矛盾,怎么处理 …… (23)
9. 招标人与中标人签订合同后,是否可以通过补充协议对合同进行变更 ……………………………………………………… (26)
10. 新成立的公司参加投标,没有招标文件要求的近3年财务报表,怎么处理 ……………………………………………… (28)
11. 投标方在中标后发现清单漏项或缺项,应如何调整 …… (30)
12. 发包人代表拒不签收过程文件,承包人怎么办 ………… (34)
13. 发包人拖延提供图纸,可否顺延工期 ……………………… (38)
14. 采用工程量清单计价时,钢筋搭接量应否单独计量 …… (41)
15. 因防台防汛而拆除脚手架等,造成的损失由谁承担 …… (44)
16. 发包人确认后又要修改结算书,承包人怎么办 ………… (46)
17. 施工单位是否负担项目经理以项目部名义拖欠的款项 …… (50)
18. 分包人工地瘫痪时,总承包人怎么办 ……………………… (53)
19. 承包方签合同时将"附加工程"与"额外工程"混为一谈,应怎么处理 ……………………………………………………… (56)
20. 施工图纸替换招标图纸时,承包方怎么办 ……………… (59)
21. 合同图纸遗漏的项目怎样结算 …………………………… (62)
22. 施工期间物价大涨,应否调增价款 ……………………… (65)

23 无资质监理人的工程签证是否有效 …………………………………(69)
24 怎样签收对自己明显不利的工程文件 ………………………………(73)
25 发包人向分包人直接支付工程款,总承包人怎么办 ………………(75)
26 停工期间库存材料损坏可否索赔 ……………………………………(78)
27 经批准的施工方案不当,后果应由谁承担……………………………(81)
28 承包商将《合同意向书》误认为合同,应该怎样处理 ………………(84)
29 因施工需要将回填土外运,是否需要计量 …………………………(86)
30 发包人可否推翻监理工程师签证 ……………………………………(88)
31 施工合同终止后,包干风险费等如何结算 …………………………(91)
32 发包人以价格过高否认签证,承包人怎么办 ………………………(93)
33 设计人发来的细节图纸是否构成设计变更 …………………………(96)
34 按合同约定结算,还是按实结算 ……………………………………(98)
35 结算拖延期间是否可计息结算 ……………………………………(100)
36 由于地质条件导致施工方案改变而增加的费用
   怎样结算 ……………………………………………………………(103)
37 发包人被吊销营业执照后,承包人怎样索要工程款 ………………(105)
38 固定总价建设工程施工合同被确认无效后工程款应按合同约定,
   还是据实结算 ………………………………………………………(109)
39 怎样运用情势变更原则破解建设工程施工合同在履行过程中
   遇到的人工费、材料费大幅上涨这道难题 …………………………(113)
40 施工单位如何应对发包人拖延结算的法律风险……………………(115)
41 建设工程中途停建、缓建,损失如何补偿 …………………………(118)
42 建设工程开工时间如何认定 ………………………………………(120)
43 建设工程施工合同履行过程中形成的债权可否转让 ………………(123)
44 未签劳动合同的工人在施工现场受伤,怎样获赔 …………………(125)
45 建设工程内部承包合同的效力怎样把握……………………………(127)
46 发包人未付工程款,承包人可否不交付工程 ………………………(131)
47 设计单位进行结构设计时依据的地质资料存在问题,导致工程
   发生质量问题,怎样处理 ……………………………………………(133)
48 承包人有无停建工程的保修义务 …………………………………(135)
49 混凝土大梁出现裂缝,怎么追究供应人责任 ………………………(138)
50 未经验收使用工程出现质量问题,承包方怎么办 …………………(141)
51 承包人未收到保修通知,是否要承担修复费 ………………………(144)
52 承包人向"解决建设领域拖欠工程款工作领导小组"寻求救济,
   是否导致时效中断……………………………………………………(147)

53 公安部物证鉴定中心能否接受法院委托进行建设工程司法鉴定
 ·· (150)
54 承包人如何充分运用工程价款优先受偿权 ························ (155)
55 在工程款索赔中,承包人如何防范诉讼时效风险 ·············· (159)
56 转包合同无效后,工程款如何结算 ···································· (163)
57 应当如何妥善处理单方停工及中途退场 ···························· (166)
58 如何准确认定和处理"黑白合同" ······································ (168)
59 爆破施工时,如何正确履行告知义务 ································ (173)
60 施工单位怎么处理垫资工程 ·· (175)
61 施工单位承包"三边工程",如何避免工期延误罚款 ········ (179)
62 施工单位如何依法要求退还质保金 ···································· (182)
63 政府审计部门的审计结果可否作为工程款结算依据 ·········· (187)
64 甲方供应材料的风险,承包人应如何防范 ························ (190)
65 租赁起重机械的风险,承包人应如何防范 ························ (193)
66 发包人要求提前进场的风险,承包人应如何防范 ············· (196)
67 施工过程中发现文物的风险,承包人应如何防范 ············· (198)
68 不及时进行中间验收的风险,承包人应如何防范 ············· (201)
69 发包人资信不良和支付能力欠缺的风险,承包人应如何防范
 ·· (204)

附录一 最高人民法院相关司法解释

(一)最高人民法院关于审理建设工程施工合同纠纷案件适用
 法律问题的解释
 法释〔2004〕14 号 ·· (207)
(二)最高人民法院关于建设工程价款优先受偿权问题的批复
 法释〔2002〕16 号 ·· (210)
(三)最高人民法院《关于装修装饰工程款是否享有合同法第二百
 八十六条规定的优先受偿权的函复》
 〔2004〕民一他字第 14 号 ·· (211)
(四)最高人民法院关于发包人收到承包人竣工结算文件后,在
 约定期限内不予答复,是否视为认可竣工结算文件的复函
 〔2005〕民一他字第 23 号 ·· (214)
(五)最高人民法院关于建设工程承包合同案件中双方当事人已
 确认的工程决算价款与审计部门审计的工程决算价款不一

致时如何适用法律问题的电话答复意见

〔2001〕民一他字第 2 号 ………………………………………（215）

（六）最高人民法院关于适用《中华人民共和国合同法》若干问题
的解释（一）

法释〔1999〕19 号 ……………………………………………（216）

（七）最高人民法院关于适用《中华人民共和国合同法》若干问题
的解释（二）

法释〔2009〕5 号 ………………………………………………（219）

（八）最高人民法院关于适用《中华人民共和国公司法》若干问题
的规定（四）

法释〔2017〕16 号 ……………………………………………（223）

（九）最高人民法院关于适用《中华人民共和国物权法》若干问题
的解释（一）

法释〔2016〕5 号 ………………………………………………（227）

（十）最高人民法院关于民事诉讼证据的若干规定

法释〔2001〕33 号 ……………………………………………（230）

（十一）最高人民法院关于贯彻落实《全国人民代表大会常务委员会
关于司法鉴定管理问题的决定》做好过渡期相关工作的通知

法发〔2005〕12 号 ……………………………………………（240）

（十二）最高人民法院关于当前形势下审理民商事合同纠纷案件
若干问题的指导意见

法发〔2009〕40 号 ……………………………………………（242）

（十三）最高人民法院关于审理仲裁司法审查案件若干问题的规定

法释〔2017〕22 号 ……………………………………………（245）

（十四）最高人民法院关于民事执行中财产调查若干问题的规定

……………………………………………………………………（248）

（十五）最高人民法院关于修改《最高人民法院关于公布失信被执行
人名单信息的若干规定》的决定 ………………………………（252）

（十六）最高人民法院关于仲裁司法审查案件报核问题的有关规定

法释〔2017〕21 号 ……………………………………………（255）

附录二 全国各省市相关规定

（一）江苏省高级人民法院关于审理建设工程施工合同纠纷案件
若干问题的意见

(2008年12月17日审判委员会第44次会议讨论通过)……(257)

(二)安徽省高级人民法院关于审理建设工程施工合同纠纷案件适用法律问题的指导意见

(安徽省高级人民法院审判委员会2009年5月4日第16次会议通过)……(261)

(三)北京市高级人民法院关于审理建设工程施工合同纠纷案件若干疑难问题的解答

京高法发〔2012〕45号 ……(264)

(四)关于《北京市高级人民法院审理民商事案件若干问题的解答之五(试行)》的说明

〔2007年3月12日经北京市高级人民法院审判委员会第3次(总第185次)会议通过〕……(273)

(五)福建省高级人民法院关于审理建设工程施工合同纠纷案件疑难问题的解答

福建省院《福建民事审判参考》2008年第一期 ……(274)

(六)广东省高级人民法院关于审理建设工程施工合同纠纷案件若干问题的指导意见

粤高法发〔2011〕37号 ……(278)

(七)广东省高级人民法院全省民事审判工作会议纪要

粤高法〔2012〕240号 ……(281)

(八)贵州省高级人民法院关于审理建设工程领域农民工工资纠纷案件的指导意见(试行) ……(284)

(九)四川省高级人民法院关于审理涉及招投标建设工程合同纠纷案件的有关问题的意见

(2010年6月22日四川省高级人民法院审判委员会第33次会议讨论通过) ……(287)

(十)浙江省高级人民法院《关于审理建设工程施工合同纠纷案件若干疑难问题的解答》

(2012年4月5日) ……(288)

(十一)重庆市高级人民法院关于对最高人民法院《关于建设工程价款优先受偿权问题的批复》应如何理解的意见

渝高法〔2003〕48号 ……(292)

(十二)深圳市中级人民法院关于建设工程合同若干问题的指导意见

(2010年3月9日审判委员会第6次会议修订) ……(293)

（十三）杭州市中级人民法院民一庭关于审理建设工程及房屋
　　　　相关纠纷案件若干实务问题的解答
　　　　（2010年11月1日） ·· （297）
（十四）南通市中级人民法院关于建设工程实际施工人对外
　　　　从事商事行为引发纠纷责任认定问题的指导意见（试行）
　　　　通中法〔2010〕130号 ·· （301）
（十五）苏州中院民二庭关于涉建工程中项目经理等对外从事买卖、
　　　　租赁等民事行为的责任认定
　　　　（2009年7月29日） ·· （305）
（十六）宣城市中级人民法院关于审理建设工程施工合同纠纷
　　　　案件若干问题的指导意见（试行）
　　　　（2013年2月6日） ·· （310）

1 "投标专用章"等其他印章能否代替"投标单位公章"

案例简介

　　A 公司就某标段对外进行公开招标，B 公司与其他 5 家公司参与投标。在招投标过程中，评标委员会以 B 提供的投标文件中加盖的是"投标专用章"而非 B 公司单位公章为由，予以废标。B 则称在 A 的招标文件中并没有"需加盖投标单位公章"的要求，同时对于"公章"的含义解释上也没有特别指出"不包含投标专用章等企业专用章"，且 B 已提交了经公证的《投标专用章效力说明书》。因此 B 公司认为评标委员会的决定不合理，遂向主管机构投诉。

　　主管机构认为对于使用投标专用章的投标文件不能一概地认定为有效或无效。一般而言，倘若招标文件中并没有禁止企业使用投标专用章，投标人可以以授权书或者声明书的方式表明投标专用章的法律效力等同于投标人公章对外产生的效力，而该授权书或声明书必须加盖单位公章

> 经公证处公证说明的投标专用章合法有效。

并经公证。倘若招标文件中有禁止使用投标专用章的表述,则使用投标专用章的投标文件无效。在本案中,A 的招标文件中并没有明确规定"需加盖投标单位公章",且 B 提交投标文件的同时也提交了经公证的《投标专用章效力说明书》,因此,主管机构认为,经过授权的投标专用章在效力上等同于单位公章,遂认定投标文件有效,评标委员会予以废标的决定不合理。

原理及观点

一、单位公章

所谓公章通常认为是指国家机关、团体、企事业单位用自己法定主体行为名称制作的签名印章,称之为"公章"。

> 单位公章的概念。

根据《中华人民共和国企业法人登记管理条例》第十六条规定:"申请企业法人开业登记的单位,经登记主管机关核准登记注册,领取《企业法人营业执照》后,企业即告成立。企业法人凭据《企业法人营业执照》可以刻制公章、开立银行账户、签订合同,进行经营活动。"另《中华人民共和国企业法人登记管理条例施行细则》第三十七条规定:"登记主管机关核发的《企业法人营业执照》是企业取得法人资格和合法经营权的凭证。登记主管机关核发的《营业执照》是经营单位取得合法经营权的凭证。经营单位凭《营业执照》可以刻制公章,开立银行账户,开展核准的经营范围以内的生产经营活动。"因此,单位公章是单位处理内外部事务的印鉴。特别是在与外界发生法律关系的过程中,印章起着在形式上代表单位意思的作用,单位的对外信函、文件及报告等一经加盖公章就具有了法律效力。公安部《印章治安管理办法》第八条规定:"企业事业单位、民政部门登记的民间组织、村(居)民委员会和各协调机构及非常设机构需要刻制印章的,应当凭上级主管部门出具的刻制证明和单位成立的批准文本到所在地县级以上人民政府公安机关申请办理准刻手续。无上级主管部门的,应当凭登记管理部门核发的营业执照、登记证书或者所在地公安派出所出具的证明,到所在地县级以上公安机关申请办理准刻手续。"

> 单位公章的法律规定及法律地位。

二、投标专用章

通常认为投标专用章是一个生活用语,即专门用于招投标活动领域,用于代表公司投标意思的印章,投标专用章在实际生活中较常使用,但在法律层面投标专用章没有具体规定。"投标专用章"系随着《中华人民共和国政府采购法》的颁发施行,采购活动越来越频繁,规模越来越大,范围越来越广,品种越来越多而产生的。在政府采购活动中,一些投标单位由于本身机构庞大,层级繁杂或者去外地投标等原因,使用公章会比较麻烦

> "投标专业章"产生的原因。

或耗时较长，因而产生出了"投标专用章"。可见"投标专用章"系企业为了方便、有效地开展投标工作而刻制，一般认为只要该专用章经过法定程序刻制并已向相关部门备案，它们便具有了法律效力。但同时我们也应当注意到七部委《评标委员会和评标方法暂行规定》第二十五条的规定，下列情况属于重大偏差：

（一）没有按照招标文件要求提供投标担保或者所提供的投标担保有瑕疵；

（二）投标文件没有投标人授权代表签字和加盖公章；

（三）投标文件载明的招标项目完成期限超过招标文件规定的期限；

（四）明显不符合技术规格、技术标准的要求；

（五）投标文件载明的货物包装方式、检验标准和方法等不符合招标文件的要求；

（六）投标文件附有招标人不能接受的条件；

（七）不符合招标文件中规定的其他实质性要求。

投标文件有上述情形之一的，为未能对招标文件作出实质性响应，并按本规定第二十三条规定作废标处理。招标文件对重大偏差另有规定的，从其规定。

> 存在重大偏差情况的，作废标处理。

即没有投标人授权代表签字和加盖公章的投标文件属于重大偏差的投标文件，视为未能对招标文件作出实质性响应，应按该暂行规定第二十三条作废标处理，但是招标人在招标文件中对重大偏差另有规定的除外。

三、"单位公章"与"投标专用章"等其他印章的区别

企业为了方便、有效地开展各项工作，可能会使用"投标专用章"、"财务专用章"、"合同专用章"等其他印章，只要这些专用章经过法定程序刻制并已向相关部门备案，它们便具有了法律效力。但每个专用章有各自不同的用途，财务专用章用于办理单位会计核算和银行结算等业务，合同专用章用于签订商业合同，而投标专用章则用于专业投标领域。

总体上来讲，单位公章在所有印章中具有最高的效力，是法人权利的象征，在现行的立法和司法实践中，审查是否盖有单位公章成为判断民事活动是否成立和生效的重要标准。除法律有特殊规定外（如发票的盖章），均可以单位公章代表法人意志。而专用章只能在其特定用途范围内发挥其法律效力，也就是说单位公章不仅在法律效力上高于专用章，在效力范围上也远大于专用章。

四、其他专用章能否代替"投标单位公章"

招投标时原则上是使用单位公章，但是在不能使用单位公章的情况下，可以使用投标专用章代替，其他专用章则不能。当然加盖投标专用

> 单位公章可以使用投标专用章代替，但其他印章则不可以。

章的投标文件也不是一概具有法律效力的,具体须看招标人在招标文书中作出的要求:如果招标文书中并未对签章作出具体的要求,加盖投标专用章即为有效;如果招标文书中明确要求必须加盖单位公章,那么加盖招标专用章即不符合要约规定的要件,即为无效。

建　议

投标文件最好是使用传统意义上的单位公章,但是如果遇到需同时多处投标的情况下,由于一个公章不可能有分身之术,在满足下列条件之一的前提下,施工单位的投标专用章可代替投标单位的公章。

1. 根据"单位公章"的刻制要求来刻制"投标专用章"。

2. 投标前与招标单位沟通,解释为何使用投标专用章的原因,提醒招标单位在外省参与重大项目投标时也曾使用投标专用章均得到认可。以事实和感情取得招标单位认可。

> 投标专用章在使用时符合一定的条件即合法有效。

3. 与省级招标办沟通,汇报在本省以往投标的良好表现,以及在外省使用投标专用章参与投标并在招标办备案的实例,尽力取得招标办的支持,就使用投标专用章代替单位公章的事宜在省级招标办进行备案,但仅用于投标。

4. 投标单位出具加盖单位法人公章并经公证的声明书或授权书,证明投标专用章等同于法人公章,且明确投标专用章的使用范围、期限及法律责任自负。

2 如中标候选人造假，是废标还是顺延

案例简介

A 公司是某标段供应商的第一中标候选人，但在中标候选人名单公示期间，遭到其他投标人的质疑，认为 A 在投标期时存在弄虚作假的行为，经过调查证明该情况属实，于是评标委员会取消了 A 公司的中标资格，并决定顺延至第二中标候选人 B 公司为中标人。但是由于 B 公司的报价远比 A 公司高，而采购方认为因预中标人的违规行为使得其不得不接受更高的采购价，明显有失公平，因此对评标委员会的该决定表示不满。

原理及观点

如果出现第一中标人造假的情况，到底是顺延第二中标候选人为中标人还是作为废标处理？

目前业内存在两种不同的观点：(1) 第二中标候选人的报价未超过采购预算的情况下顺延。出现上述情况，评标委员会取消第一中标人的

> 现阶段学界存在两种不同的观点。

中标资格,顺延第二中标候选人为中标人,只要第二中标候选人的报价并未超出采购人的预算,那么采购人就应该接受评标委员会的决定。对于因提供虚假材料而被取消中标资格的供应商,《中华人民共和国政府采购法》第七十七条规定"处以采购金额千分之五以上千分之十以下的罚款,列入不良行为记录名单,在一至三年内禁止参加政府采购活动,有违法所得的,并处没收违法所得,情节严重的,由工商行政管理机关吊销营业执照;构成犯罪的,依法追究刑事责任"。(2)作为废标,应重新评标。此案中顺延的处理方式并不是很妥当。财政部《政府采购货物和服务招标投标管理办法》第六十条规定:"中标供应商因不可抗力或者自身原因不能履行政府采购合同的,采购人可以与排位在中标供应商之后第一位的中标候选供应商签订政府采购合同,以此类推。"可见法律规定在中标供应商因不可抗力或自身原因不能履行政府采购合同的情况下,可以顺延至后一位的中标候选人,但对于中标供应商因违规或因质疑被取消中标资格的情况是否顺延并未作明确规定。另一方面,供应商造假都能中标便说明评标过程存在瑕疵,相关供应商的造假行为可能会影响整个排名次序。因此,重新评标才是最好的选择。

我们认为顺延和废标二者的区别在于:顺延没有处罚性,顺延至后一位中标候选供应商,意味着将与其签订合同,招投标工作得以顺利地完成。而废标则抓住了违法点,要求追究投标方的责任,具有处罚性,一旦作为废标处理,整个招投标过程都无效,招标计划落空,若仍想进行招标,需按照国家有关规定重新履行项目审批手续,取得批准后才能组织重新招标。

> 顺延不存在处罚,如废标则因出现违法行为,需追究相关责任人的法律责任。

招投标过程中,中标候选人因造假而取消中标资格,分为两种具体情况:1. 由于《中华人民共和国政府采购法》等法律法规明确规定,当出现影响采购公正的违法、违规行为的,就应予废标,而在政府采购实务中,影响采购公正的违法、违规行为,大多发生在各道招标采购程序中,并且许多是因未执行相关程序规定,被人钻空子造成的。比如在招标程序中,招标采购单位未根据需要,就招标文件征询有关专家或者供应商的意见;未针对招标采购项目的特殊情况,组织潜在投标人现场考察或者召开开标前答疑会,且未执行不得单独或者分别组织只有一个投标人参加的现场考察的规定。2. 在不可抗力等因素的影响下,招标人尽到了注意义务,并不存在违法行为的前提下,可以顺延定标,但前提是第二中标候选人的投标报价未超出采购人的预算;倘若超出采购人的预算仍然按照废标处理。财政部《政府采购货物和服务招标投标管理办法》第六十条规定,中标供应商因不可抗力或者自身原因不能履行政府采购合同的,采购人可以与排位在中标供应商之后第一位的中标候选供应商签订政府采购合同,以此类推。另根据《中华人民共和国合同法》第十四条规定:"要约是希望和他人订立合同的意思表示,该意思表示应当符合下列规定:(一)内容具体确定;(二)表明经受要约人承诺,要约人即受该意思表示约束。"第十五条:"要约邀请是希望他人向自己发出要约的意思表示。寄送的价目表、拍卖公告、招标公告、招股说明书、商业广告等为要约邀请。商业广告的内容符合要约规定的,视为要约。"可见招标行为是一种要约行为,在招标人作出采购预算时,即可以认定只有在此预算范围内的投标才能成为合同相对人,但是如果超出的话,则违背了招标人的意思。因此在招标人不存在违法行为的情况下,是否顺延主要看第二中标候选人的投标报价是否有超出采购人的预算,若超出,则因没有投标人符合招标人的要约意思而废标;若没有超出则可以顺延,第二中标人候选人遂成为中标人。

> 要约与要约邀请的区别。

建 议

为了招投标工作的顺利进行,避免引起废标,建议招标人加强政府采购法规的学习与宣传,增加防范废标意识,严格执行法定招标采购程序,规范招标信息的发布,当然还要细心制作招标文件,只有达到《中华人民共和国政府采购法》和财政部《政府采购货物和服务招标投标管理办法》的规定要求,才能最大限度地避免出现影响招标采购公正的违法、违规行为。要详细明确投标人应交的各种资料和投标文件的实质要求及条件,并对于投标人提供的各种资料尽到必要的审查义务,防止投标人弄虚作假。只要招标人认真履行自己的注意义务,严格按照法定的招标程序进行招标活动,那么才能最大限度地维护自身的合法权益,避免引起废标,造成资源的浪费。具体做法如下:

> 投标人应积极维护自身的合法权益,避免引起废标。

1. 如果我方是第一中标候选人,应争取顺延,并加强与招标人沟通,重点阐述重新招标成本费用较高。因为如果确定为顺延,则不需要承担法律责任,但如果确定为废标则需要承担相应的法律责任。

2. 如果我方是报价较高的第二中标候选人也应坚持顺延,同时向招标人阐述因废标而重新招标的弊端,甚至对招标人带来的负面影响,争取获得招标人的支持。

> 避免废标的具体做法。

3. 如果我方是招标人,冷静分析顺延与重新招标的利弊,重点要分析第二中标候选人的报价是否超过采购预算,若未超过则选择顺延,若超过则选择废标。

4. 扬长避短,应注意区分政府采购法与招投标法的不同规定。

3 外省施工单位未按规定办当地建筑市场进入许可手续，中标后所签施工合同是否有效

案例简介

A、B两公司签订工程《外墙设计制作安装合同》，约定由B承建A外墙铝板制作安装工程。B完成工程并竣工验收合格，根据合同的约定，确定工程总造价为8 621 060元。A支付部分款项后，便拒绝付款。经多次催讨，A尚欠B工程款总额为4 236 060元。无奈B将A诉至法院，而A以建设部《建筑市场管理规定》，以及该省发改委、建设厅《工程建设引进使用外省区施工队伍管理办法》、《建筑市场管理办法》等文件和相关规定，即凡是外省、区建筑企业，进该省施工建筑工程项目，必须到省建设厅办理有关手续后方可开展经营活动，没有签证、登记、注册的外省施工单位，原则上不得进入该省建筑市场为由，主张双方所签合同因B违反上述规定而无效，拒绝支付工程款。最终法院判令A支付所欠工程款及逾期利息。

> 法院判定未办理项目所在地进入手续而签订的施工合同合法有效。

3 外省施工单位未按规定办当地建筑市场进入许可手续，中标后所签施工合同是否有效

原理及观点

我们认为问题的关键是：发包人能否以"承包人没有按工程所在地政府规定办理进入许可手续"为由，主张双方签订的施工合同无效。

建设部《建设市场管理规定》第十五条："跨省、自治区直辖市承包工程或者分包工程、提供劳务的施工企业，须依照《施工企业资质管理规定》，持单位所在地省、自治区、直辖市人民政府建设行政主管部门或者国务院有关主管部门出具的外出承包工程证明和本规定第十四条规定的证件，向工程所在地的省、自治区、直辖市人民政府建设行政主管部门办理核准手续，并到工商行政管理等机关办理有关手续。勘察、设计单位跨省、自治区、直辖市承包任务，依照《全国工程勘察、设计单位资格认证管理办法》的有关规定办理。"因此，凡是外省建筑企业，进入该省施工建筑工程项目，必须到该省建设厅办理有关手续后方可开展经营活动，没有签证、登记、注册的外省施工单位原则上不得进入该省建筑市场。

但这是否直接影响双方签订的施工合同的效力呢？我们认为：(1) 不能因未办理工程所在地的建筑市场许可手续而认定建设施工合同无效。因为《最高人民法院关于适用〈中华人民共和国合同法〉若干问题的解释(一)》第四条规定："合同法实施以后，人民法院确认合同无效，应当以全国人大及其常委会制定的法律和国务院制定的行政法规为依据，不得以地方性法规、行政规章为依据。"也就是说要认定双方当事人签订的建设施工合同无效，必须是因为违反法律、行政法规的强制性规定，而规定外省施工单位须办理本省进入许可的是建设部出台的行政规章及各省出台的地方性规章，据合同法司法解释可知：认定合同效力应以法律、行政法规为依据，违反地方性法规、规章不影响合同效力。(2) 虽然合同效力并不因此而受到影响，但是由于外省施工单位未办理本省建筑市场进入许可，违反了部门规章和当地的地方性规章，应当受到行政处罚等行政制裁。

> 最高人民法院关于合同无效的规定。

综上，我们认为只要外省施工单位具有法定施工资质，尽管其未按工程所在地政府规定办理当地建筑市场准入手续，也不影响施工合同效力。

> 未办理当地建筑市场准入手续，并不影响施工合同效力。

建 议

1. 施工单位充分运用合同约定。施工单位签订施工合同时在合同中明确约定办理本省建筑市场进入许可手续非合同无效的条件及延迟办理市场进入许可责任承担方式，以便阻止甲方因不知情而认定施工合同

> 虽不影响施工合同效力，但施工单位还是应尽量避免因未办准入手续而被处罚。

无效。

  2. 施工单位大胆行使请求付款权。既然不影响施工合同的效力,施工单位便可依法要求发包人支付拖欠的工程款,并要求其承担逾期付款的违约责任。

  3. 施工单位应事前重视办理市场进入手续。施工单位以后在外省承包工程项目的时候,还应当重视项目所在地政府及相关部门的行政规定,并按要求办理相应的登记、批准、备案等建筑市场准入手续,避免发包方以此为借口拖欠工程款,更可以避免因此而遭受行政处罚。

  4. 施工单位应收集建设单位违约违规之处,但仅用于与建设单位沟通。

4 投标保函必须由基本账户的开户银行开具吗

案例简介

A公司就某工程项目对外进行招标,B公司同其他数家公司一同参与投标,并以投标保函的形式交纳投标保证金。在评标过程中,评标委员会发现B的保函存在问题:B的基本账户开户行为宁波银行,但是其保函的开具行并不是宁波银行,而是上海银行。B则称公司原本在上海银行已有账户,并认为上海银行更有资金实力,势必更能为其提供担保。评标委员会认为投标保函原则上应由基本账户的开户行开具,在基本账户的开户行开具保函确存在困难的情况下,如果其他账户的开户行是全国性商业银行,也具有开具投标保函的资格。除了四大国有银行以外,全国性的股份制商业银行共有13家,分别是交通银行、中国民生银行、华夏银行、兴业银行、浦发银行、深圳发展银行、中国光大银行、招商银行、中信银行、广东发展银行、恒丰银行、浙商银行及渤海银行,可见B的保函开具行——上海银行不在全国性商业银行之列。因此评标委员会认定B提交

> 投标保函原则上应由基本账户的开户行开具。

的投标保函无效，予以废标。

原理及观点

投标保证金是指在招标投标活动中，投标人随投标文件一同递交给招标人的一定形式、一定金额的投标责任担保。投标人只有缴纳了规定的投标保证金后才有资格投标，不交纳或少交纳保证金的视为放弃或者无效投标。其作用在于保证投标人在递交投标文件后不得撤销投标文件，中标后不得无正当理由不与招标人订立合同，在签订合同时不得向招标人提出附加条件，或者不按照招标文件要求提交履约保证金，否则，招标人有权不予返还其递交的投标保证金。

> 投标保证金的作用。

国家发改委等七部委局审议通过的《工程建设项目施工招标投标办法》第三十七条规定："招标人可以在招标文件中要求投标人提交投标保证金。投标保证金除现金外，可以是银行出具的银行保函、保兑支票、银行汇票或现金支票。"足以见得，投标保函是投标保证金的一种形式，是用以防止投标人在投标有效期内随意撤回投标书，或中标后拒绝签订合同而设立的，以确保投标人履行招标文件所规定的义务。与现金保证金相比，投标保函避免了收取、退回保证金程序的繁琐，提高了工作效率，因此被广泛地运用于招标投标活动中。投标保函一定是银行出具的银行保函，最好是投标人基本账户的开户行出具的银行保函。基本账户的开户行确有困难提供担保的，其他账户的开户行若是全国性的商业银行，也可出具投标保函。

> 基本账户的开户行确有困难，其他全国性商业银行也可以开具。

投标保函金额一般为报价的1‰~2‰，最多不超过5%，有时也由招标文件规定一个具体数额。投标保函的有效期一般为六个月，从开出之日起生效。按照国际惯例，如果投标人在投标有效期内撤回投标或拒绝签订合同，招标人有权获得保函赔偿并可以与另一投标人签订合同。投标保函的金额应能弥补标价与新签约人的投标价之差。但若此差额大于保函金额，担保银行将不负责赔偿其超额部分。中标的承包商在签约时用履约保函换回投标保函，未中标者接到落选通知后即可撤回投标保函。

> 开具投标保函的相关规定。

建 议

投标人对于申请银行开具投标保函应引起足够的重视，因其效力直接关系到投标人能否有资格参与投标，因此投标人应对投标保函的范本格式进行认真的核对。如果保函格式在招标文件中被明确规定了，投标人要严格按照文件中的规定格式提供给银行;如果文件中无标准格式要求,银行提供范本保函格式的,要征得招标方的同意后才可以用;双方对招标文件保函范本中的内容有争议的地方,必须与招标方协商解决,尽量满足招标方的要求,具体应注意:

1. 招标文件中对投标保函的格式有要求的,一定要符合招标文件的规定,特别是投标保函的担保条件,即(1)如果委托人在投标书规定的投标有效期内撤回其投标。(2)如果委托人在投标有效期内收到雇主的中标通知后:(a)不能或拒绝按投标须知的要求(如果要求的话)签署合同协议;(b)不能或拒绝按投标须知的规定提交履约保证金,而雇主指明了产生上述情况的条件,则本行在接到雇主的第一次书面要求就支付上述数额之内的任何金额,并不需要雇主申述和证实他的要求。

> 开具投标保函应当注意的事项。

对于上述投标保函格式,投标商在向银行申请开列时,不得更改。任何更改都将导致废标。

2. 对于投标保函的金额,一般在招标文件中明确规定为投标报价的2%或以上。投标人在向银行申请开具保函时,应严格按照招标文件上规定的数额申请开列。倘若金额不足,评标委员会将予以废标。

3. 对于投标保函的有效期,招标文件一般有如下规定:"担保人在此确认本担保书责任在招标通告中规定的投标截止期后或在这段时间延长的截止期后30天内保持有效。延长投标有效期无须通知担保人。"因此向银行申请开具保函时,务必要重视投标保函的有效期,不能与投标文件有效期混为一谈,从而出现投标截止期后或在这段时间延长的截止期后少于30天有效期的情况。

> 开具投标保函应当注意的事项。

4. 投标前与招标人进行多方面的沟通并阐述困难,以取得招标人书面认可。

5 因同一日期异地投标多家招标工程，同时要资质证书等原件，怎么办

案例简介

案例1：A省政府采购中心公示一项目的中标结果后，有供应商质疑并投诉中标供应商提交的资质证明存在问题。该省财政厅为处理投诉而组织了质证会，对于争议的焦点——中标供应商提交的资质证书复印件是否真实展开了激烈的辩论。财政厅在调查中要求中标供应商提供资质证书原件，但其确无法提供，原因是与该项目同期，其正与另一公司以联合体名义参加B市某项目的投标，原件不在自己的手中。财政厅依法请求B市政府采购中心协助调查，结果属实，最终财政厅认定中标结果有效。

> 因客观原因而无法提供原件，经核实提交的复印件与原件一致的，可认定中标有效。

5 因同一日期异地投标多家招标工程，同时要资质证书等原件，怎么办

案例2：A省采购代理机构对高速公路管理部门的8台工程车辆进行公开招标。由于此类车辆生产厂家少、采购数量小，所以仅4家供应商参加了投标。资格审查时，评标委员会发现其中2家供应商没有提供招标文件中要求提交的车辆生产厂家的营业执照副本原件，仅仅提供了复印件。于是取消了这2家供应商的投标资格，结果造成该项目因合格标不足3家而成为废标。事实上，被取消投标资格的2家供应商的资质是完全能够满足该项目招标要求的。

> 因未提供资质证书原件而被废标。

原理及观点

1. 企业资质证书实际上就是指企业有能力完成一项工程的证明书。以建筑业企业为例，根据《建筑业企业资质管理规定》，建筑业企业应当按照其拥有的注册资本、净资产、专业技术人员、技术装备和已完成的建筑工程业绩等资质条件申请资质，经审查合格，取得相应等级的资质证书后，方可在其资质等级许可的范围内从事建筑活动。

2. 在实践中，投标人的资质证书原件只有一份，以下情况均有可能使投标人无法按招标文件要求提交投标资质证书原件：
（1）没认真阅读招标文件，投标资质资料准备不充分；
（2）非招标项目所在地的投标人携带资质原件参加投标存在风险；
（3）同时参加多处投标；
（4）证书年检，无法提供原件；
（5）其他情况。

倘若将上述不能提供原件的投标人一概认定为不具备投标资格，就可能造成案例2那样的尴尬局面，对于采购方和投标方来说是巨大的损失。

3. 参加投标时投标人原则上需按照招标要求提交投标资质证书原件。但是同时满足下列两项条件时，可以例外：
（1）能够举证证明无法提交原件参加投标是由客观原因造成的。（如同时多处投标等）
（2）多准备几份资质证书的复印件，然后将此复印件提交至投标所在地公证处（以投标所在地公证处公证为主）公证，以应对异地投标的要求。（由于具有了法律赋予的公信力，可视作原件参与投标。）

> 满足一定条件后，可提交复印件参与投标。

建 议

投标人的资格审查是招标项目顺利进行的一道保证。投标人具有承接该项目的能力，才能保证中标后中标人切实履行合同，保质、保量完成

招标项目。但是如果在可能的情况下，采取更便捷的审查方式就能降低成本，并一定程度上避免案例2中出现的尴尬局面，因此建议：

1. 对招标人来说，招标人应采取证书前审、信息储存备查的方式，对投标人的资格信息注册登记和复印存档。这样即便是投标人无法提供资质证书的原件，如果其已有存档登记，招标人也能审核其资格。

> 避免引起废标的相应做法。

2. 对于投标人来说，尽量做到按照招标文件的要求参与投标，若确因客观原因无法提交资质证书原件，应当主动将情况与招标方沟通，并将资质证书的复印件进行公证，这样就能避免在投标资格上受到质疑。

3. 投标人应与招标人充分沟通，在投标前说明情况，提供资质证书编号并建议招标人根据编号向相关部门查询以确定证书复印件与原件是否一致，取得招标人对使用复印件的认可。

4. 投标人应事前做好政府招标办的预热工作，在投标前向当地招标办汇报，取得招标办的支持，督促招标人认可使用复印件。

6 投标文件法人代表授权书和投标函等签署日期出现笔误，怎么处理

案例简介

在甲建设工程项目的招标中，其招标文件要求，投标截止时间为2014年3月4日12:00，但投标人A公司提交的投标文件中投标函的落款时间却为"2014年3月5日"。评标现场，评标委员会对此的意见分歧很大，部分评标专家认为，应当以投标人实际递交投标文件的时间为准，投标函上的落款时间问题是投标文件编制中的笔误，可以忽略不计；但也有评标专家认为，应按无效标处理，因为既然投标人在投标函上的落款时间为2014年3月5日，那么其投标函的生效时间就应该是2014年3月5日。最终，评标委员会以举手表决的方式决议，判定该投标商的投标为无效投标。本案的关键在于：投标文件上所签署的时间出现笔误，能否修改？若能，需要什么条件？

> 一个小笔误，就会造成大损失。

原理及观点

投标函，是指投标人按照招标文件的条件和要求，向招标人提交的有关报价、质量目标等承诺和说明的函件，是投标人为响应招标文件相关要求所做的概括性说明和承诺的函件，一般位于投标文件的首要部分，其格式、内容必须符合招标文件的规定。因此投标函属于投标文件中最重要

> 投标函是投标文件最重要的部分，应符合招标文件的规定。

17

的组成部分之一,其出现问题时处理一定要谨慎,尤其是时间问题。《中华人民共和国招标投标法》第二十九条:"投标人在招标文件要求提交投标文件的截止时间前,可以补充、修改或者撤回已提交的投标文件,并书面通知招标人。补充、修改的内容为投标文件的组成部分。"第三十九条:"评标委员会可以要求投标人对投标文件中含义不明确的内容作必要的澄清或者说明,但是澄清或者说明不得超出投标文件的范围或者改变投标文件的实质性内容。"

> 投标函出现笔误后可以修改,按照法律规定的方式及期限修改即可。

根据上述规定可知,投标文件法人代表授权书和投标函上的时间出现笔误,并不影响投标文件上的实质性内容,因此只要在投标截止日之前,投标人即可通过招标代理到招标人处修改。

《中华人民共和国招标投标法》第二十三条规定:"招标人对已发出的招标文件进行必要的澄清或者修改的,应当在招标文件要求提交投标文件截止时间至少十五日以前,以书面形式通知所有招标文件收受人。该澄清或者修改的内容为招标文件的组成部分。"

这就是说,若是招标文件出现笔误,招标人应在截止日至少十五天以前,作出修改并书面形式通知投标人。

我们认为:招标人与投标人在修改笔误的要求上存在差异,主要是因为:(1)针对的对象范围不同:投标人至少有3个,而招标人相对较单一。因此投标人通过招标代理到招标人处修改文件,一经修改,招标人便知悉该情况。但倘若是招标人进行修改,则由于投标人众多,需要时间通知。(2)文件的效力不同:合同的成立经过要约和承诺。招标公告属于要约邀请行为,投标人制作标书投标的行为属于要约,最后评标委员会审查全部投标人的要约、评标定标,最终发出中标通知的行为属于承诺。投标人须在要约邀请的范围内发出要约,即须按照招标文件的要求制作标书,因此如果招标文件上出现笔误应当提前通知投标人,给予投标人足够的时间去知悉并作出投标准备。

建 议

> 避免因投标函出现笔误而造成损失的相应做法。

建议投标人在制作投标文件时认真审核,避免错误,投标截止日之前务必反复地核对。倘若投标文件中确有笔误,投标人只要在投标截止日期之前在招标人处作出修改,笔误不会有任何影响,修改后的内容作为投标文件的组成部分。案例中,由于投标人没有能在投标截止日之前发现笔误并予以修改,导致其在评标过程中遭到质疑,最终被认定为废标。因此,作为投标单位务必认真审核投标文件,切勿因小小的失误酿成巨大的损失。具体做法如下:

6 投标文件法人代表授权书和投标函等签署日期出现笔误，怎么处理

1. 投标人注意沟通在先，投标前与招标人进行沟通，针对可能出现的笔误提出认可的处理方式。

2. 投标人注意及时协商与解释，开标后发现笔误应及时与招标人协商，并书面向评标委员会解释。

3. 投标人积极主动向政府部门解释，在评标委员会以此判定无效投标的情形下应向招标办汇报解释，并取得支持，同时准备诉讼。

4. 投标人作好诉讼准备。

7 中标人签订合同时被要求降价，怎么办

案例简介

> 中标后，招标人要求降价而导致中标人损失的，依法应当赔偿。

A公司经批准对甲工程项目施工进行招标，B公司与其他4家建筑公司参加投标，经过评议，B公司中标，中标造价为9 600万元人民币。经市招标办公室见证，A向B发出中标通知书。但A要求B先进场做开工准备，后再签订工程施工合同。B进场后将部分施工材料运入现场，并打了4根桩，完成了项目开工仪式。开工后，A称由于中标价格高于最高限价，要求降价，B不同意，A便明确函告B："将另行落实施工单位"。中标人B遂向法院提起诉讼，要求A履行中标通知书，并与其签订工程施工合同。在审理过程中，A认识到自己的行为存在违法之处，因此要求调解。最终双方达成调解协议：A不仅要与B签订工程施工合同，还要补偿B的经济损失125万元。

7 中标人签订合同时被要求降价，怎么办

原理及观点

《中华人民共和国招标投标法》第四十六条："招标人和中标人应当自中标通知书发出之日起三十日内，按照招标文件和中标人的投标文件订立书面合同。招标人和中标人不得再行订立背离合同实质性内容的其他协议。招标文件要求中标人提交履约保证金的，中标人应当提交。"

> 中标通知书发出之日起三十日内，招标人与中标人应当签订书面合同。

中标通知书，是指招标人在确定中标人后向中标人发出的通知其中标的书面凭证。中标通知书的内容应当简明扼要，只要告知招标项目已经由其中标，并确定签订合同的时间、地点即可。通常情况下中标人确定后，招标人应当向中标人发出中标通知书，并同时将中标结果通知所有未中标的投标人。中标通知书对招标人和中标人具有法律效力，中标通知书发出后，招标人改变中标结果，或者中标人放弃中标项目的，应当依法承担法律责任。

《中华人民共和国招标投标法实施条例》第五十七条："招标人和中标人应当依照招标投标法和本条例的规定签订书面合同，合同的标的、价款、质量、履行期限等主要条款应当与招标文件和中标人的投标文件的内容一致。招标人和中标人不得再行订立背离合同实质性内容的其他协议。招标人最迟应当在书面合同签订后5日内向中标人和未中标的投标人退还投标保证金及银行同期存款利息。"

> 中标后，招标人与中标人不得订立背离合同实质性内容的其他协议。

《评标委员会和评标方法暂行规定》第五十七条："中标人无正当理由不与招标人订立合同，在签订合同时向招标人提出附加条件，或者不按照招标文件要求提交履约保证金的，取消其中标资格，投标保证金不予退还。对依法必须进行招标的项目的中标人，由有关行政监督部门责令改正，可以处中标项目金额10‰以下的罚款。"

《工程建设项目施工招标投标办法》第八十一条："招标人不按规定期限确定中标人的，或者中标通知书发出后，改变中标结果的，无正当理由不与中标人签订合同的，或者在签订合同时向中标人提出附加条件或者更改合同实质性内容的，有关行政监督部门给予警告，责令改正，根据情节可处三万元以下的罚款；造成中标人损失的，并应当赔偿损失。"

> 中标后，招标人或中标人不签订书面合同的，应给予相应的处罚，造成对方损失的，还应给予赔偿。

由上述法律法规可知：招标人应当在中标通知书发出之日起三十日内与中标人签订书面合同，并且合同的内容要与招标文件与中标人投标文件的内容一致，尤其是标的、价款、质量、履行期限等主要条款。因此，在签订合同时，招标人若要求降价，中标人可以依法拒绝，并要求招标人在法定期限内按中标价格签订合同。如果招标人仍拒绝签约，中标人可以依法向有关部门投诉，或向法院起诉维护自身的合法权益。

> 中标后，招标人拒绝签订合同的，中标人可以直接向法院起诉。

建 议

1. 中标人巧用"补充协议"。当招标人以降价为由不与中标人签订合同时,中标人可以提出不在备案合同中签,而另签补充协议。

2. 中标人采用非备案合同形式承诺。当招标人提出要求备案合同降价时,中标人可以提出不在备案合同中进行约定,但应以承诺书或者保证书、借条等形式体现。

3. 辩证灵活处理规定与现状的矛盾。实践中,招标人无正当理由不与中标人签订合同的,或者在签订合同时向中标人提出附加条件或者更改合同实质性内容的情形时常发生。法律对此已作出明确的规定,且建设部也将"无正当理由不与中标人签订合同"纳为建设单位不良行为记录的认定标准,因此,中标人遇到此种情况时,应拿起法律武器积极捍卫自己的利益。但有些施工单位顾及与建设单位的合作关系,认为司法诉讼与行政投诉会让后面的施工过程遇到阻碍,因此希望用更柔和的方式处理该问题。比如招标方提出降价时,中标方与其协商,备案合同按照中标价格签订,双方另签订一个补充协议对价格进行更改。实际上,工程竣工验收后的结算是以备案合同为依据,一切与备案合同不一致的内容一律无效。这样中标方便能够在施工过程中维持与招标方的合作关系,又能够在最后保护自己的权益。

> 中标后,招标人不签书面合同的,中标人可以采取相应措施维护自身的合法权益。

8 如备案合同与标后合同、标前合同发生矛盾，怎么处理

案例简介

A公司是发包方，B公司是承包方，B按照约定进入A的综合楼工程工地进行施工。同年A、B签订《建设工程施工合同》，其内容为：本工程为B垫资工程，按实结算，实做实收，按工程总价优惠10个点，工程结算以本合同为准。该市城乡建设监察大队对未经招标的该工程进行了处罚，A即委托B在该市招投标办公室补办了工程报建手续，双方所签合同已经备案。诉讼中双方持有的合同，内容区别在于有无31条，该条内容为：由B包工包料承包A综合楼工程，A按工程进度向其支付工程价款。工程施工到正负零时，A向B首次支付已完工程量90%的工程价款。正负零以上工程，由B每月28日报告当月工程量，经A审核后在次月5日前将上月所完成工程量价款90%支付给B。若A不能依约支付工程款项，应赔偿因违约给B造成的损失，并支付逾期付款利息。A、B双方就按哪一合同进行结算发生争议，遂B向法院提起诉讼，要求A按照备案合同支付相应的工程款。

A与B双方签订的经该市城乡建设委员会备案的建设工程施工合

同,系双方当事人真实意思表示,该合同内容不违反法律、行政法规的强制性规定,应依法有效。审理中双方当事人持有的合同内容不同,但鉴于备案合同手续是由B办理,且法院对备案合同中有关31条内容到城市建设档案馆进行了核查,故对备案合同应予以认定并作为结算依据。判令A按照备案合同向B支付拖欠的工程款(包括逾期利息)。

> 法院判决经备案的施工合同作为工程结算的依据。

原理及观点

建设市场上,施工单位的数量急剧增加,竞争异常激烈。为了揽到工程,施工单位往往会接受建设单位提出的过分要求,甚至约定工程价低于成本价。因此就有了"黑白施工合同",又称"阴阳合同",这是指建设工程施工合同当事人就同一建设工程签订的两份或两份以上实质性内容相异的合同。通常把经过招投标并经政府有关部门备案的施工合同称为"白合同";把实际履行的对"白合同"中实质性内容进行了重大变更的施工合同称为"黑合同"。实务中,当事人签订"白合同",无一例外都是为了应付有关部门的监督和检查,而不是为了实际履行,双方实际履行的都是"黑合同"。两份合同的效力如何?当事人应当按照哪一份合同履行?

> 阴阳合同是指当事人就同一工程签订的两份或两份以上实质性内容相异的合同。

《最高人民法院关于审理建设工程施工合同纠纷案件适用法律问题的解释》(简称《最高院施工合同纠纷司法解释》)第二十一条规定:"当事人就同一建设工程另行订立的建设工程施工合同与经过备案的中标合同实质性内容不一致的,应当以备案的中标合同作为结算工程价款的根据。"

> 最高院规定经备案的合同作为工程结算的依据。

足以说明最高人民法院"统一采信白合同"的态度,但如果因"黑白合同"实质条款不一致而引发纠纷,承办法官不能准确理解和适用《中华人民共和国建筑法》、《中华人民共和国招投标法》及《中华人民共和国合同法》等现行相关法律法规,而是依据《最高人民法院关于审理建设工程施工合同纠纷案件适用法律问题的解释》第二十一条,在证据采信上简单认定"白合同"有效、"黑合同"无效,统一适用中标备案合同,便有可能认定了当事人的虚假意思和表示,导致少数法官机械适用司法解释而错误裁决案件,既不符合市场经济契约自由的原则,也有违当事人私权自治的基本法治理念。因此各地对《最高人民法院关于审理建设工程施工合同纠纷案件适用法律问题的解释》第二十一条中的"实质性内容变更"进行了明确的限定,若确有必要更改白合同中的非实质性内容,可以以补充协议的形式作出约定,双方当事人按照补充协议履行合同。

> 如机械适用司法解释而错误裁决案件,有违当事人私权自治的基本法治理念。

《北京市高级人民法院关于审理建设工程施工合同纠纷案件若干疑难问题的解答》规定:"16、'黑白合同'中如何认定实质性内容变更?招投

8 如备案合同与标后合同、标前合同发生矛盾,怎么处理

标双方在同一工程范围下另行签订的变更工程价款、计价方式、施工工期、质量标准等中标结果的协议,应当认定为《最高人民法院关于审理建设工程施工合同纠纷案件适用法律问题的解释》第二十一条规定的实质性内容变更。中标人作出的以明显高于市场价格购买承建房产、无偿建设住房配套设施、让利、向建设方捐款等承诺,亦应认定为变更中标合同的实质性内容。"

> 北京高院对最高院司法解释21条的规定作出了明确限定。

备案的中标合同实际履行过程中,工程因设计变更、规划调整等客观原因导致工程量增减、质量标准或施工工期发生变化,当事人签订补充协议、会谈纪要等书面文件对中标合同的实质性内容进行变更和补充的,属于正常的合同变更,应以上述文件作为确定当事人权利义务的依据。

《广东省高级人民法院关于审理建设工程施工合同纠纷案件若干问题的指导意见》规定:"二、《最高人民法院关于审理建设工程施工合同纠纷案件适用法律问题的解释》第二十一条规定的'实质性内容不一致'主要指的是工程计价标准、工程质量标准等主要条款内容差距较大。建设工程施工过程中,当事人以补充协议等形式约定的正常的工程量增减、设计变更等,一般不认定为'实质性内容不一致'。"

> 广东省高院规定"实质性内容不一致"主要指的是工程计价标准、工程质量标准等主要条款内容差距较大。

建 议

1. 合法有效的补充协议的订立与处理:施工方在合同备案后,若根据实际情况,需要变更设计或调整规划等,导致实际工程量增减,质量标准或施工工期发生变化,应积极与发包方协商,并签订补充协议。对备案合同的内容进行变更及补充,双方就工程价款问题一定要达成一致意见并签订结算确认书。只要不违反法律的规定,结算书即有效,对双方都有约束力。

> 施工单位应尽量采取合法合理的方式来避免损失。

2. "黑合同"式的补充协议被动利用:避开与发包人的正面冲突。最后应以竣工结算书为结算依据。建议施工单位在签订"黑白合同"时,尽量争取签订计价方式明确、价款对己有利的"白合同",签订的"黑合同"至少应符合己方的利益。

9 招标人与中标人签订合同后，是否可以通过补充协议对合同进行变更

案例简介

A 是某路桥建设指挥部，对该路桥工程 12 合同段进行公开招标，招标文件中载明："本合同在施工工期内不进行价格调整，投标人在报价时应将此因素考虑在内"，"对于其他需要投标人自己购买的材料，所发生的一切费用均应包括在投标人的报价之中"。2012 年 12 月 B 公司中标，A 与 B 签订了 12 合同段《施工承包合同》。《合同专用条款》第 70.1 款约定："本合同在施工工期内不进行价格调整，投标人在报价时应将此因素考虑在内。"随后工程所在地建设厅下发《关于钢材、水泥结算价格调整的指导性意见》，该意见针对全国建材价格持续大幅上涨的情况，要求各单位根据风险共担、合理补偿原则，对于 2012 年 10 月至 2013 年 12 月在建的高速公路土建主体工程的水泥、钢筋、钢绞线等主要材料涨价幅度大于 5% 的实施补贴，由建设单位与施工单位根据项目实际情况，确定各自分担比例适当补贴。就此，发包方和承包方就价格调整问题达成补充协议，确定分别承担物价涨幅的 20% 和 80%，双方最终按照补充协议结算工程款。

9 招标人与中标人签订合同后，是否可以通过补充协议对合同进行变更

原理及观点

合同变更指有效成立的合同在尚未履行或未履行完毕之前，由于一定法律事实的出现而使合同内容发生改变。

1. 合同是当事人自由约定的产物，合同内容体现当事人的意思自治。因此当双方协商一致的情况下，可以决定用补充协议的形式更改主合同。当然需要批准或登记的，按法定程序办理即可。

2. 法律规定：《中华人民共和国合同法》第七十七条："当事人协商一致，可以变更合同。"变更后的合同或者是合同的变更部分，如果确实是合同双方当事人意思一致的结果，那么变更后的合同构成原合同的组成部分。变更后的合同应具有优先于原合同的效力。合同的变更往往是以"补充协议"的形式出现。《中华人民共和国合同法》第六十一条："合同生效后当事人就质量、价款或者报酬、履行地点等内容没有约定或者约定不明确的，可以协议补充。"不能达成补充协议的，按照合同有关条款或者交易习惯确定。

> 当事人协商一致，可以就合同内容进行相应的变更。

3. 实践中，一般的建筑工程多数约定施工图纸范围内的全部工程，由于多数工程施工周期较长，在建设过程中，往往有业主分包或另行增加的项目。此时应在具体的分包项目或增加项目实施前签订补充合同或协议，对具体的结算依据及标准、开竣工日期、配合费、质保金等进行明确约定。

> 出现分包或增加项目的，应在具体的分包项目或增加项目实施前签订补充合同或协议。

4. 根据2013版《建设工程工程量清单计价规范》（简称《计价规范》）3.4.1项规定，建设工程发承包，必须在招标文件、合同中明确计价中的风险内容及其范围，不得采用无限风险、所有风险或类似语句规定计价中的风险内容及其范围。

因此，招标人与中标人签约后，可以通过补充协议对合同进行变更。

建 议

1. 不签订补充协议为上策。在签订合同时，合同双方尽量全面考虑合同应覆盖的各种因素，以免签订补充协议的麻烦。

2. 签订补充协议注意防范风险。确须签订补充协议的，为避免日后双方对补充协议的效力产生质疑，可以及时进行备案。

> 签订合同时，应全面考虑各种因素，如确须签订补充协议，则应及时备案或公证。

3. 在签订补充协议后进行公证，通过这一环节可以切实增强补充协议的效力。

会诊工程法律纠纷疑难杂症

10 新成立的公司参加投标，没有招标文件要求的近3年财务报表，怎么处理

案例简介

A公司是2012年6月注册成立的房建施工总承包三级资质的企业。2013年2月在某市某中学教学大楼项目投标过程中，A针对招标人在招标文件中要求投标人必须提交近3年的财务报表这一情况，曾咨询招标人和招标代理人，可否提供公司仅有的财务报表，被断然拒绝。招标人甚至直接点明：无近3年财务报表属于无资格投标；而招标代理人坦言，无近3年财务报表，招标人肯定不予受理。那么该施工单位是否可以投标，若可以投标怎么应对招标人的这一规定呢？

原理及观点

作为成立不到三年的公司准备参加投标，却被"提供近3年财务报表"这一规定所阻挡，因此施工单位在面对招标人的这一规定选择放弃投标时往往不服气，不甘心，所以更多是选择参加投标。至于怎样正面应对"提供近3年财务报表"这一规定，施工单位往往不是依据法律，更多的是凭借所谓"经验"走旁门左道去敷衍。一般有三种做法：1. 编造3年财务

> 投标人如弄虚作假参与投标，会引起废标。

28

10 新成立的公司参加投标,没有招标文件要求的近3年财务报表,怎么处理

报表;2.拿母公司财务报表代替(自以为这是更有效的);3.拿其他单位报表代替。从法律上分析无论施工单位选择上述哪一种做法,结果往往是一样的:或不予受理或废标。

根据法律规定,投标人有下列情形之一,属于弄虚作假。《中华人民共和国招标投标法》第三十三条规定:"投标人不得以低于成本的报价竞标,也不得以他人名义投标或者以其他方式弄虚作假,骗取中标。"其中以其他方式弄虚作假行为包括:

(1)使用伪造、变造的许可证件。
(2)提供虚假的财务状况或业绩。
(3)提供虚假的项目负责人或主要技术人员简历、劳动关系证明。
(4)提供虚假的信用状况。
(5)其他弄虚作假行为。

由此可知施工单位上述第一种和第三种做法属于弄虚作假行为,但投标人往往对第二种做法寄予厚望,认为用母公司报表代替可以打一个"擦边球"合法入境。实质上根据《中华人民共和国公司法》规定,母公司与子公司是两个独立法人主体,两者之间具有独立的财产并且各自独立承担相应的民事权利和义务。即使是全资子公司,也不能以母公司的资质、业绩及财务报表等参加投标,否则属于第(5)项其他弄虚作假行为。

建 议

其实投标人没有潜心研究招标文件规定:"投标人须提供近三年的财务报表",这个规定实际上只针对成立3年以上的公司,而对于成立不足3年的公司仅提供已有年度的财务报表即可。对于新成立的公司在无法提供招标文件中规定的近3年的公司财务报表时,我们建议:

1.在投标前,主动与招标人、招标代理人沟通,说明公司成立不足3年因此不可能提供近3年财务报表的情况,并提供公司成立至今的财务报表,尽力说服他们认可公司的投标资格并中标。

2.收集相关案例。新成立的公司参加招投标工作的例子并不少见,大量收集本省、外省出现的"无法提供近3年财务报表的新公司仍具有投标资格"的案例,供招标单位、招标代理人参考。

3.积极与地方招投标办公室沟通,重点汇报外省认可公司投标资格的事实,取得地方招投标办公室的支持。

> 如成立不满3年的公司参与投标的,应积极与相关单位沟通,争取获得支持。

11 投标方在中标后发现清单漏项或缺项，应如何调整

案例简介

A单位发布招标公告，要求采用包干价投标，多家施工企业参加投标，最终B公司中标。A、B签订了《建设施工合同》，合同就工程款约定为固定单价合同，总价款为6 850万元。施工过程中，B发现清单中存在漏项，与A协商无果，遂诉至法院。

原理及观点

一般来说，投标之前留给施工企业的时间非常有限，所以常发生中标之后发现清单存在漏项的情况，这时很容易发生纠纷，对此问题要认真分析。

1. 中标后发现清单存在漏项的。

这时对于是否属于清单漏项，可能成为发承包双方争议的焦点。对

> 投标前应根据设计施工图纸和《建设工程工程量清单计价规范》的五个附录来确定是否存在漏项。

11 投标方在中标后发现清单漏项或缺项，应如何调整

此问题应分不同的情况处理：(1) 若施工图表达出的工程内容，在《计价规范》的某个附录中有相应的"项目名称"，但清单并没有反映出来，则应当属于清单漏项；(2) 若施工图表达出的工程内容，虽然在《计价规范》附录及清单中均没有反映，理应由清单编制者进行补充的清单项目，也属于清单漏项；(3) 若施工图表达出的工程内容，虽然《计价规范》附录的"项目名称"中没有反映，但在本清单项目已列出的某个"项目特征"中有所反映，则不属于清单漏项，而应作为主体项目的附属项目，并入综合单价计价。

2. 工程量清单缺项引起的新增分部分项清单项目。

2013版与2008版《建设工程工程量清单计价规范》关于清单缺项
引起新增分部分项工程清单项目的规定对比表

2013版《建设工程工程量清单计价规范》	2008版《建设工程工程量清单计价规范》
第9.5.2条	第4.7.3条
合同履行期间，由于招标工程量清单中缺项，新增分部分项工程清单项目的，应按照第9.3.1条规定确定单价，调整合同价款	因分部分项工程量清单漏项或非承包人原因的工程变更，造成增加新的工程量清单项目，其对应的综合单价按下列方法确定： (1) 合同中已有适用的综合单价，按合同中已有的综合单价确定； (2) 合同中有类似的综合单价，参照类似的综合单价确定； (3) 合同中没有适用或类似的综合单价，由承包人提出综合单价，经发包人确认后执行
第9.3.1条 (1) 已标价工程量清单中有适用于变更工程项目的，采用该项目的单价； (2) 已标价工程量清单中没有适用、但有类似于变更工程项目的，可在合理范围内参照类似项目的单价； (3) 已标价工程量清单中没有适用也没有类似于变更工程项目的，由承包人根据变更工程项目，由承包人有根据变更工程资料、计量规则和计价办法、工程造价管理机构发布的信息价格和承包人报价浮动率提出变更工程项目的单价，报发包人确认后调整	

综上对比可以看出，2013版《计价规范》与2008版《计价规范》关于工程量清单缺项引起的新增分部分项工程清单项目的变更价款的规定一致。由于招标人应对招标文件中工程量清单的准确性和完整性负责，故工程量清单缺项导致的变更引起合同价款的增减，应由发包人承担此类风险。

3. 工程量清单缺项引起的新增措施项目。

2013 版与 2008 版《建设工程工程量清单计价规范》关于
清单缺项引起新增措施项目的规定对比表

2013 版《建设工程工程量清单计价规范》	2008 版《建设工程工程量清单计价规范》
第 9.5.3 条	第 4.7.4 条
新增分部分项工程清单项目后，引起措施项目发生变化的，应按照第 9.3.2 条规定，在承包人提交的实施方案被发包人批准后，调整合同价款	因分部分项工程量清单漏项或非承包人原因的工程变更，引起措施项目发生变化，造成施工组织设计或施工方案变更，原措施费中已有的措施项目，按原有措施费的组价方法调整；原措施费中没有的措施项目，由承包人根据措施项目变更情况，提高适当的措施费变更，经发包人确认后调整
第 9.3.3 条 工程变更引起施工方案改变，并使措施项目发生变化的，承包人提出调整措施项目费的，应事先将拟实施的方案提交发包人确认，并详细说明与原方案措施项目相比的变化情况。拟实施的方案经发承包双方确认后执行	

综上对比可以看出，2013 版《计价规范》与 2008 版《计价规范》关于工程量清单缺项引起的新增措施项目的规定类似，均由承包人根据措施项目变更的情况，拟定实施方案经发包人批准后予以调整。因此，由于工程量清单缺项或变更部分引起的措施项目费变化，应由发包人承担相应的责任，并支付承包人因施工增加的费用。

> 《建设工程施工合同》示范文本及1999版FIDIC条款对工程变更价款的具体方法进行了规定。

除《建设工程工程量清单计价规范（GB50500—2013）》对清单漏项进行了明确的规定外，《建设工程施工合同（GF—2013—0201）》(简称《施工合同》)及《FIDIC 工程施工合同（1999 年版）》对工程变更价款的具体方法进行了规定。《建设工程施工合同（GF—2013—0201）》1.13 款："除专用合同条款另有约定外，发包人提供的工程量清单，应被认为是准确的和完整的。出现下列情形之一时，发包人应予以修正，并相应调整合同价格：(1) 工程量清单存在缺项、漏项的……"《FIDIC 工程施工合同（1999 年版）》规定：计算变更工程应采用的费率或价格，可分为三种情况：(1) 变更工作在工程量表中有同种工作内容的单价，应以该费率计算变更工程量费用；(2) 工程量表中虽然列有同类工作的单价或价格，但对具体变更工作而言已不适用，则应在原单价和价格的基础上制定合理的新单价或价格；(3) 变更工作的内容在工程量表中没有同类工作的费率和价格，应按照与合同单价水平一致的原则，确定新的费率或价格。

建 议

综上所述,可知中标后发现清单漏项比较普遍,处理起来也很麻烦。因此建议施工企业及业主采取以下相关措施:

1. 在投标报价之前,施工企业要认真地以设计图纸和《建设工程工程量清单计价规范》为依据,核对所有清单项目,看是否全面反映了拟建工程的全部内容。当然清单漏项可能属于招标人责任,但一旦发生纠纷也很麻烦,还是尽量避免发生不必要的工程结算纠纷或经济损失。

> 施工企业应积极主动地采取措施,避免因清单漏项而造成损失。

2. 在施工过程中,一旦发现图纸上有不明确或遗漏的地方,施工企业要主动提出来,及时与招标人沟通,并要求设计确认,保留招标人的确认依据,为结算做准备。

3. 建议招标人在招标文件中做如下说明:"投标人对招标人所提供的工程量清单应与招标文件、合同条款、技术规范及图纸等文件结合起来查阅与理解,招标人提供的工程量清单中所列工程数量仅作为投标的共同基础和最终结算与支付的依据,而投标人必须按设计图纸进行施工。"

4. 若投标人认为招标人提供工程量清单数量存在差额与缺项,且招标人未以补遗函或答疑补充形式给予更正的,投标人应在投标报价过程中另行补充编制分部分项清单偏离表予以调整。如投标书中未补充编制分部分项清单偏离表或偏离表中未完整列出分部分项偏离内容,则投标人不能再以提供的工程量清单存在差额与缺项为由提出增加费用。

12 发包人代表拒不签收过程文件，承包人怎么办

案例简介

A公司（发包方）、B公司签订《建筑工程承包合同》一份，约定B承建某大厦土建及安装工程。B在取得中标通知书后进场施工，并在合同约定的期限之前完成主楼基础结构，后因A方未按约定支付工程款致B停工。2012年2月1日，A、B达成协议，约定A向B偿还已完成施工部分的全额工程款1250万元，并支付512 800元利息。后A支付了部分工程款后再未支付余款。2013年5月10日和2014年8月2日B两次以挂号信的方式发函给A，要求其支付所欠工程款，但这两封挂号信都因A迁移新址不明而被退回。2015年11月，B向法院提起诉讼，请求判令A支付拖欠的工程款及利息，A则主张已过诉讼时效。

法院认为虽然两份挂号信由于A迁移新址不明而未能送达，但该行为足以证明原告在诉讼时效期内以合法适当的方式主张过自己的权利，

12 发包人代表拒不签收过程文件，承包人怎么办

引起诉讼时效中断，而被告 A 是否收到挂号信均不影响时效中断，故对于 A 诉讼时效已过的主张不予支持，最后判令 A 支付拖欠的工程款及利息。

> 施工单位在诉讼时效期内以合法适当的方式主张过自己的权利，引起诉讼时效中断。

原理及观点

（一）强化证据意识，加强履约管理。

承包人的工作人员在履行施工合同的过程中应牢记"以合同为依据"的工作原则，同时要正确理解在纠纷解决中"以事实为根据"的法律原则。法律上所依据的事实，不是社会公众通常所认为的客观事实，而是能够在事后被合法有效的证据证明的客观事实，换言之不能被合法有效证据事后证明的客观事实，将难以被法律所认可。为此，承包人强化证据意识，加强履约管理尤为重要。承包人还要特别注意，承包人单方面发给发包人的书面文件，如果没有发包人签收，或者邮政部门、公证部门等与承包人无利害关系的第三方确认送达发包人的证据，在产生纠纷时，发包人会轻易地否认曾收到过此类文件。因此，对于发包人在涉及工期、价款、质量等合同内容的违约，承包人要予以高度警惕。发现对方违约，要有理有节地及时进行书面交涉，交涉无果，发包人拒绝签收过程文件的，须采取挂号邮寄送达甚至公证送达等方式保全证据。对于在履行施工合同过程中发包人以非"正式"的书面方式、口头方式或事实行为单方面作出的对合同条款的变更应仔细甄别其利弊，对承包人不利的变更要以书面形式明确拒绝。对确需变更的，应通过双方盖章或合同约定的双方代表签字的补充协议等"正式"书面文件予以明确。考虑到在履行施工合同的过程中，承包人参与施工的人员众多，为防止出现承包人当中的一般施工人员的行为可能对合同内容产生对承包人不利的变更，承包人在施工合同中应约定："在合同履行过程中，对涉及工期、价款、质量、索赔等方面减少承包人权利或加重承包人义务责任的条款，非经合同中载明的承包人的项目经理或其书面授权的代表书面确认，对承包人无约束力。"

> 承包人应强化证据意识，加强履约管理。

（二）在施工过程中常常会出现工程款上涨、工期顺延等情况，此时发包人可能会借各种理由拒不签收过程文件，最后再以未签收过程文件为由，拒绝支付工程款。过程文件的送达与签收涉及诉讼时效的问题，若施工单位在此过程中没能保留和固定相关证据，则可能会影响主张权利的诉讼时效，便很难维护自己的权益。因此，我们认为只要保留证据，证明其已当面递交或者以传真方式发送催款函、施工联系单、验收记录单、

> 施工单位应妥善保存工程索赔的证据，最大可能地维护自己的权益。

工期、费用索赔报告等过程文件,即可引起诉讼时效的中断,最大可能地维护自己的权益。而发包人是否实际收到相关过程文件并不影响承包人主张权利的事实确立。原因如下:

1.《中华人民共和国标准施工招标文件(2007年版)》通用合同条款第 1.7.1 项规定:"与合同有关的通知、批准、证明、证书、指示、要求、请求、同意、意见、确定和决定等,均应采用书面形式。"第 1.7.2 项规定:"第 1.7.1 项中的通知、批准、证明、证书、指示、要求、请求、同意、意见、确定和决定等来往函件,均应在合同约定的期限内送达指定地点和接收人,并办理签收手续。"而发包人往往为了自己利益或逃避责任而拒绝签收,甚至使用各种手段使文件无法送达。一旦发生诉讼,如果承包人不能证明其发送过相关的文件,就可能会承担举证不能等不利的法律后果。

2. 承包人向发包人追讨工程款受法院保护的期限即诉讼时效为两年,从约定应支付的最后日期的次日起算。如果承包人曾追讨过,则诉讼时效重新计算;如果承包人未在该诉讼时效内追讨工程款,人民法院不再保护。承包人发催款函即是向发包人追讨,发包人是否实际收到该催款函不影响承包人追讨事实的确立。判例中,虽然两份挂号信由于发包人迁移新址不明而被退回,但该行为已表明其在诉讼时效内以适当的方式及时主张了自己的权利,故法院判决驳回了发包人诉讼请求已过诉讼时效的主张。2017 年新的《中华人民共和国民法总则》第一百九十五条规定:"诉讼时效中断,从中断、有关程序终结时起,诉讼时效期间重新计算:(一)权利人向义务人提出履行请求;(二)义务人同意履行义务;(三)权利人提起诉讼或者申请仲裁;(四)与提起诉讼或者申请仲裁具有同等效力的其他情形。"

建 议

> 施工单位在诉讼时效期内以合法适当的方式主张过自己的权利,引起诉讼时效中断。

施工合同的履行具有延续性,往往期间产生众多签证、沟通、通知等重要文件,发包人可能出于自身利益考虑而拒绝签收,当发包人拒签相关文件时,施工单位可应采取如下方式做好证据材料的收集:

1. 可以通过邮局 EMS 的方式寄送相关文件,并在快递单上详细写明邮寄文件的名称和数量。目前邮局提供返单服务,承包人可以选择此项服务,收取对方已经签收邮件的证据材料。

2. 在选择寄挂号信时,为加强证据材料的真实性及证明效力,可以办理公证。具体如公证挂号信内容,邮寄时间,投递地点,发、收件人,联系方式及地址等。甚至可以将要送达的重要书面文件委托公证员送达对

12 发包人代表拒不签收过程文件,承包人怎么办

方,办理全程公证。

3. 如果是当面送达书面文件的情况,可以运用录音录像设备,将送达过程录制下来,但为了保证视听资料的合法性,保证其能被法院采纳,务必注意在发包人的工作时间内,在其工作地点进行录制。

> 施工单位应采取有效方式,来保留主张过权利的证据。

4. 在与发包人签订施工合同时,在合同中明确约定发包人代表不得拒绝签收过程文件,否则应承担相应的责任,这样可以防止发包人代表拒不签收过程文件的情况发生。

5. 及时编制发包人代表拒不签收过程文件给承包人造成损失的索赔方案。

13　发包人拖延提供图纸，可否顺延工期

案例简介

A、B公司签订施工合同，约定：A为发包方，B为承包方，B承包某大厦的全部建筑安装工程，合同工期为625日历天。工期顺延须经监理的审核，并经发包人代表确认。

施工期间，发包人A不但出具了部分楼层的修改图纸，还经常不能及时提供图纸，导致工期延误了708天。A、B双方就工期是否应顺延发生争执，协商无果，B遂向法院提起诉讼，请求判令A承担未及时提供施工图纸造成的工期拖延责任。

该案中原告方B认为：被告A作为发包人，不能一次性交付全套施工图纸且在陆续出图过程中又不及时，致使承包人不能够按照约定的进度进行施工，其对工期拖延有过错，应当承担相应的责任，因此工期应当

13 发包人拖延提供图纸，可否顺延工期

顺延。

被告方 A 却认为：B 在施工过程中，对于我方未能及时交付施工图纸而引起工期延误的情况，并没有提出异议，可以视同为其放弃了该权利；另一方面，A 也没有提交关于施工图纸未及时交付所引起的工期签证，因此不应当顺延工期。

法院认为承包人虽然未在施工过程中按照合同的约定办理工期顺延的手续，但并不代表其放弃该项权利，且有证据证明发包人未能一次性提供全部施工图纸，施工过程中出具变更图纸，特别是在合同约定的竣工日期后仍提供修改图纸，承包人有权主张顺延工期。法院判决发包人 A 应当对工期延误承担主要责任。

> 法院判决发包人拖延提供图纸应当对工期延误承担主要责任。

原理及观点

一般情况下，施工图纸不同于招标图纸，特别是在招标时设计文件还未完全形成的情况下，等全部设计完成后往往会与已提供的招标图纸存在一定的差别。事实上，施工单位必须按照发包人提供的施工图纸进行施工，所以因发包人拖延提供施工图纸而延误工期，承包人有权要求顺延工期，但必须承担相应的举证责任，除了要证明发包人有存在拖延提供图纸的事实，还要证明拖延提供图纸与工期耽误之间的因果关系。理由如下：

> 因发包人拖延提供施工图纸，承包人有权要求顺延工期，但须承担举证责任。

1. 根据《中华人民共和国合同法》第二百八十三条规定："发包人未按照约定的时间和要求提供原材料、设备、场地、资金、技术资料的，承包人可以顺延工程日期，并有权要求赔偿停工、窝工等损失。"施工图纸即属于此条中的"技术资料"。

2. 根据发改委等 9 部委发布的 2007 版《中华人民共和国标准施工招标文件》通用合同条款第 1.6.1 项的规定："除专用合同条款另有约定外，图纸应在合理的期限内按照合同约定的数量提供给承包人。由于发包人未按时提供图纸造成工期延误的，按第 11.3 款的约定办理。"

上述两点足以说明：因发包人拖延提供施工图纸而致使工期延误，承包人有权要求顺延工期。具体做法分两种情况：（1）双方签订的施工合同中若已对顺延工期的条件和程序有明确约定的，按照合同约定办理顺延工期的手续；（2）若合同并没有约定或者承包人没有办理顺延工期的手续时，承包人应提供相应证据以证明下列事项：发包人迟延提供施工图纸、迟延提供图纸与工期耽误之间存在因果关系（怎样造成工期延误的结果）、由此延误工期的总天数。

建 议

> 承包人应注意收集及保存证据，并积极主张自己的权益。

要主张顺延工期，承包人需承担相应的举证责任，因此，当发包人出现拖延提供施工图纸的情况时，我们建议承包人应注意收集及保存证据，并积极主张自己的权益，具体做法如下：

1. 注意证据收集。尽量收集并保留发包人延期交付图纸的证据。

2. 注意利用合同约定。在签订合同时对发包人延期交付图纸产生争议的解决方式进行专项约定。

3. 注意履行告知义务。发包人一旦出现延期提供图纸的情况，承包人应及时向发包人送达催告函，告知其在合理期限内提供图纸，如其未在合理期限内提供图纸，承包人有权要求工期顺延。

14 采用工程量清单计价时,钢筋搭接量应否单独计量

案例简介

A 公司为某工程招标,其发布的《招标文件技术规范》中规定:"搭接所需的钢筋量不应包括在付款的计量内。绑扎、铁丝、垫块、撑铁和其他附件均不作付款的计量。"在投标答疑会上,投标单位 B 公司询问如何理解技术规范中的这一规定。A 解释:"钢筋搭接不应包括在付款的计量内,即不放在钢筋单价内计算付款量,而应放在钢筋总用量计算。"就此,B 提出钢筋搭接须作单独一块进行计算后报价,发包人 A 代表未置可否。于是 B 在投标报价时将钢筋搭接量计入钢筋项目单价之中,随后 A 与 B 签订合同,约定除钢筋和混凝土项目部分为固定单价以外,其他部分为固定总价。最后 B 完成工程并验收合格。因 A 迟迟不支付钢筋搭接接头费用,B 提出仲裁。

A 认为,固定单价的模式下,不应该单独计算钢筋搭接量,按照工程惯例,清单钢筋项目工程量是按设计图示长度计算,因此钢筋搭接量的费用已经包含在钢筋项目单价之中了,无须再单独计算。而技术规范上记载的"钢筋搭接量不作价款的计量"即指钢筋搭接价款在钢筋单价中考虑。

而 B 认为，应当单独计算钢筋搭接工程量，清单钢筋项目工程量是按设计图示长度计算，那么钢筋搭接量的费用应该另行计算。

仲裁委并没有采纳双方的观点，认为在清单模式下，钢筋搭接工程不应该单独计算，也不应该在项目数量中考虑，但是合同另有约定的除外。既然 A 在投标答疑会上的不当澄清推翻了上述规则，同意将钢筋搭接量放在钢筋总用量计算，那么裁决应当单独计算钢筋搭接工程量，裁决 A 向 B 支付钢筋搭接接头费。

> 仲裁委认定，钢筋搭接量不应单独计算，也不应该在项目数量中考虑。

原理及观点

我们认为关键是钢筋搭接量属于钢筋项目的话，若是，其消耗是考虑在钢筋项目单价中，还是钢筋项目总量中？

建设部标准定额研究所《关于〈建设工程工程量清单计价规范〉有关问题释疑》（简称《清单释疑》），其中关于附录 A 中"8. 钢筋计算是否应计算搭接长度和制作、绑扎损耗？答：钢筋的搭接、弯钩等的长度，招标人均应按设计规定计算在钢筋工程数量内，钢筋的制作、安装、运输损耗由投标人考虑在报价内。"注意，《清单释疑》仅把钢筋的损耗包含在报价内，钢筋的搭接和弯钩长度仍然需要计算，并入钢筋工程量内。钢筋重量或钢筋接头数量，钢筋结算时，一般是调量不调价，钢筋需要重新计算和对量。记住：钢筋工程量考虑钢筋搭接长度，除非是在招标文件中明确说明钢筋的综合单价包含钢筋接头长度，否则，都需要计算搭接长度。

> 钢筋搭接量不应在清单计价时单独计量。

我们认为一般情况下，钢筋搭接量不应在清单计价时单独计量，因为它包括在钢筋项目中。通常对于钢筋搭接有两种处理方式：一是一并算入钢筋工作量内，此项费用即不包含在钢筋的单价之中（定额计价）；另一种做法是按照图纸上的钢筋净尺寸计算，其搭接即计算在单价内（清单计价）。

> 在工程量清单中，钢筋搭接量并不是不计算，而是计算在钢筋项目的单价之中。

但是按照工程的行业惯例来讲，《FIDIC 工程施工合同（1999 年版）》，清单钢筋项目工程量一般按照净尺寸计算。对于小项目来说，钢筋搭接所耗损的材料比较少，是否计算在内或许影响不大，但是对于大项目来讲就不同了，倘若忽略其数量就会显失公平。因此，在工程量清单中，钢筋搭接量（包括钢筋及钢筋搭接、绑扎、铁丝、垫块、撑铁和其他附件）并不是不计算，而是计算在钢筋项目的单价之中。

14 采用工程量清单计价时,钢筋搭接量应否单独计量

尽管在一般情况下钢筋搭接量不应该计算工程量,但是可以通过合同改变这一规则。根据《中华人民共和国合同法》可知:在不违反法律、法规的强制性规范的情况下合同双方可以根据意思自治的原则达成具体的约定,并按约定履行合同。

> 尽管在一般情况下钢筋搭接量不应该计算工程量,但是可以通过合同改变这一规则。

建 议

建议承包人:

1. 如果项目较小,可以不予考虑单独计算。但是如果项目较大,钢筋搭接量也较大的话,则应在合同中约定,将钢筋搭接量计入钢筋总用量。

2. 在投标报价时,充分吃透工程行业惯例,理解《FIDIC 工程施工合同》有关规定,应该注意清单项目数量一般按照净尺寸计算,清单项目包括的全部工序内容及完成单位清单项目所需的费用。

3. 充分利用澄清。依据澄清要求,发包人在钢筋项目数量中计算钢筋搭接量,同时一旦发现清单的工程量计算规则等存在不利,可请发包人通过澄清方式予以修改。

> 钢筋搭接量一般应考虑在钢筋项目单价内,但合同有约定的话,也可以将其计入钢筋总量。

15 因防台防汛而拆除脚手架等，造成的损失由谁承担

案例简介

A、B公司签订《建筑施工合同》，约定由B承建某小区，工期为548天，合同价款暂估4 000万元。同日，双方签订《补充协议》，约定：承包人B投入3 000万参建该工程，A根据工程进度情况陆续将工程款归还给承包人。后因A不及时支付工程款，导致停工。停工时B已经完成18层主体结构，19层结构钢筋及模板搭设完毕。随后，双方经过多次协商，于2014年4月21日达成协议，解除双方签订的合同。同年7月21日B向A发函，提出协商撤离施工现场的有关事宜，并要求A对第19层进行浇捣。A复函称具体事宜将派员商谈。2014年8月20日该市工程安全监督站发出《尽快拆除工地附着式升降脚手架的通知》，要求立即拆除工程结构上部附着式升降脚手架，以确保防台防汛的安全。随后B拆除了第19层模板、附着式升降脚手架等机械。事后，A向仲裁委提起仲裁，要求B赔偿擅自拆除模板、脚手架的损失。

A公司认为：合同解除后，双方就已经完成的工程进行了结算，承包人已经完全移交了工程。承包人未经其允许擅自拆除脚手架等，对其造成了损失，要求赔偿。

B公司则认为：合同解除后，因发包人的原因，延误其退场，其有权要

15 因防台防汛而拆除脚手架等，造成的损失由谁承担

求发包人支付看管施工现场的费用，其为确保施工现场的安全而拆除模板，没有过错反而是实施无因管理，相应的损失由发包人承担。

仲裁委认为：在双方解除合同关系过后，双方的权利义务已经终结，而由于缺乏退场事项的约定，承包人要求发包人协助其退场却未取得发包人的回应，导致承包人虽无法律和合同上的任何义务，仍然看管着工程，再加上拆除模板和脚手架是在相关行政机关的指令下所为，是为了确保工程安全而采取的合理行为，因此承包人构成无因管理。作为管理人有权要求被管理人支付管理活动的必要费用。因此，仲裁委裁决驳回原告 A 的仲裁请求。

> 法院认为如构成无因管理，作为管理人有权要求被管理人支付管理活动的必要费用。

原理及观点

在施工过程中，可能会出现一些特殊状况，为了保证施工安全，不得不将原本在工程上已搭建好的模板和脚手架拆除。当特殊状况消失后，为了恢复施工，又要重新进行搭设。由此造成的损失是由发包人还是承包人承担？分为两种情况：

1. 承包人有过错的情况下，承包人承担损失。
2. 只要不是承包人的过错造成的，一律由发包人承担损失。

出现台风，属于不可抗力的因素，既不是承包方的过错又不是发包方的过错。因此，应当由发包人承担拆除模板和脚手架的损失。

> 拆除模板等造成的损失，如承包人有过错则由其承担，反之则由发包人承担。

建 议

在上述案例中，承包人在操作过程中确有不妥之处。倘若以后遇到类似的情况，为了避免不必要的麻烦，承包人应注意：

1. 约定退场事宜是解除合同的前提。在与发包人协商解除合同前，一定要先解决好相关事宜，如退场事项等。
2. 事先未约定退场事宜可当场告知。若双方并未就退场事宜进行约定，可以书面告知发包人退场计划和期限，并给予发包人接收现场的准备时间。
3. 采用无因管理原理。在发包人起诉时提出反诉，主张无因管理费用。
4. 在接到相关行政机关的指令后，及时转交发包人，同时提出退场协商方案。
5. 签合同时作出专项约定。在签订施工合同时应将不可抗力造成的损失由谁来承担，以及以怎样的方式或者比例来承担作出专项约定。

> 为避免不必要的麻烦，承包人在遇到类似情况下，应注意四点。

16 发包人确认后又要修改结算书，承包人怎么办

案例简介

A、B公司签订施工合同协议，约定：工程承包范围包括化工码头、杂货码头及驳岸工程，工程总造价为1 586万元，在承包范围内包干施工，包工包料。后A、B就增加项目进行约定，作出《设计修改补充会议纪要》的文件，实际是一份工程发包合同，上面载有：增加项目包括管道支架、化工杂货码头值班平台以及围堰工程。B根据施工图纸计算工程量，编制预算；设计修改部分由B编制预算后报A修改。后标外工程竣工，经结算及建行审核，工程造价为2 567 466元。A在工程结算审查定案书上签字同意建行的审核意见，但始终未付款。B多次追讨工程款，但A却以标外工程结算存在重复计算及冒算为由拒绝支付，并要求修改结算书，双方协商无果，B向仲裁委提起仲裁，请求法院判令A支付标外工程款。

B认为：发包人签字确认结算书代表其同意结算书上载明的工程款，不得随意要求更改。特别是承包人在工程结算后还经建行审核，建行出具了审核意见，而A在含有标外工程项目的工程结算审定书上建设单位审核意见一栏上签字同意，即代表发包人持有无异议的态度。因此，发包人应当据结算书支付其工程款，而不得擅自要求更改。

16 发包人确认后又要修改结算书,承包人怎么办

A认为:建行审核意见对标外工程范围及造价认定存在错误。标外工程只包括管道支架、备桩,其余均为大包干工程内的子项目,却被当做标外项目进行了重复计算,并冒算了围堰费用。在结算书出现误算的情况下,即便是自己已经签字确认,本着以事实为依据的原则,仍然有权对结算书进行修正。

仲裁委认为:发包人在确认结算书后,不能再以结算书存在计算错误为由要求修正结算书,不履行付款义务。即使结算书存在错算、重复计算等,构成重大误解,发包人也应当在知道或应当知道存在该情况的一年内行使撤销权,但发包人却没有行使撤销权,因此仲裁委裁决A按照确认的结算书支付工程款。

> 结算书存在错算、重复计算等,构成重大误解,发包人应当在知道或应当知道存在该情况的一年内行使撤销权。

原理及观点

竣工结算书亦称工程竣工结算书,指一个单位工程或单项工程完工并经建设单位及有关部门验收后,由施工单位提出,并经建设单位审核签认的以表达该项工程的建筑安装工程施工造价为主要内容,并作为结算工程价款依据的经济文件。从上述概念可以看出,竣工结算书是经过发、承包双方认可的文件。

> 竣工结算书是经过发、承包双方认可的文件。

那么经发、承包双方签署的结算书的效力如何,是否可以修改?倘若可以,在什么情况下可以修改?

原则上针对同一工程提交的竣工结算书只能核对一次,发、承包双方应对核对结果签字确认,作为竣工结算核对完成的标志。竣工结算书经发、承包双方签字确认后,禁止发包人又要求承包人与另一个或多个工程造价咨询人重复核对竣工结算,这表明竣工结算书的严肃性。发包人或受其委托的工程造价咨询人收到承包人递交的竣工结算书后,在合同约定时间内不核对竣工结算或未提出核对意见的,视为对承包人递交的竣工结算书已经认可,发包人应向承包人支付工程结算价款。竣工结算办理完毕,发包人应根据确认的竣工结算书在合同约定时间内向承包人支付工程竣工结算价款。发包人未在合同约定时间内向承包人支付工程结算价款的,承包人可催告发包人支付结算价款。

通常情况下,在工程验收合格后,承包人按照合同约定向发包人提交竣工结算书,发包人若没有异议,便会在结算书上签字盖章进行确认。结算书一经签字确认,事后便不得反悔,不能再要求修正。理由如下:

> 结算书一经签字确认,事后便不得反悔。

1. 最高人民法院民一庭编写的《最高人民法院二审民事案件解析》一书中提到:工程结算书是对已竣工工程进行的最后结算,作为工程建设单位,发包人对结算书有最后决定权。发包人可以将其认为是重复计算

47

以及冒算的部分造价砍掉，但发包人当时未表示异议，说明该结算书并未违背发包人自身的意思。因此发包人应按照已经确认的结算书履行付款义务，而不应反悔、对结算书要求修正。

2.《中华人民共和国合同法》第八条规定："依法成立的合同，对当事人具有法律约束力。当事人应当按照约定履行自己的义务，不得擅自变更或者解除合同。依法成立的合同，受法律保护。"而竣工结算书虽然是承包人向发包人提交的最后决算，但是必须由发包人最后确认才具有法律效力，因此它实质上是发、承包人双方就工程结算事宜达成的协议，该协议经发包人签字确认后，发包人应当按照该协议履行相应的付款义务。即便是要更改协议上的内容，也必须经双方协商一致变更，法律并没有赋予发包人单方面变更的权利。

> 依法成立的合同，对当事人具有法律约束力。

由此可知：倘若在确认结算书过后，发包人反过来又以结算书存在错误为由要求修改决算书，承包方可以拒绝其要求。

上述观点也并非绝对，存在一个例外情况，即结算书存在错算的情况，发包人或承包人都可以在知道或应当知道存在错算之日起一年内行使撤销权。原因在于：《中华人民共和国合同法》第五十四条规定："下列合同，当事人一方有权请求人民法院或者仲裁机构变更或者撤销：（一）因重大误解订立的；（二）在订立合同时显失公平的。一方以欺诈、胁迫的手段或者乘人之危，使对方在违背真实意思的情况下订立的合同，受损害方有权请求人民法院或者仲裁机构变更或者撤销。当事人请求变更的，人民法院或者仲裁机构不得撤销。"因此在通常情况下，结算书出现错算、重复计算的，发包人在签收时由于疏忽大意，没有注意到，因而误以为准确无误而进行确认，这种情况一旦构成重大误解，该结算书便成为可变更、可撤销合同，承包人便享有撤销权，可以撤销该结算书。但为了维护市场的稳定性，《中华人民共和国合同法》第五十五条就撤销权作出了明确的限制："下列情况之一，撤销权消灭：（一）具有撤销权的当事人自知道或应当知道撤销事由之日起一年内没有行使撤销权；（二）具有撤销权的当事人知道撤销权后明确表示或者以自己的行动放弃撤销权。"因此，发包人或承包人只能在知道或应当知道存在错算之日起一年内行使撤销权。当然，更改或撤销结算书造成的损失，有过错的一方应当赔偿另一方，双方都具有过错的，应当各自承担相应的责任。

> 结算书存在错算的情况，发包人或承包人都可以在一年内行使撤销权。

> 一年内必须行使撤销权，否则就消灭了该权利。

建 议

1. 运用合同约定。承包人在与发包人签订施工合同时就约定好经发包人确认的结算书一般不得修改，否则要承担相应的损失。

16 发包人确认后又要修改结算书，承包人怎么办

2. 注意本身不出差错。承包人编制竣工结算资料尽量不要出现漏算、重复计算等错误，争取从源头上避免造成自己损失，也避免给发包人找到修改结算书的理由。

3. 完善结算书确认形式。结算书的确认需要发包人代表的签字及发包人加盖公章，同时将确认的结算书及时办理公证。

17 施工单位是否负担项目经理以项目部名义拖欠的款项

案例简介

A公司将某工程项目分包给了B公司,双方签订分包协议时,B′作为B的委托人在分包合同上签字。随后,C公司作为混凝土供应商与B′签订混凝土购销合同一份,合同的需方则盖有A所建工程项目经理部章。约定:C向该工程供应混凝土,并约定了结算方式及逾期付款的违约责任。合同签订后,C向A的该项工程供应混凝土426立方米,并由购销合同上指定的人签收,即严格按照约定履行义务。同月,B′以需方的名义与C签订调价函一份,对混凝土的单价进行了调整。混凝土浇筑结束后,C累计有110 256元的货款未收到,向A追讨时A不承认该合同与其有关,并称该购销合同是分包人B的委托人与C签订的,双方协商未果后,C以A拖欠货款为由向仲裁委提起仲裁。

本案的争议焦点为:实际施工人以承包人项目部名义对外签订合同,合同对承包人是否有效?该行为是否构成表见代理?

17 施工单位是否负担项目经理以项目部名义拖欠的款项

C公司认为承包人A应当承担购销合同的付款责任，原因在于签订购销合同时，需方为A公司该工程项目经理部，并在合同上加盖有承包人该项目部公章。作为供应商，我方在明知是为该项目供应混凝土的前提下，看到此公章，便有足够的理由相信是与A签订合同，因此A应当承担合同的效力，履行付款义务。

A公司认为：其不应当承担该购销合同的付款责任，因为虽然合同上盖有该项目部公章，但项目部公章只能在我司委托事项及委托范围内代表本公司，而且在签订合同时B′并不是我司员工，亦没有我司的授权委托书。合同的签署双方是C与B，因此我司不应当承担付款责任。

仲裁委认为分包人B以承包人A的名义与C签订购销合同，且合同上盖有A公司该工程项目部章均为事实，虽然A公司事后并不认可该项目部公章，但是项目部公章确有证明的效力，使C有理由相信自己是在与承包人该工程项目部签订合同，因此构成表见代理。因项目部不具备民事主体资格，不能独立承担民事责任，其民事责任由项目部所属建筑企业A承担，A应当承担购销合同的法律责任，履行相应的付款义务。仲裁委裁决A对货款未及时付清承担民事责任。

> 法院认为项目部公章确有证明的效力，因此构成表见代理。

原理及观点

项目经理以承包人名义对外签订合同的行为构成表见代理。因此承包人应当承担项目经理以项目部名义拖欠的款项。

> 构成表见代理的情况下，承包人应当承担分包人项目经理以项目部名义拖欠的款项。

1. 工程项目部系由作为承包人的施工企业委派的代表承包人履行具体工程项目的施工、管理部门，其地位相当于承包人所属的一个具体履行施工合同的直接部门。也就是说项目部一般是为了履行特定的工程项目而成立的，其职权范围往往局限于特定工程施工合同项下的权利与义务。项目部章只是项目部行使权利的一个凭证，其效力要由项目部的职权范围来决定。建设工程项目经理是受企业法定代表人委托对工程项目施工过程全面负责的项目管理者，是企业法定代表人在工程项目上的代表人。同时因为项目部并不是一个合格的民事主体，没有民事行为能力，因此，项目经理如使用项目印章对外签订相关的材料采购合同或用工合同等，该类行为已足以使交易对方理解到或依常人的智力程度应当理解到与之进行交易的对象是工程项目承包人，即构成"表见代理"，此时施工单位应对项目部的行为承担责任。因此，项目经理以项目部名义，持项目部印章与第三人签订合同，构成表见代理，应当认定项目所属企业与第三人之间的合同关系成立。虽然加盖的不是单位法人公章，仅仅是承包人项目部公章，但是此种情况下该印章对外具有法律效力，足以使第三人相信该合同是与承包人订立的。

2. 法律对表见代理的规定：《中华人民共和国合同法》第四十九条规定："行为人没有代理权、超越代理权或者代理权终止后以被代理人名义订立合同，相对人有理由相信行为人有代理权的，该代理行为有效。"因此，承包人应对善意第三人承担表见代理的法律后果。另根据《最高人民法院关于当前形势下审理民商事合同纠纷案件若干问题的指导意见》中第四条关于"正确把握法律构成要件，稳妥认定表见代理行为"中的规定，表见代理的构成不仅要求代理人的无权代理行为在客观上形成具有代理权的表象，而且要求相对人在主观上善意且无过失地相信行为人有代理权。其中"具有代理权表象"的形式要素主要有合同书、公章、印鉴等。而"善意无过失"的认定，要结合合同的缔结时间、以谁的名义签字、是否盖有相关印章及印章真伪、款项的用途、建筑单位是否知道，是否参与合同履行等因素。由此规定可知，如果第三人是恶意签订合同的，则施工单位不需要对其承担责任。

> 如果第三人是恶意签订合同的，则施工单位不需要对其承担责任。

建 议

企业经营离不开法人印章，但是建筑企业由于施工项目众多、分散，且项目所在地常常与建筑企业住所地不在同一个地区，在建筑企业未在项目所在地设立分公司的情况下，为了方便经营，项目部章便得以广泛运用。实践中，建筑企业一般按施工项目分，有多少个项目就设多少个项目部，还有一些是按施工力量分，有多少支施工力量就设多少个项目部，并分别刻制项目部章。由于每个项目部章都具有法律效力，起到一定的证明作用，对项目部章的管理就尤为重要，企业有必要建立健全其管理制度：

> 施工企业应当建立健全项目部印章管理制度，以防止卷入纠纷。

1. 限范围。将项目部章的适用范围进行限制，仅仅在项目内部使用，不得对外签订合同。为了防止第三人见到项目部章即认为是与承包人签订合同，可以在印章上刻明"此章仅内部使用，不得用于对外签订合同"等字样，以防止构成表见代理，避免卷入经济纠纷。

2. 履行告知义务。可以采取适当的方式提醒潜在债权人项目部章的用途与相关人员的权限。

3. 加强公章日常管理。凡使用项目部公章的，应当实行严格的审批及登记制度。对于违规使用项目部公章的行为予以严肃处分，以防范项目部公章使用混乱所致的潜在法律风险。

> 如承担表见代理责任后，应及时向无权代理人追偿相关款项。

4. 行使追偿权。确已构成表见代理的，可在支付货款之后，积极主张自己的权利，向无权代理人追偿相关款项。

18 分包人工地瘫痪时,总承包人怎么办

案例简介

A公司承包了某一文化广场工程,承包价为3亿人民币,约定2013年8月竣工,工期拖延需支付480万元的违约金。承包人A后将工程中的假山专业分包给B公司完成,分包价为2 900万元。在假山工程的施工过程中,由于B不及时支付工人工资,施工班组处于无人管理状态,现场几近停工。A多次发函给B,要求其组织施工,否则就自行组织施工。

2013年3月为了完成承包任务,A决定与B公司的各施工班组签订劳务合同,组织他们继续施工完成装修工程,约定各班组此后所发生的工程量及付款均由A负责。为此还准备了每日施工部位、每日施工人数、工资表等资料,并经班组长签字确认。2013年5月B发函给公司的施工班组,与各施工班组协商终止了安装协议,其与各班组的工程量结算至2013年4月30日。2013年8月装饰工程通过竣工验收。2014年A、B双方确认整个假山工程总造价为2 580万元。但A认为其自行施工部分的金额为1 500万元,B认为只有200万元。为此双方发生争议,诉至法院。承包人A申请鉴定自行完成的工程量,但鉴定机构认为没有图纸与

签证，无法确认 A 已完成的工程量。B 也未能提供证据证明其完成的工程量。

在此情况下，法院试图根据公平原则以 A 自行完成工作量的一半结算，让双方达成调解协议，但双方均不接受。不得已法院以 A 未能证明代为完成的 1 500 万元工程量，仅按 B 认为的 200 万元计算 A 已完工作量。

原理及观点

1. 工程分包情况下，就分包工程，分包人与总承包人向发包人承担连带责任。

> 就分包工程，分包人与总承包人向发包人承担连带责任。

《中华人民共和国建筑法》第二十九条规定："建筑工程总承包单位可以将承包工程中的部分工程发包给具有相应资质条件的分包单位；但是，除总承包合同中约定的分包外，必须经建设单位认可。施工总承包的，建筑工程主体结构的施工必须由总承包单位自行完成。建筑工程总承包单位按照总承包合同的约定对建设单位负责；分包单位按照分包合同的约定对总承包单位负责。总承包单位和分包单位就分包工程对建设单位承担连带责任。"发包人与总承包人往往会在总包合同中约定总包人应承担工期和质量等责任，如导致工期拖延，总包人应向甲方支付违约金的条款。分包合同金额尽管不高，但分包人如果不按施工进度计划完成分包工程，就会导致整个工程无法在合同规定的工期内完成，那么按照总包合同的约定，总包人就需要向甲方支付违约金。因此倘若由于分包人的原因，造成整体工程拖延，并未能在施工合同约定的期限内竣工，那么分包人无疑要承担相应的违约责任，而总承包人也要承担连带责任，按照合同的约定向发包人支付违约金。所以，当分包人怠于管理致使工程停工，总承包人应积极地自行组织施工，以避免遭受损失。

2. 总承包人在遇到分包人现场瘫痪，需自行完成工程的情况时，应通知分包人，而该行为具有解除分包合同之效力。《中华人民共和国合同法》第九十四条规定："有下列情形之一的，当事人可以解除合同：（一）因不可抗力致使不能实现合同目的；（二）在履行期限届满之前，当事人一方明确表示或者以自己的行为表明不履行主要债务；（三）当事人一方迟延履行主要债务，经催告后在合理期限内仍未履行；（四）当事人一方迟延履行债务或者有其他违约行为致使不能实现合同目的；（五）法律规定的其他情形。"

> 总包在遇到分包现场瘫痪时，应及时通知分包人。

3. 总承包人应当在确认分包人已完成工程量及剩余工程量之后解除合同，并注意保存相关证据。在工程竣工后，总承包人与分包人进行结

> 总包主张自行完成的工程量时，需承担举证责任。

18 分包人工地瘫痪时,总承包人怎么办

算,主张自行完成的工程量时,需承担举证责任。

建 议

作为工程总承包人,在分包人现场瘫痪、无力施工的情况下,可以解除合同,但为了保护自己的权益,应注意:

1. 在已明确已完成工程量、未完成工程量及修复费用的前提下,书面通知分包人解除分包合同,全面接管分包工程。

2. 在接管工程时应通知分包人参加交接,请监理单位清点分包人已完成工程量,并列出全部需要修复的质量问题,形成书面交接文件,要求分包人签字认可。

3. 为避免冲突,可以在同等价格下,优先选择原先分包人选定的施工队伍。在继续施工前应修复分包人遗留的质量问题。

4. 与分包人签订分包合同时专门就分包人在无力施工的情况下赔偿及移交进行详细的约定。

> 在分包人现场瘫痪情况下,总包为了保护自己的权益,应注意四点。

19 承包方签合同时将"附加工程"与"额外工程"混为一谈,应怎么处理

案例简介

某市对基础设施进行大规模改造,业主 A 代建管理公司以招标的方式将该市的给排水项目向外发包,经过招标投标,B 市政建设公司中标。中标工程内容包括:78 千米长的排水管线,16 千米长的供水管线,363 个单位供水和排水管道接口,8 个排水泵站,3 座供水塔和蓄水池等,中标总价款为 1 亿元,工期为 26 个月。该工程的招标文件中关于工程报价有一条说明规定:"地下给排水管道工程报价包括设计管道及其附加工程。"合同条款中有一条:"发生额外工程,以设计洽商变更办理工程费用调整。"上述条款均约定在承包合同中。

B 开始施工后,发现城区地下有很多的管道及障碍物,尽管有资料图对此标记、说明,但既不准确也不完整,在施工中多次出现挖断污水管、供

19 承包方签合同时将"附加工程"与"额外工程"混为一谈,应怎么处理

水管、地下电缆等情况,严重影响施工进度。为了扭转不利的施工状况,B 只好采用更精准的探测手段,弄清地下状况,并采取多种技术措施,保证施工过程中原有系统的运行安全。期间,不可避免地发生了不少设计洽商变更。B 于是向 A 提出增加工程款的要求,遭到 A 的拒绝,于是 B 要求和 A 协商以解决此事。

本案的争议焦点为:"工程洽商变更"是"附加工程"还是"额外工程"?承包人是否有权要求开发商增加工程费用?

发包商 A 认为:"工程洽商变更"属于双方在合同中约定的"附加工程"而不是"额外工程",根据招标文件中的规定"地下给排水管道工程报价包括设计管道及其附加工程",虽然 B 在施工过程中发生了"工程洽商变更",但这是为了使施工顺利进行而做的必要工作,并没有超出招标文件中规定的范围。而且对于 B 这样有经验的市政施工单位来讲,应当预见地下施工会出现这样的困难,根据实际情况作出必要的变更是难免的。因此,这些附加工作的费用已经包含在投标报价中,现承包人另行提出增加工程费用没有依据,发包人不接受。

承包商 B 认为:实际施工过程会出现很多预想不到的情况,因此才会有"工程洽商变更"。正是因为发包人提供的地下管线标注不准确不全面,我方才须采取技术措施来探测地下状况、保证施工安全。根据合同条款"发生额外工程,以设计洽商变更办理工程费用调整",上述变更已经超出"附加工程"的范围,且所有工程洽商变更都经双方签字认可,因此该部分工作属于"额外工程",发包人应当增加工程款。

法院经审理认为,工程洽商变更的工作,属于合同中"地下给排水管道工程报价包括设计管道及其附加工程"中的"附加工程",因此费用已包含在本工程的投标报价中。判决:对 B 公司要求 A 向其增加 260 万元工程款的请求不予支持。

原理及观点

工程招标时发包人不可能对工程的各个方面都考虑完全,因而在施工时承发包人可能会对原有的工程进行一些修改,可能会增加一些工程的施工,此时合同的价款须根据变化的性质("附加工程"还是"额外工程")来进行调整。

附加工程是指建成项目所必不可少的工程;如果缺少这些工程,该工程项目便不能发挥合同预期的作用,因此,要求承包人必须按变更指令完成这些工作。附加工程属于合同范围内的增加,承包人无权向发包人主张额外的工程价款,因为其已包含在合同约定的总价款之内。

> 附加工程是指建成项目所必不可少的工程,属于合同范围内的增加。

额外工程是工程项目合同中"工程范围"未包括的工作，缺少这些额外工程，原订立合同的项目仍然可以运行，并发挥效益。比如高速公路上新增加油站。

附加工程是原主体工程内含的增加，即工程的增加。额外工程是主体工程外延的扩大，即功能的延伸，是一个"新的工程项目"。对于额外工程，原则上发包人应该重新进行招标投标来确定承包人，但实际情况往往是发包人由于时间的限制等原因，采取变更的方式，把该部分工程交由承包人完成，正因如此，承包人有权就额外工程向发包人主张工程款。

工作性质	合同范围	工程量清单中的项目	工程变更令	工程款
附加工程	合同内的增加	未列工作项目	要发工程变更令	包含在合同约定的工程款中
额外工程	合同外的增加	不属于工程量清单项目	要发工程变更令，重新签订合同	另行结算工程款

建 议

1. 签合同时，明确约定附加工程与额外工程界限。

2. 承包人应紧紧抓住关键点：设计洽商变更属于"额外工程"，否则属于"附加工程"。当发包人要求增加额外工程时，承包人应要求其提供设计变更图纸，这样才能保障自己的权益，避免酿成"白干"的悲剧。

3. 每周例会也是一种工程签证，承包人可利用每周工程例会将"额外工程"范围完成情况、工程量统计的记录等会议纪要作为发包人对"额外工程"的又一种认可。

4. 承包人应利用补充协议。可与发包人专门就"额外工程"签订补充协议，特别是分清"附加工程"与"额外工程"的实质性区别。

20 施工图纸替换招标图纸时，承包方怎么办

案例简介

A 公司发出招标文件及招标施工图纸公开进行招标，B 公司依据招标图纸报价，并被最终确定为中标人，双方签订了总价合同。开工前 B 又收到了 A 公司发来新的施工图纸，并被要求按照新图纸施工。应 B 的要求，A 就"图纸替换造成工程结算变更"事宜致函 B，称工程造价按照新图纸计算，按原投标报价的材料价调整价差，统一取费下浮。但 A 之后称该函不真实，协商无果之后 B 向仲裁委提起仲裁。

仲裁委认为，B 根据 A 的招标文件及招标图纸作出报价，最终中标并与 A 签订总价合同，约定固定价，A、B 双方理应按照合同的约定各自履行自己的义务，但是由于 A 在施工前提供了新的施工图纸并要求 B 按照新的施工图纸进行施工，该行为构成了合同的变更。最初合同约定的结算价格是以招标图纸为依据的，现在施工图纸代替招标图纸，招标图纸名存实亡，约定的工程价款赖以存在的依据失去实质性意义，倘若仍然以约定的工程款进行结算势必会显失公平。因此，裁决被告 A 按照新的施工图重新确定结算价，并向 B 支付工程款。

> 法院认为：由于工程是按新的施工图纸进行的，就应当按新的施工图纸重新进行结算。

原理及观点

> 发包人变更图纸属于设计变更。

在施工图纸招标合同中,发包人变更图纸属于设计变更,可以按照工程变更调价程序向发包人申请调价。首先应查看合同是否就设计变更价格的确定有可供执行的明确约定,有约定从约定,如果没有约定或约定不明的情况下,在执行变更之前或者过程中,应当及时与发包人协商变更图纸的事项,并签订补充协议。倘若在价格的调整问题上确实难以达成一致,按照法律规定结算工程款。《最高人民法院关于审理建设工程施工合同纠纷案件适用法律问题的解释》第十六条:"当事人对建设工程的计价标准或者计价方法有约定的,按照约定结算工程价款。因设计变更导致建设工程的工程量或者质量标准发生变化,当事人对该部分工程价款不能协商一致的,可以参照签订建设工程施工合同时当地建设行政主管部门发布的计价方法或者计价标准结算工程价款。建设工程施工合同有效,但建设工程经竣工验收不合格的,工程价款结算参照本解释第三条规定处理。"第三条:"建设工程施工合同无效,且建设工程经竣工验收不合格的,按照以下情形分别处理:(一)修复后的建设工程经竣工验收合格,发包人请求承包人承担修复费用的,应予支持;(二)修复后的建设工程经竣工验收不合格,承包人请求支付工程价款的,不予支持。因建设工程不合格造成的损失,发包人有过错的,也应承担相应的民事责任。"

> 当事人协商一致的,可以参照签订合同时当地建设行政主管部门发布的计价方法或者计价标准结算工程价款。

> 建设工程不合格造成的损失,发包人有过错的,也应承担相应的民事责任。

施工图纸替代招标图纸分两种情况:1. 施工图纸实质性地改变了合同图纸,比如功能发生改变,所增加的内容并不是完成工程所必需的,此时承包人有权拒绝按照新的图纸施工。2. 施工图纸作出非实质性的改变,属于合同的变更,双方应当就变更后的工程款问题及时进行协商。即便合同明确约定了固定价,但由于投标价格是依据招标图纸作出,而开工前已将招标的图纸废除,那么与之对应的固定价就变成了空中楼台。因此,招标图纸及与此确定的固定价不能再作为结算工程款的依据。工程是按照新的施工图纸完成的,因此,最后也应当按新图纸重新进行结算。

建 议

> 为了避免造成损失,承包人应当提前考虑发生此情况的处理方式。

从上述理由可以看出,无论是从法律还是从事实上看,工程价款原则上都应当以新版的施工图纸为依据进行结算。但对于承包人来说,前期可能会根据投标图纸而作部分准备工作,投标图纸被施工图纸替代后,不可避免会造成一定的损失,倘若只是简单地按照新的施工图纸结算工程款,并不能弥补承包人的这部分损失。因此,建议承包人采取以下几种方

20 施工图纸替换招标图纸时，承包方怎么办

式进行处理。

1. 签合同前拿出沟通方案。在签订合同前与发包方进行沟通，指出施工图纸与招标图纸之间的区别，并约定好相应的处理方案。

2. 签合同时提出并达成专门约定。在与发包方签订合同时，就以施工图纸还是以招标图纸进行结算作出专门约定。

3. 签合同后注意收集有利证据。施工过程中收集施工图纸变更造成损失的依据，特别是利用每周工程例会形成有利于己方的会议纪要。

4. 施工过程中按规定使用工程联系单，为后期可能出现的纠纷固定证据。

21 合同图纸遗漏的项目怎样结算

案例简介

> 在本案中，双方对图纸漏项均有过错，所以双方均应承担相应的责任。

A公司就某工程项目进行招标，招标时A明确规定投标人对标书（包括图纸、说明）不得作出任何改动、补充或注释。B公司中标后与A签订固定总价合同。招标图中沉井结构图表明井壁用C25混凝土浇制，无配筋图和施工详图，合同技术规范也没有相应的说明，工程量表中未提供钢筋参考用量，故B按照C25混凝土报价（报价中未含钢筋用量）。施工过程中，A提供的施工详图表明井壁为C25混凝土，并有配筋详图。B据此施工，并要求追加该钢筋工程价款。A则以报价失误为由不予认可。双方协商未果后，B公司提起起诉。A方认为，招标图纸虽然有遗漏，但有经验的承包人应能合理预见井壁结构需要钢筋，故不应追加价款。B方认为，A提供的图纸有遗漏，应当承担招标图纸错误、遗漏的责任，故应当追加价款。法院最后判决 A 补偿 B 钢筋价款的 70%,剩余的 30% 由 B 公司自行承担。

原理及观点

根据《建设工程施工合同(GF—2013—0201)》通用条款第 1.1.1.7 款规定:"图纸:是指构成合同的图纸,包括由发包人按照合同约定提供或经发包人批准的设计文件、施工图、鸟瞰图及模型等,以及在合同履行过程中形成的图纸文件。图纸应当按照法律规定审查合格。"《FIDIC 工程施工合同(1999 年版)》通用条款第 1.1.1.6 项规定:"图纸:指合同中规定的工程图纸,及由雇主(或代表)根据合同颁发的对图纸的增加和修改。"

根据《建设工程施工合同(GF—2013—0201)》通用条款 1.6.2 项"图纸的错误"规定:"承包人在收到发包人提供的图纸后,发现图纸存在差错、遗漏或缺陷的,应及时通知监理人。监理人接到该通知后,应附具相关意见并立即报送发包人,发包人应在收到监理人报送的通知后的合理时间内作出决定。合理时间是指发包人在收到监理人的报送通知后,尽其努力且不懈怠地完成图纸修改补充所需的时间。"合同图纸遗漏项目时,首先应当认定对于遗漏项哪一方存在过错。通常情况下是由于发包人的疏忽造成其提供的图纸不完整,因此,承包人可以主张图纸遗漏的项目不在承包范围内,从而要求发包人追加价款。另一方面,承包人对图纸缺陷负有提醒的义务,特别是那些作为普通承包人就能意识到的合同缺陷(比如钢筋项目),承包人不及时提醒发包人,即为有过错,也应当承担相应的责任。

> 承包人对图纸缺陷负有提醒的义务,承包人不及时提醒发包人,即为有过错,也应当承担相应的责任。

建 议

对图纸遗漏项目的问题,承包人从以下几方面进行处理:

1. 签订合同时注意专项约定。承包方在与发包方签订承包合同时应在合同中专项约定图纸遗漏项目结算办法。发包方和承包方都应尽到谨慎的注意义务,务必反复推敲合同的条款及内容,防止发生遗漏或错误。

> 合同的内容至关重要,在签订合同时,发包方和承包方都应尽到谨慎的注意义务。

2. 签订合同后注意运用补充协议。当发现遗漏项目时,双方应当互相协商,争取就遗漏项目结算问题达成补充协议。

3. 不能达成补充协议时注意收集发包方过错。倘若双方无法就遗漏项达成补充协议,就以双方是否存在过错为依据判定各自承担的责任。

同时，作为承包方应找到处理遗漏项目的实例与发包方沟通，沟通无效则依法向法院提起诉讼。

4. 积极履行提醒义务。作为承包人，当发现合同、图纸的缺陷时，应积极履行提醒义务，避免自己承担责任。

22 施工期间物价大涨，应否调增价款

案例简介

A是某公路建设指挥部，对该公路工程12合同段进行公开招标，招标文件中明确载明："本合同在施工工期内不进行价格调整，投标人在报价时应将此因素考虑在内"，"对于其他需要投标人自己购买的材料，所发生的一切费用均应包括在投标人的报价之中"。2012年12月B公司中标，A与B签订了12合同段《施工承包合同》。《合同专用条款》第70.1款约定："本合同在施工工期内不进行价格调整，投标人在报价时应将此因素考虑在内。"随后工程所在地建设厅下发《关于钢材、水泥结算价格调整的指导性意见》，该意见针对全国建材价格持续大幅上涨的情况，要求各单位根据"风险共担、合理补偿"原则，对于2012年10月至2013年12月在建的高速公路土建主体工程的水泥、钢筋、钢绞线等主要材料涨价幅度大于5%的实施补贴。具体由建设单位与施工单位根据项目实际情况，确定各自分担比例适当补贴。

工程完工后，2014年10月21日，A与设计单位、监理单位共同签发

交工验收证书,评定工程为优良工程。2014年12月24日,A与B、监理单位共同在中期支付证书和工程结算清单上签字盖章,确定工程总额为9 986万元。之后,双方因工程款支付、材料差价补偿等问题发生纠纷,B向法院提起诉讼。

法院认为承发包双方在合同中已明确排除了因材料上涨而进行合同价格调整的可能,而承包人因材料价格上涨导致的差价损失幅度尚未达到适用情势变更原则的程度,因此不能适用情势变更原则调增合同价款。当地政府指导意见对本案例没有法律约束力。

因此,本案中建材涨价并不属于情势变更,法院判定B调增合同价款的请求缺乏依据。

原理及观点

> 违反法律、行政法规的强制性规定的合同无效。

《中华人民共和国合同法》第五十二条:"有下列情形之一的,合同无效……(五)违反法律、行政性法规的强制性规定。"案例中合同就价款问题进行了具体的规定"本合同在施工工期内不进行价格调整,投标人在报价时应将此因素考虑在内",且该条款是双方的合意又满足其他合同有效的要件,因此,双方签订的合同有效,应当按约履行各自的义务。而政府指导性意见在合同成立之后颁布,且并不是法律、行政法规的强制性规定,因此不具有绝对的效力。双方仍须按合同约定履行义务,除非构成情势变更,否则不应调整合同价款。

> 情势变更是契约严守的一个例外。

情势变更是契约严守的一个例外。合同在双方当事人意思表示达成一致后,因其司法自治的本质性,法律赋予了它得到尊重、必须履行的权威,否则,就会受到法律的惩罚,承担相应的法律规定的责任。但是,实践中往往存在这样的情况:合同生效后,客观情况发生了严重的变化,而这种客观情况使合同的履行会严重背离公平原则,会严重违背合同订立时的目的,会导致一方或者双方遭受重大损失。那么在这种情况下,如果仍然坚守合同必须严守原则,就难免会造成不公平的结果,这就产生了合同自由与合同正义的矛盾。正是为了解决这种矛盾,产生了情势变更制度。

> 人民法院应当根据公平原则,结合案情适用情势变更原则。

《最高人民法院关于适用〈中华人民共和国合同法〉若干问题的解释(二)》第二十六条:"合同成立以后客观情况发生了当事人在订立合同时无法预见的、非不可抗力造成的不属于商业风险的重大变化,继续履行合同对于一方当事人明显不公平或者不能实现合同目的,当事人请求人民法院变更或者解除合同的,人民法院应当根据公平原则,并结合案件的实际情况确定是否变更或者解除。"

从上述法律规定可以看出,构成情势变更的条件有:

22 施工期间物价大涨,应否调增价款

1. 须有情势变更之事实。

这是适用情势变更的前提条件。所谓"情势",系指作为合同法律行为基础或环境的一切客观事实。包括政治、经济、法律及商业上的种种客观状况,具体如国家政策、行政措施、现行法律规定、物价、币值、国内和国际市场运行状况等等。所谓"变更",乃指这种情势在客观上发生异常变动。这种变更可以是经济的,如通货膨胀、币值贬值等;也可以是非经济因素的变更,如战争导致的封锁、禁运等。该事实是否构成情势变更,应以是否导致合同赖以成立的基础丧失,是否导致当事人目的不能实现,以及是否造成对价关系障碍为判断标准。

2. 情势变更发生在合同成立后,履行完毕前。

这是适用情势变更原则的时间要件。只有情势的变更发生在合同成立之后,合同关系消灭之前,才能适用情势变更原则。在订约时,如发生情势的变更,当事人不得主张适用情势变更原则,这一点与英美法上的合同落空原则所要求的情势不同,落空原则所要求的情势,可发生于订约之时。若情势的变更发生在合同履行期间,又在履行过程中归于消灭,一般也不得适用情势变更原则,因为履行合同的基础已恢复至原状。若债务人迟延履行合同债务,在迟延期间发生了情势变更,则债务人不得主张适用情势变更原则,因为债务人如按合同规定履行合同债务就不会发生情势变更。

3. 情势变更须是当事人所不能预见的,且有不可预见之性质。

这是适用情势变更原则主观要件的一个方面。情势变更是否属于不可预见,应以当时的客观实际及商业习惯等作判断标准。当事人事实上虽然没有预见,但法律规定应当预见或者客观上应当预见,则不能适用情势变更,因为当事人对自己的主观过错应当承担责任;如仅有一方当事人不可预见,则仅该当事人可主张情势变更。如果当事人在订约时对于某种情势已有预见,则表明当事人考虑到这种因素并自愿承担该情势发生的风险,自然不应适用情势变更原则。但对于发生几率很低的某种情况,如飞机失事等,尽管当事人在订约时会预见这些情况可能发生,但仍应依情势变更原则处理。情势变更须因不可归责于双方当事人之事由而发生。这是适用情势变更原则主观要件的另一方面。双方当事人在订立合同时对情势的变更无法预见和防止,因此双方当事人在主观上无过错。如情势的变更由可归责于一方当事人或第三人的事由而发生,则有过错的一方当事人或第三人应承担责任,不适用情势变更原则。

4. 因情势变更而使原合同的履行显失公平。

这是适用情势变更原则的实质要件。情势变更发生以后,如继续按原合同规定履行义务,将会对一方当事人产生显失公平的结果。适用情

势变更原则是为了平衡当事人之间的利益,消除合同因情势变更所产生的显失公平,而赋予一方当事人变更或解除合同的权利。此显失公平应依一般人看法,包括债务人履行困难和债权人受领不足及其履行对债权人无利益。是否显失公平,以下几点可作为判断标准:(1)是否符合诚实信用原则,公平合理原则;(2)显失公平的事实须存在于合同双方当事人或其中一方;(3)显失公平的结果,使双方利益关系发生重大变动,危害交易安全;(4)主张适用的一方因不适用而遭受的损失,一般要远大于适用时对方所遭受的损失。

> 施工期间物价上涨能否调增价款,关键在于物价上涨是否构成情势变更。

因此,施工期间物价上涨能否调增价款,关键在于物价上涨是否构成情势变更,而认定情势变更的关键又在于物价的上涨在签订合同时是否不可预见。若对于该物价的上涨,承包人并不能预见,那么便构成情势变更,承包人有权就物价上涨的情况向发包人主张调增合同价款;若只是正常的物价波动,而作为承包人应当预见到,那么便不成立情势变更,承包人无权要求发包人增加合同价款。预见范围是主观衡量的标准,不易界定,因此,各地方将物价的正常波动范围作了界定,超出该正常范围的波动幅度即可认定为不可预见,总体来说若达到10%的涨幅即可认定为不可预见,但各地规定各异,实践中的具体操作应参照各省的具体规定。

建　议

1. 承包人充分运用2013版《施工合同》第11条规定,同时结合《〈合同法〉司法解释二》第26条规定,为沟通或起诉奠定基础。

2. 承包人在与发包人签订施工合同时应将在施工期间物价上涨双方如何处理在施工合同中作出明确的约定。即在施工期间当物价上涨到何种幅度后,承包人可以利用情势变更原则要求发包人承担因物价上涨带来的成本增加风险。

3. 向地方政府行政主管部门寻求支持。国有企业施工单位可通过省国资委与省政府有关部门沟通。

4. 充分利用2013版《计价规范》3.4.1项规定,推翻本案例中《合同专用条款》第70.1款规定。

23 无资质监理人的工程签证是否有效

案例简介

发包人A与承包人B签订《道路工程施工合同》，施工期间，A、B同监理公司定期召开施工现场会，对施工计划、进程、所完成工程量及存在的问题进行汇报总结，并以会议纪要方式予以记载。同时，监理公司对B完成的工程量及价款以签证和书面方式进行了确认。事实上施工期间监理公司并没有资质证书，资质是之后取得的。结算过程中，A、B对无资质监理人签证确认的工程量是否作为结算依据发生争议，协商无果后，B向仲裁委提起仲裁。

B公司认为，尽管监理公司没有资质证书，但是作为发包人聘请的监理公司，在签证的过程中即代表发包人，因此，签证确认工程量的行为并不需要资质条件，只需要发包人的授权，况且监理公司有营业执照，自成立起即具有工程项目监理的资格，因此其监理行为有效，其签证确认的工程量是工程结算的唯一依据。

A公司则认为监理人作为签证人不具有资质证书，所做的签证当然无效,因此,工程签证不能作为工程结算的依据。

仲裁委最终裁决依据监理公司签证确认的工程量结算工程价款。

原理及观点

一、监理资质

监理公司除了取得营业执照之外还应取得监理资质证书,而监理工程师则应当考取注册监理工程师,该资质在全国范围内有效,倘若没有考取注册监理工程师,但通过各省组织的专业培训并获得监理工程师的资格,也可以从事项目监理的业务,但只在授予其资格的省内有效。

二、工程签证

工程签证是按承发包合同约定,一般由承发包双方代表就施工过程中涉及合同价款之外的责任事件所作的签认证明。(注:目前一般以技术核定单和业务联系单的形式反映者居多)

工程签证以书面形式记录了施工现场发生的特殊费用,直接关系到业主与施工单位的切身利益,是工程结算的重要依据。特别是对一些投标报价包死的工程,结算时更是要对设计变更和现场签证进行调整。现场签证是记录现场发生情况的第一手资料。通过对现场签证的分析、审核,可为索赔事件的处理提供依据,并据以正确地计算索赔费用。

三、监理无资质是否影响签证效力

监理无资质,即监理人未达到上述监理资质的条件,分为监理公司无资质和监理工程师无资质两种情况。尽管监理人作为签证人不具备相应的资质,但是其签证并不必然无效:

1. 涉及工程量、工期、工程款的签证与监理资质无关。

2. 监理无资质,涉及工程质量的签证无效。

> 在发包人的授权范围内,无资质监理人也有权签证确认工程量、工期等事项。

原因在于监理是由发包人聘请的,受发包人委托从事监理活动,因此,只要在发包人的授权范围内,即便不具备相应资质,监理人也有权签证确认工程量、工期等事项。参照《中华人民共和国标准施工招标文件》(2012年版)通用条款第1.1.2.5项:"监理人:指在专用合同条款中指明的,受发包人委托对合同履行实施管理的法人或其他组织。"和第3.1款"监理人的职责和权力"中的规定:"监理人受发包人委托,享有合同约定的权力,其所发出的任何指示应视为已得到发包人的批准。监理人在行使某项权力前需要经发包人事先批准而通用合同条款没有指明的,应在

23 无资质监理人的工程签证是否有效

专用合同条款中指明。未经发包人批准，监理人无权修改合同。合同约定应由承包人承担的义务和责任，不因监理人对承包人文件的审查或批准，对工程、材料和工程设备的检查和检验，以及为实施监理作出的指示等职务行为而减轻或解除。"由此可见，监理人是受发包人委托对合同履行实施管理的法人或其他组织，享有合同约定的权力，其发出的任何指令应视为已得到发包人的批准。

依据《中华人民共和国建筑法》第三十二条："监理人应当依照法律、行政法规及有关的技术标准、设计文件和建筑工程承包合同，对承包人在施工质量、建设工期和建设资金使用等方面，代表发包人实施监督。工程监理人员认为工程施工不符合工程设计要求、施工技术标准和合同约定的，有权要求建筑施工企业改正。工程监理人员发现工程设计不符合建筑工程质量标准或者合同约定的质量要求的，应当报告建设单位要求设计单位改正。"

但考虑到对工程质量的重视及专业的技术要求，对于涉及工程质量的签证，要求监理人必须有相应的资质才有效。

因此，在发包人的授权范围内，监理人虽然无资质，但其作为发包人的代理人，对于工程量的签证仍然有效，应当以签证确认的工程量结算工程价款。

建 议

对于确认工程量的签证是否有效的认定，关键并不在于监理人是否具有相应的资质证书，而在于其签证行为是否有发包人的授权。为了避免产生纠纷，建议承包人注意以下几点：

> 对于确认工程量的签证是否有效的认定，关键在于其的签证行为是否有发包人的授权。

1. 注意发包人授权范围。在同发包人签订建设施工合同时，就发包人对监理人的授权范围进行明确的限定，对超出授权范围的行为，最好事先取得发包人的认可，这样能保证签证的有效性。

2. 巧用非监理人签证。倘若施工合同并未对监理人、监理内容及监理人的权限进行具体的约定，承包人可以找职务、权限与签证内容大致相当的相关人员进行签证。

3. 注意签证效力强化。由于涉及工程量、工期等签证直接关系到承包人的经济利益，因此，在监理完成签证后，为保证后续工作的顺利开展，可以设法让发包人在签证上加盖公章予以认可，重要的签证再公证。

4. 发包人以监理无资质进行签证为由拒付工程款时，承包人完全可以据理力争,保护自己的合法权益。

5. 注意防范发包人故意找无资质的人签证。承包人应当注意发包人委托的监理是否具有监理资质,如果发现其没有监理资质,应当书面提醒发包人更换具有资质的监理人,并注意保留证据,这样能避免在监理无资质的情况下,日后就其签证的效力发生争议。

24 怎样签收对自己明显不利的工程文件

案例简介

A为发包人，B为承包人，工程竣工验收合格并交付使用后，工程墙体出现裂缝，双方协商由B承担维修费48万元，随后发包人A一式两份发函给B，该函中写道"扣除墙体裂缝修复费246万元、扣除维修费48万元"。B的项目经理在其中一份的"扣除维修费"下面画线，并在该份下面签了名字和时间，将该函返还给发包人A。A在支付B工程款时扣付了修复费24.6万元。B认为A没有理由扣除该24.6万元工程款，双方就承包人项目经理在函上签字的意思是表示收到还是同意发生争议。协商未果后，B向仲裁委提起仲裁。

仲裁委认为B的项目经理在函上签字代表同意相关内容，原因如下：

1. 商业惯例，双方的合同中并未明确约定以"同意、不同意"为签收标准，按照商业惯例，签字即代表同意。发包人发出函要求扣款是要约，承包人签字同意是承诺，双方便就载明内容达成一致，应当遵照履行。

2. 如果是不同意，项目经理应当及时提出异议，或者拒绝签收该文件，但项目经理却在函上签字，即表明其不反对的态度。

> 按照商业惯例，法院认为B的项目经理在函上签字代表同意相关内容。

原理及观点

在施工过程中,承包人与发包人经常通过工程联系单、变更单、签证单等文件就涉及价款增减、费用支付及损失赔偿、工期顺延等内容进行沟通,这些文件是日后出现经济纠纷时解决问题的重要依据,甚至有可能是维护该方利益的唯一关键,因此,在对方提交或发送文件时,签收的方式及态度显得尤为重要。

> 在对方提交或发送文件时,签收的方式及态度显得尤为重要。

《中华人民共和国标准施工招标文件(2012版)》通用条款第1.7.1条规定:"与合同有关的通知、批准、证明、证书、指示、要求、请求、同意、意见、确定及决定等均应采用书面形式。"《建设工程施工合同(GF—2013—0201)》第1.7.2项规定:"发包人和承包人应在专用合同条款中约定各自的送达接收人和送达地点。任何一方合同当事人指定的接收人或送达地点发生变动的,应提前3天以书面形式通知对方。"

建 议

> 对于发包人发来或递交的文件,认真地审查。

对于发包人发来或递交的文件,明显对自己不利时,承包人应当注意:

1. 签字前严格审查。对于所有的文件都要认真地审查,明白其意思,对有可能发生歧义的地方,一定要询问清楚,务必得到发包人确切的回复,不能轻易签字。

2. 签收文件时注意细节。如果不在专用签收本上签收,要特别注意不仅要签名字和时间,还要写明意思:是收到、同意、不同意还是部分同意。

3. 为仅写"收到"创造条件。与发包人签订施工合同时,最好是明确约定"签署的文件以明确表示同意、不同意为标准",这样的情况下在不太好表明自己反对意见的时候,可以仅仅写"收到"。

4. 收到文件发现明显对己方不利时,首先可以与发包人沟通,并在回函时附上详细的书面解释,持不拒绝不同意的态度,并要求对方签收该回函;及时保留发文凭证及相关证据。

5. 如果签收的文件构成显失公平或重大误解,应及时请求法院或仲裁机构撤销相应文件。

25 发包人向分包人直接支付工程款，总承包人怎么办

案例简介

A、B公司签订《工程施工合同》一份，约定由B承建A的办公楼，随后B进场施工。施工过程中，B将部分专业分包给了C公司，且双方约定由B向C支付工程款。但是之后，支付工程款的过程中，A直接将一笔工程款支付给了C。在已完工程的结算过程中，就A直接支付给C的那笔工程款项是否应从总承包工程款中扣除，A、B双方发生争议，随后，B向法院提起诉讼。

B公司认为：发包人不应当向分包人直接支付工程款。因为签订分包协议的当事人是我方和C方，A并不是分包合同的当事人，A不负有向C支付工程款的义务，A直接向C支付工程款与同我方签订的合同没有关系，因此，不应当在工程款中扣除向C支付的工程款。

A公司则认为：我方将工程款直接支付给分包人C，可以从其支付给B的工程款中扣除。因为我方向B支付工程款，B再向C支付工程款，事实上，所有的工程款都是由我方支付的，B只不过是作为承包人中转一次，所以我方直接向C付款是代B履行义务。

> 在本案中，法院最终判定A支付给分包人C的工程款不应计入已支付给B的工程款数额之中。

法院最终判定 A 支付给分包人 C 的工程款不应计入已支付给 B 的工程款数额之中。

原理及观点

《中华人民共和国建筑法》第二十九条:"建筑工程总承包单位可以将承包工程中的部分工程发包给具有相应资质条件的分包单位;但是,除总承包合同中约定的分包外,必须经建设单位认可。施工总承包的,建筑工程主体结构的施工必须由总承包单位自行完成。建筑工程总承包单位按照总承包合同的约定对建设单位负责;分包单位按照分包合同的约定对总承包单位负责。总承包单位和分包单位就分包工程对建设单位承担连带责任。禁止总承包单位将工程分包给不具备相应资质条件的单位。禁止分包单位将其承包的工程再分包。"可以看出,总承包人可以在建设单位认可的情况下将承包工程中的部分工程分包给具有相应资质条件的分包单位。发包人与总承包人签订《总承包合同》,总承包人与分包人之间签订《分包合同》。发包人与分包人之间没有直接的合同关系,因此分包人对外向发包人为某一行为时,必须经过总承包人,未通过总承包人的一切对外行为无效。同理,建设单位撇开总承包人与分包人打交道,也无效。原因如下:

> 总承包人可以将承包工程中的部分工程分包给具有相应资质条件的分包单位。

1. 基于合同相对性的考虑:发包人与总承包人签订的《总承包合同》,当事人是发包人与总承包人,而总承包人与分包人签订的《分包合同》,当事人是总承包人与分包人。这是两个独立的合同,也是两个独立的法律关系,合同的双方只对合同的当事人享有权利、承担义务。发包人与总承包人双方的价款结算应按《总承包合同》进行,总承包人与分包人的价款结算应当按照《分包合同》进行。因此,发包人在分包关系中并不负支付分包人工程款的义务,其支付行为突破了合同的相对性,在发包人与分包人之间形成新的债权债务关系,而该关系独立于发包人与总承包人之间的承包关系而存在,因此,发包人向分包人支付工程款的行为不影响其对总承包人所负的义务,发包人仍须根据《总承包合同》向总承包人支付全额工程款。

> 根据合同相对性,合同的双方只对合同的当事人享有权利、承担义务。

> 发包人向分包人支付工程款的行为不影响其对总承包人所负的义务。

2. 实践中管理的需要:发包人与分包人之间的联系必须通过总承包人不仅是合同相对性的考虑,更是实践中保障总承包人对分包人的管理,确保工程质量与工期的客观要求。发包人直接向分包人支付工程款,分包人在拿到工程款的情况下可能会消极履行义务,这对于作为分包合同另一方当事人的总承包人来说,会造成工程管理上的极大阻碍,不利于工程质量的保障和分包合同的履行。

25 发包人向分包人直接支付工程款,总承包人怎么办

建 议

发包人未经总承包人同意,直接向分包人支付工程款,不应计入发包人支付给总承包人的工程款中。建议总承包人按以下几点处理。

1. 签订合同时明确约定:(1)总包人与分包人签订合同强调分包人不得接受发包人支付的工程款,否则应当向总承包人承担违约责任。(2)总承包人与发包人签合同强调发包人未经总承包人同意向分包人支付款项,需承担违约责任,同时还需要向总承包人结算全部工程款。

2. 已出现发包人直接向分包人交付工程款时:(1)阐明发包人与分包人的支付属于借贷关系,支付关系不成立。(2)指出发包人承担违约责任和违法责任。(3)收集相关证据。(4)准备向发包人索赔无法管理分包人造成的损失。

26 停工期间库存材料损坏可否索赔

案例简介

A与B两公司签订某码头后方工程施工合同后,B进场施工,后A通知B:"根据保税区管委会及港区建管会指示精神,你公司承建的码头所有在建工程自接到通知之日起,立即停止施工。"接到通知后B停止施工,但未对库存材料、设备进行盘点清理,也未办理移交手续。时隔半年,双方对B已施工的工程进行清理,发现停工时库存的当时市价为858万元的材料(其中B所购材料为618万元,A所供材料为240万元)很多都已锈蚀老化。之后,因工程款支付等纠纷,双方无法达成一致,B向仲裁委提起仲裁。

B公司认为:在施工过程中,虽然发包人有权随时要求停工,但是发包人应当做好停工后的材料、设备盘点工作。因为停工是由于发包人发出停工通知,并在停工后没有进一步指示我方妥善保管等事项,因此,我方认为材料损失应当由发包人承担。

A公司认为,承包方作为施工方,具体管理着施工的材料及设备,虽

26 停工期间库存材料损坏可否索赔

然停工决定是我方作出的,但在停工后,承包方应当妥善处理其管理的库存材料,采取必要的措施防止材料、设备发生变质、损失或损害。材料在承包人的管理下发生变质完全是因为承包人没有尽到妥善保管的义务,因此,停工期间的材料损失应当由承包人承担。

仲裁委认为在停工期间,双方均未尽到各自的责任,因此裁决由 A、B 各自承担已方的材料损失。

> 在本案中,双方均未尽到各自的责任,所以法院最后判决双方各自承担损失。

原理及观点

停工期间,承包人有义务妥善保管已完成工程、材料及设备。因此,承包人未尽到保管义务导致库存材料损坏,所产生的损失原则上由承包人承担,但由发包人原因导致停工的,发包人应承担相应的责任,不是由于发包人原因造成的停工,由承包人承担全部责任。

> 停工期间,承包人有义务妥善保管已完成工程、材料及设备。

1. 承包人的保管义务:停工并非停建,因此停工时发包人与承包人之间的合同关系继续存在,发包人的停工通知到达承包人后,承包人应尽到妥善保管已完工程、材料及设备的义务。《建设工程施工合同(GF-2013-0201)》通用条款第 7.8.3 项"指示暂停施工"规定:"监理人认为有必要时,并经发包人批准后,可向承包人作出暂停施工的指示,承包人应按监理人指示暂停施工。"

2. 停工期间,发包人与承包人之间依法构成了保管合同关系,承包人尽到对发包人所供材料的保管义务,有权要求发包人支付相应的保管费用,但承包人未尽到保管义务导致发包人遭受损失的,应当承担相应的赔偿责任。

3. 工程停工的原因在于发包人时,发包人应当承担责任。《建设工程施工合同(GF-2013-0201)》通用条款第 7.8.1 项规定:"因发包人原因引起暂停施工的,监理人经发包人同意后,应及时下达暂停施工指示。情况紧急且监理人未及时下达暂停施工指示的,按照第 7.8.4 项[紧急情况下的暂停施工]执行。因发包人原因引起的暂停施工,发包人应承担由此增加的费用和(或)延误的工期,并支付承包人合理的利润。"本案中法院根据过错的比例让发包人、承包人各自承担责任,符合公平原则。

> 由于发包人原因造成停工的,发包人也应当承担相应的责任。

建 议

由于法律规定了承包人对管理的库存材料负有妥善管理的义务,若未尽到该义务,则承担库存材料的损失,因此建议承包人注意以下几点:

1. 签订合同时注意专项约定。施工单位在与建设单位签订建设施工合同时应当约定停工期间库存材料损失的处理方式,明确赔偿责任,并将赔偿细化。这样可以避免库存材料发生损失后双方就赔偿责任及费用发生争议。

2. 短期停工承包人履行清理与保管义务。接到停工通知后,及时进行盘点清理,确定在停工之时库存材料的价值,并按照合同的约定妥善保护及管理已完工程及材料、设备,以防其发生变质造成损失。积极向发包人主张库存材料及设备的管理费用。当发包人拒绝承认、支付管理费用时,承包人应妥善保管材料,同时保留管理费用的相关证据,利于日后向发包人主张该笔款项。

3. 长期停工承包人准备索赔。若因发包人原因长期停工,承包人可向发包人反映,要求继续施工,或者继续停工并根据合同就暂停施工事项的约定,向发包人主张工程延期和由停工所产生的费用。

4. 无法复工承包人准备解除合同。因发包人的原因导致无法按时复工,可要求发包人延长工期和增加费用,并支付合理利润。如果停工时间过长(根据合同约定),可向监理发出要求复工的书面通知。监理若在合同约定的期限内仍不批准复工的,承包人可向发包人主张解除合同,并要求其承担违约责任。

27 经批准的施工方案不当，后果应由谁承担

案例简介

发包人A与承包人B签订了一份《建筑安装工程施工合同》，合同约定：由B承建某大楼施工建设工程，且承包人有义务采取有效措施确保基坑开挖期间边坡稳定和桩基安全。在A的要求下，B制定了大楼基坑的开挖方案，设计单位批准了该方案，监理公司也同意据此施工。后基坑出现边坡坍塌质量事故，导致工程停工。事故发生后政府委托专家调查组对事故原因进行调查，发现原因如下：(1) 土方开挖时间较早；(2) 土方开挖方式不当；(3) 水泥土桩施工未达到设计要求；(4) 64、68号桩的接桩深挖和搭吊工作的干扰加剧了东边转角部位局部坡段的变形；(5) 自然灾害的影响；(6) 监理的作用没有充分发挥。专家组认为(1)、(2)是事故发生的主要原因，决策方应承担主要责任。由哪一方承担事故责任，发包人和承包人未能达成一致，承包方向仲裁委提起仲裁。

B公司认为：开挖的决策方是发包人、设计单位及监理公司。我方作出的开挖方案是在发包人的要求下制定的，并得到了设计单位的批准，而且监理公司也同意我方据此施工，因此发包人应当承担事故的主要责任。

A 公司认为:保证基坑开挖的安全,避免出现边坡坍塌是承包人的合同义务,而且承包人不仅是基坑开挖方案的制订方,也是实施方,因此,承包人是基坑开挖项目的决策方,应承担事故的主要责任。

仲裁委认为承包方作为基坑开挖的决策方没有履行合同义务,且没有汲取该地区多次发生类似事故的教训,是不应有的错误,裁决承包人 B 应当承担主要责任。

原理及观点

> 谁施工谁承担主要责任。

根据"谁施工谁承担主要责任"的原则,施工方案造成的不当后果应当由施工方承担,即使施工方案经过设计单位批准、监理公司同意,也不能免除施工方的责任。若监理工程师在批准施工方案时存在过错,负连带责任。

1. 合同的约定:在签订合同时,发包人通常会要求约定基坑开挖和确保基坑开挖时边坡稳定及桩基安全均是承包人的合同义务。因此,承包方应当保障工程的质量及安全。

2. 发包人不是施工方案的制订者、实施者,承包人实施施工方案又制订方案,因此基坑开挖的决策方是承包人。发包人通过合同将基坑开挖项目交给了承包人。因此由于施工方案不合理而造成事故,其主要责任应当由承包人承担。

> 工程师批准施工方案并不免除承包人应承担的质量责任。

3. 根据《FIDIC 工程施工合同》和《中华人民共和国标准施工招标文件》有关规定,工程师批准施工方案并不免除承包人应承担的质量责任。《FIDIC 工程施工合同(1999 年版)》第 3.1 款规定:"雇主应任命工程师,该工程师应履行合同中赋予他的职责。工程师的人员包括有恰当资格的工程师以及其他有能力履行上述职责的专业人员。工程师无权修改合同。工程师可行使合同中明确规定的或必然隐含的赋予他的权力。如果要求工程师在行使其规定权力之前需获得雇主的批准,则此类要求应于合同专用条件中注明。雇主不能对工程师的权力加以进一步限制,除非与承包商达成一致。然而,每当工程师行使某种需经雇主批准的权力时,则被认为他已从雇主处得到任何必要的批准(为合同之目的)。除非合同条件中另有说明,否则:(a) 当履行职责或行使合同中明确规定的或必然隐含的权力时,均认为工程师为雇主工作。(b) 工程师无权解除任何一方依照合同具有的任何职责、义务或责任,以及(c) 工程师的任何批准、审查、证书、同意、审核、检查、指示、通知、建议、请求、检验或类似行为(包括没有否定),不能解除承包商依照合同应具有的任何责任,包括对其错误、漏项、误差以及未能遵守合同的责任。"从中可以看出工程师无权修改合

27 经批准的施工方案不当，后果应由谁承担

同。《中华人民共和国标准施工招标文件(2012年版)》第3.1.3项规定："合同约定应由承包人承担的义务和责任,不因监理人对承包人提交文件的审查或批准,对工程、材料和设备的检查和检验,以及为实施监理作出的指示等职务行为而减轻或解除。"

建 议

施工方作为施工方案的制订者和实施者,对工程的质量负有不可推卸的责任,因此,我们对施工方作出如下建议：

1. 让设计单位、临理单位成为方案的制订人。施工单位在制定施工方案,尤其是施工专项方案时,尽可能让设计单位、监理单位参与制定方案(如深基坑工程施工方案、高大模板工程施工方案),将参与的过程记录下来形成书面材料,载明施工单位在监理及发包人指导及要求下制定了该方案。

2. 让设计单位、监理单位成为方案的修改人。如果设计人、监理人对方案有特殊要求,应当请他们以技术指导等方式提供施工方案,尽量避免自己制作方案。

3. 施工单位制定出施工方案后请求设计单位、监理单位作出必要的修改,并且将修改后的施工方案向建设单位作出书面汇报。

4. 在签订合同时,就有可能出现的安全风险,要求发包人提供书面说明,并将该说明作为合同附件。

28 承包商将《合同意向书》误认为合同，应该怎样处理

案例简介

发包人A与承包人B就某一工程项目举行洽谈会。在洽谈会上，双方达成一致，由B承建该工程，并对施工的期限、质量要求及相关违约责任和赔偿方式进行了约定。洽谈会结束后，B方将洽谈的内容记录下来制成《合同意向书》，意向书经A、B双方签字认可，随后B方为了履行施工义务，主动购买相关的建筑材料及机器设备，并开始准备进场施工。但是，后来A与C公司签订《建筑施工合同》，将同一工程项目发包给了C。C进场施工时与B发生争议，协商未果的情况下，B将A告上法庭，要求A履行《合同意向书》，请求法院判定由B承建该工程项目。

原理及观点

合同意向书是双方当事人通过初步洽商，就各自的意愿达成一致认识而签订的书面文件，是双方进行实质性谈判的依据，是签订协议（合同）的前奏。《中华人民共和国合同法》第二条："合同是平等主体之间设立、变更、终止民事权利义务关系的协议。"因此，可以看出合同意向书不是

28 承包商将《合同意向书》误认为合同,应该怎样处理

合同。

但实践中很多意向书已经很接近合同了,因此不能简单地以名称来区分,应就其实质内容来确定,如果意向书的内容写得比较明确、具体、详细、齐全,并涉及违约责任,即使其名称写的是意向书,实际上也是合同。也就是说只要意向书载明了合同的主要实体性条款,其便脱离了形式上的意向书的属性而变成合同。因此当意向书具有了合同的内在、实质性特点时,其本身便是合同,承包人有权要求发包人按照意向书履行义务。

> 合同意向书不是合同。

建 议

我们对承包人作如下建议:

1. 运用施工担保金改变合同意向书性质。承包人与发包人签订合同意向书时收取相应的施工担保金,且收条上注明:"在一定期限后,当承包人交付项目工程时,担保金充抵工程款。"这样担保金在一定程度上可证明施工合同的成立。

2. 及时签订正式合同。与发包人签订《合同会议纪要》、《合同意向书》等文件后,应及时与发包人就意向书中达成一致的事宜,签订正式的合同。这样就能使双方有约可履,避免发包人以合同意向书并非合同为由拒绝履行。

3. 运用合同实质条款改变合同意向书的性质。如果意向书的内容载明了实体性的条款,且明确、具体、详细,那么虽名为意向书但却是合同的实质,因此,当签订意向书时,承包人应当将合同实质条款巧妙写入意向书,尽可能争取对有关事宜进行详尽的约定,这样,即使发包人质疑合同意向书的效力,承包人也可以据理力争,要求其履行义务。

> 如果意向书的内容载明了实体性的条款,且明确、具体、详细,那么虽名为意向书但却是合同的实质。

29 因施工需要将回填土外运，是否需要计量

案例简介

A 与 B 两公司签订了某住宅工程施工合同，约定工程承包方式为包工包料的施工总承包，合同价款具体按定额结算，土方外运要综合平衡，余留土方要确保回填土需要。但承包人 A 因施工场地不足等原因，将挖出土方全部外运，然后再根据需要运回部分土方回填。竣工结算时，双方就外运回填土方是否应该计价未能达成一致，A 诉至法院。

法院认为 A 未留出挖出的土方以确保回填土需要，等回填需要土方时，又外运土方进来计算运费的方式与合同约定不符，法院判决 A 败诉，回填土外运的费用不应计价，应由承包人自行承担。

原理及观点

首先合同中已经明确约定余留土方要确保回填土需要，即挖出的土方要确保回填，而将土方全部运出，回填时再运回施工现场不符合合同约定，承包人也无权单方更改合同，因此不能计算运费。其次根据合同中的约定，将回填的土方留在施工现场是承包人的义务，即使因为种种原因将

29 因施工需要将回填土外运,是否需要计量

回填土方外运也是因为承包人组织不当造成的,所产生的费用应当由承包人自己承担。如果将回填土方留在现场确有困难,也应当提前和发包人进行协商,在与发包人协商一致后,亦可将回填土外运,而不是擅自改变合同条款。

建　议

承包人遇到类似情况时,应采取以下措施:

1. 签订合同前考察放置回填土方现场,掌握第一手资料,做到胸有成竹。

2. 签订合同时发现不能放置应及时协商。如果在签订合同时发现施工现场不能放置回填土方,应当在签订合同时就和发包方协商处理方法,并协商运费计算。

3. 签订合同后发现不能放置可作适当让步。如果合同签订后才发现施工现场确实没有放置回填土方的位置时,应当及时和发包方协商处理方法,在征得发包方同意后再将土方外运。

4. 承包方可建议余土外运由发包方指定分包人,同时在施工过程中应当统筹安排,确保回填土方的放置空间。

> 对于承包人遇到类似情况时,应采取积极的措施避免给自己造成损失。

30 发包人可否推翻监理工程师签证

案例简介

A 公司为 B 公司开发的科研中心工程的总承包人，A 与 B 签订工程施工合同，并约定 C 为监理单位。C 同时根据合同条款的授权发出指示，全面负责业主方的工程管理工作，如进行工程变更，签发付款证书，决定变更价款、工期顺延、费用索赔等。

对防火门项目，A 的合同报价为 86 万美元，又应 B 就某美国品牌询价，后报价 189 万美元，并承诺"如贵司采用指定的某美国品牌防火门符合国内防火规格"，可以接受并不增加合同报价；其后签订的协议书及合同约定采用该美国品牌或其他经该市消防局认可的等质产品。

后因该美国品牌不符合该市消防要求等原因，经 C 同意，防火门最终使用了符合该市消防要求的国产品牌。同时监理单位决定按原合同造价扣款。而 B 认为 A 未使用该美国品牌是一种违约行为，要求扣除该美国品牌和实际使用的国产品牌市场价的差价。

法院最终判定 A 支付该美国品牌和实际使用的国产品牌市场价的价差 103 万美元。

30 发包人可否推翻监理工程师签证

原理及观点

1. 监理工程师是发包人的代理人。发包人和监理工程师之间签订《监理委托合同》，建设单位委托监理单位对工程施工质量、进度等进行监理。合同一旦签订，发包人即委托人，监理工程师为被委托人。监理工程师在发包人的授权权限内，进行签证，因此可以看出监理工程师是发包人的代理人。

> 监理工程师是发包人的代理人。

2. 监理工程师的权限是发包人授予的，其有权在发包人的授权范围内就承发包双方的相关事项作出签证。《中华人民共和国标准施工招标文件(2012年版)》第3.5.2项规定：总监理工程师应将商定或确定的事项通知合同当事人，并附详细依据。对总监理工程师的确定有异议的，构成争议，按照第17条的约定处理。在争议解决前，双方应暂按总监理工程师的确定执行，按照第17条的约定对总监理工程师的确定作出修改的，按修改后的结果执行。《建设工程施工合同(GF—2013—0201)》第4.3款规定："监理人应按照发包人的授权发出监理指示。监理人的指示应采用书面形式，并经其授权的监理人员签字。紧急情况下，为了保证施工人员的安全或避免工程受损，监理人员可以口头形式发出指示，该指示与书面形式的指示具有同等法律效力，但必须在发出口头指示后24小时内补发书面监理指示，补发的书面监理指示应与口头指示一致。监理人发出的指示应送达承包人项目经理或经项目经理授权接收的人员。因监理人未能按合同约定发出指示、指示延误或发出了错误指示而导致承包人费用增加和(或)工期延误的，由发包人承担相应责任。承包人对监理人发出的指示有疑问的，应向监理人提出书面异议，监理人应在48小时内对该指示予以确认、更改或撤销，监理人逾期未回复的，承包人有权拒绝执行上述指示。监理人对承包人的任何工作、工程或其采用的材料和工程设备未在约定的或合理期限内提出意见的，视为批准，但不免除或减轻承包人对该工作、工程、材料、工程设备等应承担的责任和义务。"《FIDIC施工合同条件(1999年版)》第3.5款规定："每当合同条件要求工程师按照本款规定对某一事项作出商定或决定时，工程师应与合同双方协商并尽力达成一致。如果未能达成一致，工程师应按照合同规定在适当考虑到所有有关情况后作出公正的决定。工程师应将每一项协议或决定向每一方发出通知以及具体的证明资料。每一方均应遵守该协议或决定，除非和直到按照第20条[索赔、争端和仲裁]规定作出了修改。"

> 监理工程师的权限是发包人授予的，其有权就承发包双方的事项作出签证。

3. 监理工程师的签证在法律上不具有结论性，法院或仲裁庭均可依承发包双方请求审查、修改监理工程师的决定。

建 议

1. 承包人首先树立签证相对可变的观念。监理工程师的签证不具有结论性。因此发包人仍有权向法院提出对签证予以审查、修改。

2. 承包人应主动处理"无证上岗"监理人。(1) 施工单位发现监理工程师没有执业资格时,应及时要求发包人更换监理工程师;(2) 如发包人不予更换的,则要求发包人对重要的监理工程师签证签署确认意见;(3) 若发包人不确认则保留相应证据。

3. 承包人注重强化签证效力。(1) 涉及重大经济利益的鉴证,应当在监理工程师签证之后,要求发包人加盖公章予以确认,加强其法律效力;(2) 将签证内容列入每周工程例会会议纪要,构成证据链;(3) 将签证进行公证。

> 承发包人双方均有权向法院提出对签证予以审查、修改。

31 施工合同终止后，包干风险费等如何结算

案例简介

发包人A与承包人B签订了土建工程项目合同意向书，约定工程总造价为6 300万元，另加赶工费200万元，合同总造价为6 500万元；工程为大包干，即包工、包料、包工具机械、包工期和包质量，除因设计变更外，工程造价不做调整。

后A发至B关于工程总造价复函，内容为：为加快工程进度，A同意对工程总造价进行调整，其他条款按意向书不变，额外增加2 000万元给B作工程总造价的调整款项；额外增加1 200万元为包干风险费；本工程包干总造价由6 500万元加3 200万元增至9 700万元；此包干总造价为不得再进行调整的工程总造价。

之后由于种种原因，A要求解除工程合同，B同意。A对已完成的工程进行验收，B按照双方协商退场，向A移交了尚存放于现场的全部材料和其他物品。在结算过程中，双方对合同约定的赶工费、工程补偿费和风险费用的结算额始终未能达成一致，A诉至法院。

法院认为应按完工比例计算并支付赶工费用、工程补偿费用和风险费用等三项费用。

> 法院认为应按比例计算并支付赶工费用、工程补偿费用和风险费用等三项费用。

原理及观点

对于具有包干性质的赶工费用、工程补偿费用和风险费用在施工过程中、合同终止后按完工比例结算还是全额结算？

我们认为，施工合同解除后，工程尚未竣工的赶工费用、工程补偿费用和风险费用等包干使用费，可按完工比例结算。原因在于：赶工费等包干使用费一般在工程施工过程中不进行调整，其与工期有一定的关联性。按照《企业会计准则第15号——建造合同》的相关规定，完工比例可按已完成的合同工作量占合同预计总工作量的比例予以估计。

> 工程尚未竣工，施工合同解除后，赶工费用、工程补偿费用和风险费用等可按完工比例进行结算。

建 议

承包人可以按合同终止前已完成的工程量占合同约定工程量的比例要求发包人支付赶工费用、工程补偿费用和风险费用。建议承包人注意：

1. 签订合同时专项约定有备无患。在签订建设施工合同时详尽地约定赶工费、工程补偿费、风险费用结算比例及结算方式。

> 签订合同时进行详尽约定。

2. 如签订合同时无专项约定，则：(1) 承包人提出专项处理方案，按照已完成工程量的比例进行结算，争取取得发包人的书面意见，以便作为以后结算的依据。(2) 与发包人协商签订补充合同。

3. 发包人拒绝约定谈判、拒绝签订补充协议，承包人准备启动诉讼程序，收集有关赶工费用、工程补偿费用和风险费用等包干项目列支的证据材料。

> 收集好相关的证据材料。

32 发包人以价格过高否认签证,承包人怎么办

案例简介

A、B 两公司签订《工程施工合同》,合同约定 B 承建 A 某公寓工程,但是合同却没有对墙面批嵌价格进行规定。B 在施工过程中,根据合同约定的定价方式及建筑市场通常的做法,向 A 提出了单价分析资料。A 在该单价分析表上盖章确认。最终 B 完成施工,工程竣工验收合格,并交付给 A。但当 B 向 A 提交竣工结算书及相关资料时,A 提出异议,认为批嵌单价过高,要求降低相应的批嵌价格,并称如果 B 不对批嵌的单价作出相应的调整,便不结算、不付款。而 B 认为 A 在结算时提出批嵌单价过高缺乏事实依据,因为其使用的白水泥、胶水、石膏粉等价格完全符合当时的市场价格。双方就该问题发生争议,未能协商一致,导致工程久久不能竣工结算。B 向法院提出诉讼,要求法院判令 A 支付拖欠的工程款。

B 公司认为:首先,其使用的材料都是市面上质量较好的材料,价格偏高,但是完全符合当时的市场价格。其次,承包方在施工过程中,就批嵌的单价计算专门出具了单价分析资料,该资料也得到发包人的签章认可,因此,发包人不能以价格过高为由单方面推翻自己的签证,除非双方

> 合法有效的签证,可以作为履约的证据材料,甚至补充协议使用。

在协商一致的基础上作出补充协定，对单价进行更改。因此，发包人应当按照签证价格付款。

A公司认为：签证有违事实时，发包人可以不予认可签证，可以要求变更或撤销，否则签证无效。原告所报的价格确实过高，发包方有权要求其调整价格，重新签证。

法院最终判令A按照签证价格向B支付工程款。

原理及观点

1. 发包人应当对自己的签字盖章负责，应当按照该签证进行工程结算。如合同的有效条件一样，只要满足签证主体适格、签证内容合法、签证双方意思表示真实及符合合同约定的签证程序和形式等条件，签证即合法有效，对双方当事人具有法律上的约束力，应当作为工程结算的依据。施工过程中，发包人在承包人报送的价格分析表上签字盖章，即表示认可，符合有效签证的要件。

> 签证主体适格、内容合法、意思表示真实，签证即合法有效，有法律上的约束力，可以作为工程结算的依据。

2. 签证其实是一种特殊的合同。因此除了其有效性的要件可以采用合同的规定外，其本身也像合同一样，并不是固定不变的。关于合同的变更，《中华人民共和国合同法》第七十七条规定："当事人协商一致，可以变更合同。法律、行政法规规定变更合同应当办理批准、登记等手续的，依照其规定。"另外，中华人民共和国合同法第五十四条规定："下列合同，当事人一方有权请求人民法院或者仲裁机构变更或者撤销：（一）因重大误解订立的；（二）在订立合同时显失公平的。一方以欺诈、胁迫的手段或者乘人之危，使对方在违背真实意思的情况下订立的合同，受损害方有权请求人民法院或者仲裁机构变更或者撤销。当事人请求变更的，人民法院或者仲裁机构不得撤销。"第五十五条规定："有下列情形之一的，撤销权消灭：（一）具有撤销权的当事人自知道或者应当知道撤销事由之日起一年内没有行使撤销权；（二）具有撤销权的当事人知道撤销事由后明确表示或者以自己的行为放弃撤销权。"发包人认为签证价格明显超过市场价格，显失公平的，其应当在知道或应当知道撤销事由之日起一年内申请人民法院或仲裁机构撤销。有效签证形成后，可以采取如下两种方式进行变更：

（1）有效签证可经发、承包双方协商一致变更；

（2）一方依法定事由请求人民法院或仲裁机构变更或撤销。

建 议

除非发包人申请人民法院或仲裁机构撤销或变更有效签证，否则，发

32 发包人以价格过高否认签证,承包人怎么办

包人无权单方面推翻签证,因此,承包人可以:

1. 一旦涉及重要的工程签证,承包人应当要求发包人代表在签证上确认盖章并进行公证。

2. 评估签证的价格是否合理,倘若真是过高,为了使发包人及时支付工程款,可以主动与发包人协商,调整价格。

3. 如果承包人与发包人就价格的调整问题分歧较大,无法达成一致,那么承包人应当及时向人民法院或者仲裁机构提出诉讼或仲裁,积极主张自己的权利。

4. 办理签证时一定要符合有效签证的程序要求,确保签证的效力,避免引起争议。

> 签证不可随意撤销。

33 设计人发来的细节图纸是否构成设计变更

案例简介

A 与 B 两公司签订《建筑安装工程施工合同》,约定 A、B 双方均必须坚持按审定的设计施工图施工,任何一方不得随意变更设计,确需变更,应取得以下两项批准:1. 超过原设计标准和规模时,须按原审批程序重新报批,取得相应的追加投资和材料标准。2. 经原设计单位审查,取得相应的图纸和说明。在施工中,A 如提出对原设计进行变更,需经设计单位审查批准,并向 B 发出书面的变更通知。合同签订后 B 进场施工。施工过程中 B 向 A 或设计单位发出数十份"工程联系单",要求澄清具体设计细节做法问题,为此,部分由设计单位提供了细节图纸,部分由 A 书面回复。工程竣工结算时,B 认为这些书面答复构成设计变更,要求顺延工期、增加价款,但 A 不认同,于是 B 向法院提起诉讼。

B 公司认为只要对合同中约定的工作的特征、尺寸等进行了修改就可以认定为设计变更,而工程细节图纸、具体技术问题的答复构成对原来的设计图纸的修改,也应该视为设计变更。

A 公司认为,细节图纸和就具体技术问题的答复只不过是针对原有的图纸进行具体的说明,并没有改变原有图纸的实质性内容,加之双方对设计变更约定了严格的要求及程序,在不满足约定的条件情况下,不能认

> 应注意设计细节图纸与合同图纸的区别与联系。

33 设计人发来的细节图纸是否构成设计变更

定细节图为设计变更。

法院认为,B 并不能说明设计细节图纸与合同图纸的差异,不能证明工程设计发生了变更,因此驳回了 B 主张设计变更的请求。

原理及观点

1. 一般的施工合同中会约定由设计单位出具变更图纸,由发包人发出变更指令后方视为设计变更,但是实践中,因许多设计细节做法不清楚或者错误,于是承包人发函给设计人,设计人直接发给承包人大量的设计细节图纸,因此会产生诸多纠纷。我们认为在合理期限内发包人如果未提出异议,应理解为同意此为设计变更,并以此作为工程结算依据。

2. 凡形式变更和内容变更只要符合其他要件,均视为设计变更。从变更形式看,可以是书面答复形式、发放图纸形式,也可以是变更指令;从变更内容看,可以是工程具体细节图,如标高、基线、位置,也可以是其他实质性内容,只要与合同图纸相比有所变更。

建 议

在设计单位直接向承包人出具设计细节图纸,且发包人并未提出异议,则该设计细节图纸构成设计变更,作为承包人应当:

1. 在签订建设施工合同时,应当与发包人明确约定,设计单位直接向承包人出具设计细节图纸构成设计变更。

2. 要仔细辨别新发来的设计细节图纸和原图纸之间的不同之处,因为这是主张设计变更的依据所在。

3. 履行通知义务,将变更情况及时通知发包人。

4. 主动搜集证据,如果发包人不承认构成设计变更,不愿调整价款时,应当保留设计细节图纸等证据,以便日后主张自己的权利。

> 对设计细节图纸的使用应作出详尽约定。

34 按合同约定结算，还是按实结算

案例简介

A为某县政府设立的公路建设指挥部，B为某施工单位，双方签订《合同协议书》及《施工合同协议条款》。该两份合同约定：工程为某公路，承包方式为以水库移民局批准下达的某工程费总价承包，由承包人责任引起的设计变更所增加的费用，承包人自负；变更责任属业主的费用增减由业主负责。

合同签订后B组织施工，最终工程竣工验收合格，并投入使用。B多次向该县政府要求进行工程结算，但该县政府以水库移民局工程费总价批准书未下达为由，一拖再拖。B向法院提起诉讼，并在一审举证期间内申请对工程进行造价鉴定。一审法院根据其申请，委托造价鉴定机构对工程造价进行鉴定。鉴定机构出具鉴定报告，一审法院根据该鉴定报告作出判决。后县政府不服，向二审法院提起上诉。

县政府认为，在认定合同有效的情况下，应该按合同约定固定总价结算工程款而不应根据造价鉴定结论据实结算工程款。

B公司认为虽然合同约定固定总价结算工程款，但是承包人按固定

> 法院认定工程结算应按照合同约定的固定总价结算。

总价结算出现亏损,且发包人未确认施工过程中的设计变更,一审法院据此根据承包人申请委托造价鉴定,据实结算工程款并无不当。二审法院查明在合同履行过程中,A、B并未对总价承包问题协商予以变更,B也没有提交县政府同意或要求变更设计从而增加建设费用的相关证据。

二审法院判决按照合同约定的固定总价结算,但是考虑到履行过程中的具体情况,由县政府给予B部分补偿。

原理及观点

1. 合同是双方真实意思的外在表示,且满足法律关于有效合同的成立要件,因此对合同双方当事人具有法律约束力,并依法受到法律的保护。承包人与发包人就工程以固定总价结算工程款的合同即满足有效合同的成立要件,因此双方应按约定进行工程结算。

2. 作为一般的承包方,应当对工程施工过程中的各种价格风险有所预见,不能简单因为承包方亏损而改变结算方式,否则合同会处于极大的不稳定状态,有悖于法治的精神。因此,应当尊重双方的意思自治。

3. 根据有约定按约定的原则。承、发包双方既然约定以固定总价结算工程款,那么该约定对双方都应有法律约束力,任何一方在没有证据和事实推翻合同约定的情况下,都应当按照合同约定结算工程款。

4. 一审法院在认定工程结算方式前,委托造价鉴定机构对工程造价进行鉴定不合法,违反了《最高人民法院关于审理建设工程施工合同纠纷案件适用法律问题的解释》第二十二条规定:"当事人约定按照固定价结算工程价款,一方当事人请求对建设工程造价进行鉴定的不予支持。"

> 当事人约定按照固定价结算工程价款,一方当事人请求对建设工程造价进行鉴定的,不予支持。

综上所述,在合同约定有效的前提下,承、发包双方应按照合同约定固定总价结算,而不应按造价鉴定结论据实结算。

建 议

建议承包人:

1. 不要轻易签订固定价合同。倘若签订固定价合同,应当尽量全面的考虑施工期间存在的价格风险,作出最有利于自己的考虑。

2. 固定价合同也具有相对性,可以在合同中约定包干的范围及调价的条件,在满足合同约定的情况下,可以向发包人主张更改合同。

3. 固定价合同注意其范围界定,对于超出固定总价范围外的增加部分,双方结算不能达成一致意见的,可以委托审价或申请造价鉴定。

> 结算方式和价款要具体明确的约定,以防约定不明产生争议。

35 结算拖延期间是否可计息结算

案例简介

A、B两公司签订《建设工程施工合同》约定：A将其开发的住宅工程项目发包给B承建。在竣工报告批准后28日内，B应当按国家有关规定和协议条款的约定向A代表提出结算报告，办理竣工结算。A在收到B结算报告、钥匙移交清单和竣工图后15天内通知B是否委托审价机构审价；如果A自行审价则在60天内提供发包人的审价报告，双方签署后生效。A在双方工程结算达成协议后30日内，按合同规定支付结算余款，从第31天起按银行同期贷款利率支付拖欠工程款的利息。后B承建的工程全部竣工验收合格，并陆续交付使用。半年后B向A提供了工程结算报告、钥匙移交清单和竣工图。一个月后A复函，提出审核，发现工程结算书存在减账漏项问题，故要求重新提供一整套完整的结算资料，B未再提供。A与B就工程结算问题进行协商，并对结算中有分歧的项目签署备忘录予以列明。后B向仲裁委提起仲裁，要求判令A支付拖欠的工程款和利息。对该问题存在三种不同的观点：

1. 从承包人起诉之日起计算工程款利息。因为发包人并未故意拖延结算，工程价款未结算完毕的原因在于双方无法达成一致意见。

35 结算拖延期间是否可计息结算

2. 应从实际交付之日起计算利息。合同虽然约定了结算程序和期限,但是由于承包人提交实际完整结算报告和结算资料日期不明,致使难以准确确定结算日期。应视为应付日期不明,根据《最高人民法院关于审理建设工程施工合同纠纷案件适用法律问题的解释》第十八条之规定:"利息从应付工程价款之日计付。当事人对付款时间没有约定或者约定不明的,下列时间视为应付款时间:(一)建设工程已实际交付的,为交付之日;(二)建设工程没有交付的,为提交竣工结算文件之日;(三)建设工程未交付,工程价款也未结算的,为当事人起诉之日。"

3. 按照合同的约定,承包人应从承包人提交竣工结算报告第 106 日起计算竣工结算款利息(合同中约定的 15 日＋60 日＋30 日)。

仲裁委最终认同了第三种观点,裁决从承包人提交竣工结算报告第 106 日起计算竣工结算款利息。

> 法院认定利息应按照合同约定来确定支付。

原理及观点

首先,利息不是损失赔偿和违约金,不因收款方有过错等而少付。且在工程交付使用后,发包人实际已控制了工程,有条件对工程行使占有、使用、收益的权利,如以结算未能达成一致为由不支付工程款利息,显然对承包人不公平,因此从承包人起诉之日计算利息明显不当。

> 工程价款利息是法定孳息。

其次,合同本身已对结算程序和期限作出明确的约定,因此,在有明确约定的时候从约定。《最高人民法院关于审理建设工程施工合同纠纷案件适用法律问题的解释》第十八条规定:"利息从应付工程价款之日计付。当事人对付款时间没有约定或者约定不明的,下列时间视为应付款时间:(一)建设工程已实际交付的,为交付之日;(二)建设工程没有交付的,为提交竣工结算文件之日;(三)建设工程未交付,工程价款也未结算的,为当事人起诉之日。"该条在当事人对付款时间没有约定或约定不明时适用,而该案例中有明确约定从约定,不适用最高院司法解释的第十八条。《建设工程施工合同(GF－2013－0201)》第 12.4.4 项第(2)目:"除专用合同条款另有约定外,发包人应在进度款支付证书或临时进度款支付证书签发后 14 天内完成支付,发包人逾期支付进度款的,应按照中国人民银行发布的同期同类贷款基准利率支付违约金。"《FIDIC 工程施工合同(1999 年版)》第 14.8 款"延误的支付":"如果承包商没有收到根据第14.7款[支付]应获得的任何款额,承包商应有权就未付款额按月所计复利收取延误期的融资费。延误期应认为是从第 14.7 款[支付]规定的支付日期开始计算的,而不考虑[当(b)段的情况发生时]其中支付证书颁发的日期。除非在专用条件中另有规定,此融资费应以年利率为支付货

> 利息从应付工程价款之日计付。

币所在国中央银行的贴现率加上三个百分点进行计算,并用这种货币进行支付。承包商有权得到此类付款而无需正式通知或证明,并且不损害他的任何其他权利或补偿。"

因此,发承包方应当按照合同约定的结算期限计算利息。

建 议

> 应明确约定支付利息的日期。

承包人应与发包人约定支付竣工结算款利息的日期,作为承包人应当:

1. 承包人在签订建设施工合同时,应明确因发包人原因而拖延结算的,应按照合同约定追究其违约责任,并同时计算利息。

2. 承包人尽早准备全部结算资料,并积极主动配合发包人进行工程结算。

3. 承包人应敦促发包人审查竣工结算文件。在合同约定从结算审核期限届满之日起计算工程款利息的,参照《江苏省高级人民法院关于审理建设工程施工合同纠纷案件若干问题的意见》第十五条的规定:"发包人应及时审查承包人提交的工程竣工结算文件。发包人在合同约定的审核结算期限届满后,又以承包人提交的竣工结算文件不完整为由拒绝结算,承包人要求从合同约定的审核结算期限届满之日起计算工程价款利息的,人民法院应予支持。"

36 由于地质条件导致施工方案改变而增加的费用怎样结算

施工单位

案例简介

2015年4月15日,A与B两公司就深排水工程签订《深排水工程合同》,合同约定:深排水工程采用钢板支撑方式进行施工,包干总价3 000万元,若改变施工方案由双方协调确定由此增加费用的结算方案。B在施工过程中发现发包人A提供的地质报告不正确,因现场地质条件变化,无法采用钢板支撑的方式进行施工。B公司的项目经理以书面变更报告形式要求变钢板支撑方式施工为大开挖施工。而A公司收到报告后20日内未表态,20日后B以为A公司已同意大开挖施工,于是大胆采用大开挖方式进行施工,而A对实际进行的大开挖施工没有阻止。

2016年7月21日起深排水工程陆续分批验收合格,A也签署盖章了验收表。2016年9月22日,双方就深排水工程是否按钢板支撑施工费用3 000万元结算发生争执。B经委托审计的大开挖施工费4 700万元,B要求按4 700万元结算,双方协商无果后,B向法院起诉。

> 地质条件变化,施工方式由钢板支撑方式施工改为大开挖施工。

原理及观点

表面上看是 B 公司在未经 A 公司正式同意的前提下变更施工方法，实质主要责任应由 A 公司承担，双方应按变更后的施工方案进行结算。

首先，直接导致变更施工方案的客观原因是现场地质条件的变化，无法按原先约定的钢板支撑方式进行施工。而地质资料是发包人提供的，因此，发包人 A 公司应该保证其提供的资料真实、准确、完整。《中华人民共和国建筑法》第四十条规定："建设单位应当向建筑施工企业提供与施工现场相关的地下管线资料，建筑施工企业应当采取措施加以保护。"国务院颁布的《建设工程安全生产管理条例》第六条规定："建设单位应当向施工单位提供施工现场及毗邻区域内供水、排水、供电、供气、供热、通信、广播电视等地下管线资料，气象和水文观测资料，相邻建筑物和构筑物、地下工程的有关资料，并保证资料的真实、准确、完整。建设单位因建设工程需要，向有关部门或者单位查询前款规定的资料时，有关部门或者单位应当及时提供。"

> 建设单位应当向施工单位提供施工现场及毗邻区域内与工程施工相关的有关资料，并保证资料的真实、准确、完整。

其次，发包人 A 公司的行为表现应视为同意 B 变更施工方案。发包人收到承包人变更施工方案报告后 20 日未表态，即未表示反对。20 日后，当明知 B 已采用大开挖方式进行施工后并未阻止，在竣工验收时也未提出异议，并签字确认工程竣工验收合格。

建 议

1. 签订合同时专项约定。施工单位在与建设单位签订《建设施工合同》时，明确约定发包人应保证提供的工程资料真实、准确、完整，发包人应为所提供的工程资料承担保证责任。

> 施工单位应在签订合同时明确发包人应保证提供的工程资料真实、准确、完整。

2. 当施工单位发现因地质条件导致施工方案改变而需增加费用时：(1) 书面要求监理工程师确认如何结算增加的费用，并需经建设单位代表确认。(2) 要保留现场地质条件影像资料，最好能做个与地质剖面图对比的报告，然后请监理方、建设单位代表和设计方确认现场。(3) 准备一份工程地质资料专项报告。根据投标时的资料和条件提出可合理预见的工程地质条件，列出在施工中遇到的工程地质条件，两者对比列出不可预见的不利工程地质条件，从而得出费用索赔结论。

3. 承包人在施工过程中，遇到不利地质条件时：(1) 及时通知监理方或建设单位代表，由他们决定停工，并保留证据。(2) 在监理方同意前提下可采取适应不利地质条件的合理措施继续施工。

4. 可适用情势变更原则支撑增加部分的费用。

37 发包人被吊销营业执照后,承包人怎样索要工程款

案例简介

2014年施工单位B公司通过招投标承接某15层科研大厦工程,并于2014年5月27日与发包人A公司签订了《工程施工总承包合同》。合同约定B公司总承包工程,工程造价暂估2 000万元,B公司垫资先建,工程竣工后A公司一次性全部支付工程款及利息。2016年7月28日工程按合同约定竣工并经A公司组织的竣工验收合格,B公司早已将工程结算书交给A公司,但A公司以种种理由一直未支付工程款。后来,A公司营业执照被工商局吊销,B公司便找A公司两个股东C、D公司索要工程款。C、D公司提出:虽然是A公司的股东,但自己与B公司并未发生施工合同关系,不是合同当事人,不存在支付工程款的义务,还是应当找A公司索要工程款。B公司于是将A、C、D三个公司一并告到法院。

> 追要工程款,合同主体被吊销资格。

原理及观点

公司被吊销营业执照是工商行政机关对企业作出的一种行政处罚,

但是在未被注销期间，其民事主体资格并没有消灭，只是不得再以公司名义对外开展新的业务，从事新的经营活动，不得再签合同，然而作为民事主体，对已发生的民事法律行为应当继续履行。显然，B公司有权向发包人A公司主张工程款，并且可以发包人违约等起诉A公司，A公司不得推诿，在被吊销营业执照后注销登记前，承担责任的主体仍然是发包人A公司。而且公司被吊销营业执照后进行有效的整改，还可以重新申请，获得营业执照。

公司因被吊销执照而决定解散的，要经过法定清算程序。《中华人民共和国公司法》第一百八十条规定："公司因下列原因解散：（一）公司章程规定的营业期限届满或者公司章程规定的其他解散事由出现；（二）股东会或者股东大会决议解散；（三）因公司合并或者分立需要解散；（四）依法被吊销营业执照、责令关闭或者被撤销；（五）人民法院依照本法第一百八十二条的规定予以解散。"第一百八十三条规定："公司因本法第一百八十条第（一）项、第（二）项、第（四）项、第（五）项规定而解散的，应当在解散事由出现之日起十五日内成立清算组，开始清算。有限责任公司的清算组由股东组成，股份有限公司的清算组由董事或者股东大会确定的人员组成。逾期不成立清算组进行清算的，债权人可以申请人民法院指定有关人员组成清算组进行清算。人民法院应当受理该申请，并及时组织清算组进行清算。"由此可见，公司因被吊销营业执照而解散，应在解散事由出现之日起十五日内成立清算组，开始清算。清算期间，公司存续但不得开展与清算无关的经营活动，但被吊销营业执照后仍具有民事主体资格的A公司，作为清算期间的特殊法人，可对外开展与清算有关的经营活动，其中包括继续履行尚未履行的施工合同，向债权人（B公司）履行债务等。

> 吊销不影响其民事主体资格。

根据《中华人民共和国公司法》第一百八十三条规定，A公司被吊销营业执照后，债权人B公司首先要关注A公司因吊销执照而解散，解散事由出现十五日内是否成立清算组，开始清算。A公司逾期未成立清算组，债权人B公司可以申请法院指定有关人员组成清算组进行清算，人民法院应当受理该申请，并及时组织清算组进行清算。清算组应当自成立之日起十日内通知债权人B公司，并于六十日内在报纸上公告。债权人B公司自接到通知书之日起三十日内，未接到通知书的自公告之日起四十五日内，向清算组申报其债权。

B公司可以A公司为被告起诉，但是否要以C、D公司为被告起诉应根据具体情况而确定。

1. A公司被吊销营业执照，只是工商行政机关对其违法行为的行政处罚，只要公司尚未被注销，其民事主体资格仍未消灭。B公司可将发包

37 发包人被吊销营业执照后，承包人怎样索要工程款

人A公司作为被告起诉，要求发包人A公司支付工程款，发包人A公司应当以其自有资产承担债务。

2. 作为A公司的股东C、D公司若存在虚假出资，抽逃注册资金等行为，B公司则可将C、D公司列为被告，要求其在出资不足或抽逃资产的范围内承担责任。最高人民法院关于适用《中华人民共和国公司法》若干问题的规定(三)第十二条规定：公司成立后，公司、股东或者公司债权人以相关股东的行为符合下列情形之一且损害公司权益为由，请求认定该股东抽逃出资的，人民法院应予支持：(一)制作虚假财务会计报表虚增利润进行分配；(二)通过虚构债权债务关系将其出资转出；(三)利用关联交易将出资转出；(四)其他未经法定程序将出资抽回的行为。第十三条第二款规定："公司债权人请求未履行或者未全面履行出资义务的股东在未出资本息范围内对公司债务不能清偿的部分承担补充赔偿责任的，人民法院应予支持；未履行或者未全面履行出资义务的股东已经承担上述责任，其他债权人提出相同请求的，人民法院不予支持。"第十四条第二款规定："公司债权人请求抽逃出资的股东在抽逃出资本息范围内对公司债务不能清偿的部分承担补充赔偿责任，协助抽逃出资的其他股东、董事、高级管理人员或者实际控制人对此承担连带责任的，人民法院应予支持；抽逃出资的股东已经承担上述责任，其他债权人提出相同请求的，人民法院不予支持。"

3. 作为发包人的A公司若在注销公司时提供虚假清算报告损害债权人利益的，B公司有权向股东(C、D公司)主张赔偿。

4. 若企业法人A公司被吊销营业执照后至被注销登记前，该企业法人组成人员下落不明，无法通知参加诉讼，债权人B公司以被吊销营业执照企业的开办单位(股东C、D公司)为被告起诉，法院也应予以准许。但该开办单位对被吊照的企业法人如果不存在投资不足额或转移财产逃避债务情形的，仅应作为企业清算人参加诉讼，承担清算责任。

建 议

1. 签订合同时约定吊销营业执照后的工程款支付方案。承包人在与发包人签订《建设施工合同》之时，就可能吊销营业执照问题与发包人进行充分的协商，并在合同中明确约定发包人出现吊销营业执照、解散、破产等情况时工程款的支付方案。

> 详尽约定在吊销营业执照状况出现时如何处理。

2. 出现问题时提前启动诉讼程序。承包人B公司应抓紧在A公司注销登记前，以发包人A公司为被告提起诉讼或仲裁，要求发包人支付工程款，不要等到因解散而启动清算程序之时。

3. 充分运用诉讼时效中断来维权。(1) 承包人应及时在发包人被吊销营业执照之前正式发送书面催款函,并注意保存回执单。(2) 对已超过诉讼时效期间的债权也可采取积极的补救措施,例如试图与发包人就原债务达成还款协议,或再次向债务人发出催款通知单,只要债务人在该通知单上签字,应视为其对原债务的重新确认。

38 固定总价建设工程施工合同被确认无效后工程款应按合同约定，还是据实结算

案例简介

2012年11月12日，甲公司将其承包的某高速公路路基工程中的土石方工程转包给陈某（乙方），双方签订《劳务协议书》约定：一、甲方因建设某高速公路的需要，在K91+900—K94+369段路基工程的土石方以包工包料的形式发包给乙方施工。……四、结算方式：1.甲方按照设计图纸的方量，实行包干制，以230万元的总价款承包给乙方。……3.乙方施工结束一个月内，若无任何安全事故，甲方将余下的全部工程款支付给乙方，并发放3万元作为安全奖金，如出现安全事故，甲方将取消3万元的安全奖金。在施工期间，因发包方变更设计方案，陈某与甲方签订《补充协议》约定：K91+900—K93+348段变更实行包干制，价格为12万元，交由乙方进行爆破作业施工，安全及亏损由乙方单独承担，甲方不再作任何调价补差。协议签订后，陈某组织工人施工至2014年1月，《劳务协议书》中约定的总工程量463 499.70立方米，陈某实际完成389 039.70立方米，对未完成的工程甲公司安排其他工人完成。《补充协议》约定的工程量84 273.48立方米全部完成。在上述协议外的施工地点，双方协商增加了工程量79 823.8立方米，陈某全部完成，但对该工程量如何结算

并无约定。施工期间陈某领走工程款 3 084 317.95 元。后因工程款结算产生纠纷,陈某起诉要求确认《劳务协议书》、《补充协议》无效,陈某所完成工程量按照甲公司与发包人中铁一局之间的合同约定 6.50 元/米³ 单价计算,甲公司还应支付陈某 43 万元工程款。甲公司辩称陈某完成的工程总量属实,陈某要求按照 6.50 元/米³ 结算无据,应以《劳务协议书》中约定的包干价与工程总量为据计算工程单价,按照该单价 4.962 元/米³ 计算,并考虑安全奖金陈某应得工程款 2 476 500.69 元,陈某实际领取 3 084 317.95 元,对多领部分甲公司提起反诉,要求陈某予以返还。

法院经审理认为,陈某不具备土石方爆破资质,其与甲公司签订的《劳务协议书》、《补充协议》无效,合同被确认无效后,对已完成工程按照《最高人民法院关于审理建设工程施工合同纠纷案件适用法律若干问题的解释》第二条规定,已经验收合格的,可参照合同约定支付工程价款。《劳务协议书》约定的总工程量为 463 499.70 米³,总承包价为 230 万元,即每立方米的单价为 4.962 元,陈某实际完成 389 039.70 米³,应得劳务费 1 930 414.99 元。《补充协议》约定的工程量已全部完成,按照约定包干价 12 万元支付。增加的工程量因双方没有签订书面协议,参照《劳务协议书》约定的价格执行。考虑安全奖金,按照上述计算陈某应得工程款 2 476 500.69 元,陈某实际领取 3 084 317.95 元,对于多领部分因甲公司提起反诉,陈某应当予以返还。判决:一、陈某与甲公司签订的《劳务协议书》、《补充协议》无效;二、陈某返还甲公司工程款 607 817.26 元。

原理及观点

固定价格合同是指合同中约定合同价款在约定的风险范围内不再调整,合同价款中已经包含了风险费用的合同,一般有固定总价合同和固定单价合同两种。本案双方签订的《劳务协议书》与《补充协议》均属固定总价合同,即俗称的包死价合同,双方在合同中约定有"一次性包干""包干制"等合同条款。对于固定总价的合同因双方在签订合同时对风险范围有预估,且合同价款中已经包含有合同履行的风险费用,在合同履行过程中不再因约定的风险范围内的因素发生变动而调整合同总价,故工程款结算时的可调范围相比一般合同要小很多,一方要求据实结算获得支持的情况较少。《最高人民法院关于审理建设工程施工合同纠纷案件适用法律若干问题的解释》第二十二条也明确,施工中只要未发生合同修改或变更等情况导致工程量发生变化的,就应当按照合同约定的包干总价结算,一方请求对工程造价进行鉴定的,不予支持。即确定固定总价合同严格按照合同约定价格结算,调整合同价款仅限于合同约定的风险范围外

38 固定总价建设工程施工合同被确认无效后工程款应按合同约定,还是据实结算

的工程量,对风险范围内工程造价申请鉴定不予支持的结算原则。

承包人未完成固定总价合同约定的工程量,即通常所说的"半拉子工程",此时如何确定结算标准,在实践中有三种不同做法:正向计算法、反向计算法与按比例折算法。正向计算即按定额计算已完工工程量,在不适用固定总价结算标准的情况下参照固定总价的标准合理浮动确定工程款,反向计算即据实计算未完工工程量,用固定总价减去未完工部分,得出已完工工程的工程价款。按比例折算即对已完工工程的工程造价经鉴定后,按其在固定总价合同约定的施工范围的比例计算工程款。上述三种计算方法相比较而言第三种方法更符合合同约定,但是实践操作中因需通过鉴定机构对工程造价进行鉴定,案件处理诉讼成本较高,而固定总价合同一般工期较短、工程量不大,当事人愿意选择鉴定的情况较少。对于半拉子工程的结算应在坚持合同约定优先的原则下,考虑发包人、承包人对造成未完工的过错程度确定结算标准。中途撤场承包人有过错的,对于承包人主张按定额标准计算已完工工程款不应支持,可对工程造价鉴定后参考约定固定总价合理确定。发包人有过错的,可按照定额标准计算已完工部分,参考固定总价,适当下浮。具体到本案,双方的固定总价合同因陈某不具备资质而被认定无效,根据《最高人民法院关于审理建设工程施工合同纠纷案件适用法律若干问题的解释》第二条规定,对陈某完成《劳务协议书》中的部分工程,可参照原合同约定进行结算。法院在处理时直接按照固定总价除以约定的总工程量计算出单价,以此标准最终确定已完工工程款。此计算方法在合同无效情况下严格按照合同约定过于机械,因按定额标准据实计算的价款一般大于固定总价,故此计算法于承包人而言明显不利。但结合本案陈某承包的系土石方爆破作业,在施工中陈某已经先期领取大量工程款情况下施工队中途撤离,具有一定过错,而审理中无论是承包方还是发包方均未要求按定额标准计算,且也未对已完工工程造价申请鉴定,此种计算具有一定的合理性。

在固定总价合同范围外承包人所施工的工程,发包人应当支付工程款,其处理原则同样要遵循合同约定优先原则,如果在固定总价合同中对固定总价工程量范围外增加工程有约定的严格按照约定处理。实践中常出现的是合同未约定或约定不明,此时如何结算?一种观点认为应当按照定额标准据实结算,因为双方对于合同范围外增加工程量没有约定按照固定总价标准结算,不能适用固定总价标准。一种观点认为应当参照固定总价合同标准,根据具体情况适当调整。笔者认为应最大限度地接近合同当事人缔约时的真实意思,并考虑案件处理的公平性,结合具体个案灵活处理。如本案中双方在《劳务协议书》和《补充协议》约定工程外另外增加的土石方爆破工程,因该增加的工程在施工性质和施工地点以及

施工难度上与前两份合同约定的工程差别不大,虽双方对增加工程无合同约定,在同一时期对该增加工程参照固定总价合同,并从更有利于承包人利益角度,法院选择按照《劳务协议书》约定的价格计算工程款有其合理性。

建 议

1. 不要轻易签订固定总价合同,避免施工过程中出现的各种风险导致费用上升。

2. 签订合同时明确规定详细的工程计费标准及结算方案。

3. 若签订合同时无专项约定,则充分运用补充协议明确约定取费标准。

4. 既无合同约定,又无补充协议,则充分运用《最高院关于审理建设工程施工合同纠纷案件适用法律问题的解释》第十六条有关规定启动诉讼程序。

39 怎样运用情势变更原则破解建设工程施工合同在履行过程中遇到的人工费、材料费大幅上涨这道难题

案例简介

A 与 B 签订建设工程施工合同。B 按约进场施工,因工程位置移动需要重新设计施工图纸被迫停工,8 个月后才恢复施工。施工期间,人工费、材料费用大幅上涨,B 克服种种困难,按期完成工程并经验收合格。最终因工程结算发生纠纷,B 向法院起诉,提出多项索赔要求,其中一项索赔项目就是,请求责令 A 赔偿因 A 方原因推延工程开工而造成的人工费、材料费上涨方面的损失。

> 被迫停工期间,材料费等大幅上涨。

原理及观点

我们认为,由于 A 推延工程开工,造成 B 在人工费、材料费上涨方面的损失,这是一个 A 方的违约行为,依据合同约定,应由 A 方承担赔偿责任。理由如下:

1. 推延开工,是 A 方原因引起的,系 A 方违约行为。
2. 由于推延开工,造成 B 在人工费、材料费上涨方面的经济损失。

由于开工日期实际推延8个月,工程的主体结构施工期间,B方购买材料钢材、混凝土的实际采购价格,以及人工费,都比双方约定的价格大幅度上涨了。

3. 根据情势变更原则,应由A方承担此项损失。所谓情势变更,是指合同有效成立后,因不可归责于双方当事人的原因发生情势变更,致合同的基础动摇或丧失,若继续维持合同原有效力则显失公平,允许变更合同内容或者解除合同。构成情势变更的条件有:

(1) 须有情势变更之事实。这是适用情势变更的前提条件。(2) 情势变更发生在合同成立后,履行完毕前。这是适用情势变更原则的时间要件。(3) 情势变更须是当事人所不能预见的,且有不可预见之性质。这是适用情势变更原则主观要件的一个方面。(4) 因情势变更而使原合同的履行显失公平。这是适用情势变更原则的实质要件。

情势变更原则的意义在于通过司法权力的介入,在合同双方当事人订约意志之外,重新分配交易双方在交易中应当获得的利益和风险,追求的价值目标是公平和公正。

> 推延工程一方面属于违约行为,一方面发生了情势变更,作为施工单位要注意把握。

建　议

实践中,运用情势变更原则是非常艰难的。原因是情势变更原则的构成要件非常苛刻,经常与可预见的商业风险界线模糊,难以分辨。为解决此问题,建议承包人:

1. 从违约责任入手找发包方索赔。一旦发生因建设单位的原因拖延开工,拖延期间人、材、机费用大幅度上涨的情况,首先应当根据建设单位的违约责任进行索赔。情势变更原则运用为备案,从这一点出发更易掌握诉讼的主动权。

2. 在合同中写清情势变更原则。如按照《建设工程施工合同(GF—2013—0201)》通用条款第2.4.4项约定:"因发包人原因未能按合同约定及时向承包人提供施工现场、施工条件、基础资料的,由发包人承担由此增加的费用和(或)延误的工期。"还可以写得更清晰一点:"人工费、材料费、机械设备费遇到情势变更时,可运用情势变更原则进行＿＿＿＿到＿＿＿＿(比例)的调整。"

3. 运用2013版《计价规范》11.1款规定进行价格调整。

> 合同中明确违约责任,写清情势变更原则。

40 施工单位如何应对发包人拖延结算的法律风险

案例简介

A 承包 B 开发的一居民小区,工程建设按期竣工并经验收合格,A 就交付了工程,并及时提交了单方结算报告,但 B 只收不签字。后在 A 的催促下,B 派员 C 与 A 对账,C 以工作忙、没时间为由一个月只出现一次,不久又换岗了,以致工程交付了两年多也未结算。无奈,A 向法院提起诉讼。

无理无故拖欠工程款。

原理及观点

根据《最高人民法院关于审理建设工程施工合同纠纷案件适用法律问题的解释》第二十条规定:"当事人约定,发包人收到竣工结算文件后,在约定期限内不予答复,视为认可竣工结算文件的,按照约定处理,承包人请求按照竣工结算文件结算工程价款的,应予支持。"

《建设工程施工合同(GF－2013－0201)》第 13.2.2 项"竣工验收程序":"除专用合同条款另有约定外,承包人申请竣工验收的,应当按照以下程序进行:(1) 承包人向监理人报送竣工验收申请报告,监理人应在收到竣工验收申请报告后 14 天内完成审查并报送发包人。监理人审查后认为尚不具备验收条件的,应通知承包人在竣工验收前承包人还需完成的工作内容,承包人应在完成监理人通知的全部工作内容后,再次提交竣工验收申请报告。(2)监理人审查后认为已具备竣工验收条件的,应将竣工验收申请报告提交发包人,发包人应在收到经监理人审核的竣工验收申请报告后28天内审批完毕并组织监理人、承包人、设计人等相关单位完成竣工验收。(3)竣工验收合格的,发包人应在验收合格后14天内向承包人签发工程接收证书。发包人无正当理由逾期不颁发工程接收证书的,自验收合格后第15天起视为已颁发工程接收证书。(4)竣工验收不合格的,监理人应按照验收意见发出指示,要求承包人对不合格工程返工、修复或采取其他补救措施,由此增加的费用和(或)延误的工期由承包人承担。承包人在完成不合格工程的返工、修复或采取其他补救措施后,应重新提交竣工验收申请报告,并按本项约定的程序重新进行验收。(5)工程未经验收或验收不合格,发包人擅自使用的,应在转移占有工程后7天内向承包人颁发工程接收证书;发包人无正当理由逾期不颁发工程接收证书的,自转移占有后第15天起视为已颁发工程接收证书。除专用合同条款另有约定外,发包人不按照本项约定组织竣工验收、颁发工程接收证书的,每逾期一天,应以签约合同价为基数,按照中国人民银行发布的同期同类贷款基准利率支付违约金。"第14.2款"竣工结算审核":"(1)除专用合同条款另有约定外,监理人应在收到竣工结算申请单后14天内完成核查并报送发包人。发包人应在收到监理人提交的经审核的竣工结算申请单后14天内完成审批,并由监理人向承包人签发经发包人签认的竣工付款证书。监理人或发包人对竣工结算申请单有异议的,有权要求承包人进行修正和提供补充资料,承包人应提交修正后的竣工结算申请单。发包人在收到承包人提交竣工结算申请书后28天内未完成审批且未提出异议的,视为发包人认可承包人提交的竣工结算申请单,并自发包人收到承包人提交的竣工结算申请单后第29天起视为已签发竣工付款证书。(2)除专用合同条款另有约定外,发包人应在签发竣工付款证书后的14天内,完成对承包人的竣工付款。发包人逾期支付的,按照中国人民银行发布的同期同类贷款基准利率支付违约金;逾期支付超过56天的,按照中国人民银行发布的同期同类贷款基准利率的两倍支付违约金。"

> 发包人收到竣工结算文件后在约定期限内不予答复,则视为认可。

也就是说,如果发包人收到竣工结算文件后在约定期限内不予答复,则视为认可,即按照承包方提出的竣工结算文件中的工程价款进行结算。如果发包人仍不支付的,承包人则可以按照中国人民银行同期同类贷款基准利率要求其支付违约金,发包人逾期支付超过56天的,应向承包人支付双倍银行利率的违约金。

建 议

实践中,发包人会经常采用以下方法拖延结算:(1)发包人故意不接收承包人提交的结算书,或虽接收结算书却既不签字又不盖章;(2)发包人不停地要求承包人送交各种各样的文件或者随意找一些也许根本不存在的问题;(3)发包人收到承包人的结算书后,派员假装与承包人对账,但故意拉长对账过程,不给承包人任何书面答复;(4)发包人收到承包人结算书后,故意压低结算价,恶意拉大双方的结算价差距,以此拖延结算。对发包人来说,拖延工程价款结算,不仅能达到拖欠工程款的目的,同时也可规避逾期付款的违约责任。为维护自己合法权益,建议承包人坚持以下几点:

1. 坚持不结算不交付工程策略。《中华人民共和国合同法》第二百七十九条规定:"建设工程竣工后,发包人应当根据施工图纸及说明书、国家颁发的施工验收规范和质量检验标准及时进行验收。验收合格的,发包人应当按照约定支付价款,并接收该建设工程。"《建设工程价款结算暂行办法》第二十一条规定:"工程竣工后,发、承包双方应及时办清工程竣工结算,否则,工程不得交付使用,有关部门不予办理权属登记。"

> 坚持不结算不交付工程策略,邮寄决算报告,并保留邮寄凭证。

2. 充分运用 2013 版《计价规范》第 2.0.44 项的规定进行竣工结算。

3. 充分运用 2013 版《施工合同》14.2 款规定进行竣工结算。

41 建设工程中途停建、缓建，损失如何补偿

案例简介

> 坚持不结算不交付工程策略，邮寄决算报告，并保留邮寄凭证。

A公司与B公司签订一份建设工程承包合同，合同约定，由B公司包工包料建一座歌舞厅。建到一半时，A公司未能按期支付工程进度款，B公司被迫停工10个月。在停工期间，A公司被C公司收购，C公司决定将正在建设的歌舞厅改建成保龄球城，不仅重新进行设计，而且与D公司重新签订了建设工程承包合同，同时单方解除原建设工程承包合同。B公司因工程欠款及停工停建等损失问题与C未能达成一致，B公司向仲裁委提起仲裁，最终仲裁委裁决C公司赔偿损失。

原理及观点

1. A公司没有按期支付工程进度款，导致在建工程停工，证明A公司存在过错，应当承担由此给B公司造成损失的赔偿责任。

2. C公司收购了A公司，根据《中华人民共和国合同法》第九十条规定："当事人订立合同后合并的，由合并后的法人或者其他组织行使合同权利，履行合同义务。当事人订立合同后分立的，除债权人和债务人另有

约定的以外,由分立的法人或者其他组织对合同的权利和义务享有连带债权,承担连带债务。"因此 C 公司收购 A 公司后应当承继 A 公司原订合同的权利与义务。

3. C 公司无正当理由单方变更原设计导致工程停建,依法应当承担由此给 B 公司造成损失的赔偿责任。根据《中华人民共和国合同法》第二百八十四条规定:"因发包人的原因致使工程中途停建、缓建的,发包人应当采取措施弥补或者减少损失,赔偿承包人因此造成的停工、窝工、倒运、机械设备调迁、材料和构件积压等损失和实际费用。"

> 因发包人的原因致使工程中途停建、缓建的,发包人应当采取措施弥补或者减少损失,赔偿承包人因此造成的损失。

4. C 公司无正当理由单方解除合同,属于违约行为,应当承担违约责任。根据《中华人民共和国合同法》第九十四条的规定:"有下列情形之一的,当事人可以解除合同:(一)因不可抗力致使不能实现合同目的;(二)在履行期限届满之前,当事人一方明确表示或者以自己的行为表明不履行主要债务;(三)当事人一方迟延履行主要债务,经催告后在合理期限内仍未履行;(四)当事人一方迟延履行债务或者有其他违约行为致使不能实现合同目的;(五)法律规定的其他情形。"足以见得只有在不可抗力、预期违约、迟延履行、根本违约及其他法定情形下,当事人才享有法定解除权,而 C 公司并不符合享有法定单方解除权的情形,因此 C 不能单方解除原建设工程承包合同。

建 议

造成建设工程中途停建、缓建的原因大致有三个:一是承包人的原因,如承包人自己采购材料耽误时间及材料缺陷造成停建、缓建;二是发包人的原因,如变更设计图纸及等待时间、等待由发包人采购材料耽误时间及材料缺陷造成停建、缓建;三是不可抗力的原因。作为承包人,应该着重注意后两个原因,并注意以下几点。

> 一旦发生停建、缓建,及时保存证据材料。

1. 签订合同时注意专项约定。在合同签订时就应该将不得无故停建、缓建及违约金内容写进合同条款。如"非因承包人原因造成建设工程中途停建、缓建的,发包人应当顺延工期,并赔偿由此给承包人造成的损失"等,从合同上更好地维护承包人的合法权益。

2. 已经出现停建、缓建:(1)一旦发生停建、缓建的情况,承包人应当及时办理有关签证;(2)注意保留好相关材料,同时及时通知发包人,尽到通知、提醒义务;(3)办理工期顺延手续,争取妥善解决。

3. 从 4 个方面准备起诉材料:(1)要求顺延工期;(2)要求赔偿损失(工人工资、机械设备调迁费用);(3)主张违约金;(4)要求合理利润。

42 建设工程开工时间如何认定

案例简介

A与B签订建设施工合同,合同约定,2005年3月1日开工,2007年8月25日竣工。合同签订后,B按约组织人员进场施工,发现A前期分包的桩基工程没有施工完毕,导致B进场却不能施工,到2005年6月26日才正式开工,工程于2007年8月25日竣工。A、B就由开工时间引发的工期及工程款发生纠纷,B遂诉至法院。

原理及观点

《建设工程施工合同(GF－2013－0201)》第1.1.4.1项指出:"开工日期:包括计划开工日期和实际开工日期。计划开工日期是指合同协议书约定的开工日期;实际开工日期是指监理人按照第7.3.2项[开工通知]约定发出的符合法律规定开工通知中载明的开工日期。"根据《中华人民共和国建筑法》第九条规定:"建设单位应当自领取施工许可证之日起三个月内开工。因故不能按期开工的,应当向发证机关申请延期;延期以两次为限,每次不超过三个月。既不开工又不申请延期或者超过延期时限的,施工许可证自行废止。"对于开工的标准,当事人有约定的,按约定;当事人没有约定或者约定不明的,一般以承包人的机器、设备、人员进场施工为标准。实践中,当事人就开工时间经常发生争议,原因是:(1)法律规定自领取施工许可证之日起三个月内开工,但没有明确规定具体的时间;(2)当事人约定的开工时间与实际开工时间不一致。因此,具体实践中,应按照下列原则认定开工时间:(1)承包人有证据(发包人向承包人发出的通知、工程监理记录、当事人会议纪要、施工许可证等)证明实际开工日期的,应认定该日期为开工日期;(2)承包人没有证据证明实际开工日期但有开工报告的,应认定开工报告记载的开工日期为开工日期;(3)承包人没有证据证明实际开工日期,也没有开工报告的,应以合同约定的开工日期为开工日期。

> 开工日期的确认。

实践中,对开工日期的认定还经常存在以下几种误区:

1. 将建设工程《施工许可证》注明的日期等同于开工日期

根据《中华人民共和国建筑法》第六十四条规定:"违反本法规定,未取得施工许可证或者开工报告未经批准擅自施工的,责令改正,对不符合开工条件的责令停止施工,可以处以罚款。"建设工程《施工许可证》是建设工程开工的法律凭证,其注明的日期具有证明证书颁发日期的作用,但没有确立开工日期的作用。建设工程的开工日期一般以发包人签发的《开工报告》确认的时间为准。当事人对开工日期有争议的,以发包人签发的开工报告确认的开工时间为开工日期;承包人在开工报告确认的开工时间前已经实际进场施工的,以开工报告确认的开工时间为开工日期;因发包人原因导致承包人未能在开工报告确认的开工时间实际进场施工的,以实际开工时间为开工日期,工期顺延;因承包方原因导致实际开工时间推迟的,以开工报告确认的时间为开工日期,工期不得顺延。

2. 将总监或工程师颁发的开工令日期等同于开工日期

总监或工程师颁发开工令是对承包商提交开工申请后的批复。如果以开工令日期作为开工日期——"合同正式实施的标志",那么承包商的施工准备工作就不受合同保护。所以开工令发出的日期并非开工日期。另外《建设工程施工合同(GF－2013－0201)》第7.3.1项:"除专用合同条款另有约定外,承包人应按照第7.1款[施工组织设计]约定的期限向监理人提交工程开工报审表,经监理人报发包人批准后执行。除专用合同条款另有约定外,合同当事人应按照约定完成开工准备工作。"7.3.2项:"发包人应按照法律规定获得工程施工所需的许可。经发包人同意后,监理人发出的开工通知应符合法律规定。监理人应在计划开工日期7天前向承包人发出开工通知,工期自开工通知中载明的开工日期起算。"

3. 将批准的开工申请书、进度计划声明的开工日期等同于开工日期

开工日期是承包方在工程现场经过筹备和计划实际展开工程施工的日期,要具备两个条件:(1)承包商实际占有工程现场,并取得管理权;(2)承包商准备工作完成,如施工设备到场等。而批准的开工申请书、进度计划声明的开工日期不具备这两个条件,因此其不能等同于开工日期。

建　议

> 明确开工日期,保存开工记录。

实践中,由于各种原因,经常出现开工日期难以确定的情况。如开工令颁发后,现场分栋移交,造成整个工程的开工日期无法确定;开工报告批准后,施工单位实际进场施工,但发包方分包的桩基工程仍未施工完毕等。

1. 签订合同时,根据2013版《施工合同》第7.3.1项和第7.3.2项规定,明确约定"承包人以承包人机器设备、人员进场之日为开工日。"

2. 签订合同时,根据2013版《施工合同》第7.5.1项规定,明确约定因发包人原因而拖延开工造成损失的赔偿责任。

3. 当出现开工日期不确定因素时,为避免发生不必要的争议,建议承包人应与发包人协商一致,共同以会议纪要、补充协议等形式将开工日期固定化。

4. 注意收集保存好有关开工时间的证据。

43 建设工程施工合同履行过程中形成的债权可否转让

案例简介

A、B 于 2013 年签订《建设工程施工合同》。B 按期组织人员进行了施工,2014 年 5 月 20 日,主体部分工程验收合格,A 尚欠 B 工程款 428 万元。2015 年 5 月 26 日,B 向 A 发出债权转让通知书:"贵方与我公司于 2013 年签订了《建设工程施工合同》,现我公司因改制重组需要,欲将我公司对贵方所享有的债权转让给 C 公司。"A 予以签收。A、C 后因工程欠款发生纠纷,C 诉至法院。庭审中,关于建设工程施工合同履行过程中形成的债权可否转让问题成了本案争论的焦点。

一审法院认为,B 将合同债权转让给 C,并向 A 送达了债权转让通知书,符合相关法律规定。该转让行为系转让人与受让人真实意思表示,并不损害债务人的利益,依法认定有效。C 因此取得 B 对 A 应享有的合同债权。判决 A 败诉。A 不服一审判决,提出上诉。

二审法院认为,B 履行了部分合同义务,取得了向 A 请求支付相应工程款的权利。转让行为发生时,B 的此项债权已经形成,债权数额后经鉴定结论所确认。A 接到 B 的《债权转让通知书》后,并没有提出异议,法律、法规也没有禁止建设工程施工合同中的债权转让,并且债权转让无需

> 建设工程债权转让受到法律保护,得到法院支持。

征得债务人同意。根据《中华人民共和国合同法》第八十、八十一条的规定,确认本案债权转让合法有效,C因此受让B对A的债权及从权利。判决驳回上诉,维持原判。

原理及观点

合同转让包括债权转让、债务转移和概括转让。《中华人民共和国合同法》第八十条规定:"债权人转让权利的,应当通知债务人。未经通知,该转让对债务人不发生效力。债权人转让权利的通知不得撤销,但经受让人同意的除外。"第八十一条规定:"债权人转让权利的,受让人取得与债权有关的从权利,但该从权利专属于债权人自身的除外。"由此可知,债权转让要通知债务人,否则对债务人不发生效力;债务转移要通知债务人并经其同意,方可对其发生效力;同理,概括转让也是如此。本案仅涉及合同债权转让,关于合同债权转让,根据《中华人民共和国合同法》第七十九条规定:"债权人可以将合同的权利全部或者部分转让给第三人,但有下列情形之一的除外:(一)根据合同性质不得转让;(二)按照当事人约定不得转让;(三)依照法律规定不得转让。"说明法律、法规并不禁止建设工程施工合同下的债权转让,只要建设工程施工合同的当事人没有约定合同下的债权不得转让。债权人向第三人转让债权并通知债务人的,债权转让合法有效,债权人无须就债权转让事项征得债务人同意。除非有不能转让的情形,如:(1)建筑行业涉及国计民生,实行资质管理的,如果转让债权,不利于工程质量维护,不能转让;(2)基于业主与施工单位的信赖关系的,不能转让。

> 工程债权转让条件及不得转让情形。

建 议

综上所述,建议当事人在签订合同时注意以下几点:

1. 运用《合同法》第八十条规定,约定施工方债权可转让。施工单位为了防止建设单位拖欠工程款,同时方便自己降低不能收回工程款的风险,可在建设施工合同中明确约定施工方的债权可转让。

2. 运用《合同法》第七十九条规定,维护转让时被侵权造成的损失。若转让时未留意,事后发现,可通过寻找是否存在不得转让情形,主张合同转让无效来维护自身合法权益。

3. 收集并保存好转让的有关证据。

> 工程债权转让可以事前约定。

44 未签劳动合同的工人在施工现场受伤,怎样获赔

案例简介

A 是 B 公司的一名雇员,但未签劳动合同,在工地负责为高架桥挖孔柱。某日,A 坐上卷扬机从 40 米深的坑底返回地面,卷扬机升至 36 米高时,钢缆突然失去拉力,载着 A 的卷扬机坠地,造成 A 胸六椎体压缩性骨折,双下肢皮肤擦伤。接受手术后,A 办理了出院手续。由于第二年仍要接受手术,A 近期不能从事体力劳动。在与 B 公司就受伤赔偿事宜未能达成一致后,A 遂向法院提起诉讼。

> 工地受伤,协商不成,诉至法院。

原理及观点

《中华人民共和国劳动合同法》第十条规定:"建立劳动关系,应当订立书面劳动合同。已建立劳动关系,未同时订立书面劳动合同的,应当自用工之日起一个月内订立书面劳动合同。用人单位与劳动者在用工前订立劳动合同的,劳动关系自用工之日起建立。"由此可见用人单位有与劳动者签订劳动合同的法定义务,虽然 A 与 B 公司未签劳动合同,但其为 B 公司雇员,且参与 B 公司交付的工作并因此受伤却是不争的事实,依法应

> 用工应当签订劳动合同,损害应当赔偿。

当认定为事实劳动关系,即虽未签订劳动合同,也成立劳动关系,享有劳动者的权利。因此,A 可以申报工伤,通过工伤程序获赔偿。未签劳动合同的劳动者受工伤,要先到劳动仲裁部门确认劳动关系,再到工伤保险部门进行申报。同时依据《中华人民共和国劳动合同法》第八十条规定:"用人单位直接涉及劳动者切身利益的规章制度违反法律、法规规定的,由劳动行政部门责令改正,给予警告;给劳动者造成损害的,应当承担赔偿责任。"用人单位未与劳动者签订合同有违法律规定,劳动者可向劳动监察大队投诉。且《中华人民共和国劳动合同法》第八十二条规定:"用人单位自用工之日起超过一个月不满一年未与劳动者订立书面劳动合同的,应当向劳动者每月支付二倍的工资。"A 可以向 B 公司主张"从第二个月起至一年期间每月支付劳动者双倍的工资"。

建 议

> 企业应当与劳动者签订劳动合同,劳动者在未签劳动合同时要保留证据材料。

劳动合同是切实保障劳动者权利义务的有效依据,因此劳动者在与用人单位建立劳动关系时,务必要签订书面劳动合同或事后及时补签。倘若由于种种原因未签书面劳动合同,要注意收集有关依据材料,如工作证、上下班考勤记录、完成工作量、加班记录、工资支付记录及凭证等,以备日后证明自己与公司之间成立事实劳动关系,确保自己享有劳动者的合法权益。

1. 根据《劳动合同法》第十条规定,务必签订书面劳动合同,这是劳动关系建立的直接证据。

2. 如未签订书面劳动合同,则要注意收集证明劳动关系事实成立的证据,最好形成证据链。

3. 根据《劳动合同法》第八十二条规定,告知用人单位不签订劳动合同的后果。

45 建设工程内部承包合同的效力怎样把握

案例简介

A建设工程有限公司与内部职工B签订"承包协议"一份。协议主要内容为A建设工程有限公司为市计划委员会住宅办公室承建的花苑小区工程交由B承包施工;B负责工程项目及工程施工前期工作和工程技术管理工作;B向A建设工程有限公司上缴工程总额的15%作为管理费、税金及利润等,余款由B支配使用。合同签订后,B即组织人员进行施工。截至竣工时,A建设工程有限公司向B支付了工程款共计68万元,余款16万元未付。B遂诉至法院。庭审中,A、B双方就内部承包协议效力展开激烈争论。

一审法院认为,B作为自然人,不具有承包建筑工程的主体资格,无权承包建筑工程,故A建设工程公司与B签订的"承包协议"违背了《中华人民共和国建筑法》、《建设工程质量管理条例》的规定,该承包协议应属无效。但是,B与A建设工程有限公司签订有劳动合同,B是A建设工程有限公司内部职工,"承包协议"应该是企业内部的承包协议,根据相关规定:建设工程公司内部可以根据承包工程的不同情况,实行多层次、多形式的内部承包经营责任制,以调动基层施工单位的积极性。可组织混合工种的小分队或专业承包队,按单位工程进行承包,实行内部独立核算;也可以由现行的施工队进行集体承包,自负盈亏。不论采取哪种承包方式,都必须签订承包合同,明确规定双方的责权利关系。因此,A建设工程有限公司与内部职工B签订"承包协议"应该是有效的,所以一审法院判决协议有效。

> 建筑公司与职工签订的内部承包协议有效。

二审法院认为,B在该工程开始时受聘于A建设工程有限公司,工程结束时与A建设工程有限公司就解除了劳动合同,其本质不是内部职工,该工程承包协议是转包行为,判决承包协议无效。

原理及观点

在建筑领域,内部承包合同是非常普遍的,由于某些具体操作管理方式,让人很容易将内部承包合同与转包或挂靠经营混淆。而《中华人民共和国合同法》第二百七十二条规定:"发包人可以与总承包人订立建设工程合同,也可以分别与勘察人、设计人、施工人订立勘察、设计、施工承包合同。发包人不得将应当由一个承包人完成的建设工程肢解成若干部分发包给几个承包人。总承包人或者勘察、设计、施工承包人经发包人同意,可以将自己承包的部分工作交由第三人完成。第三人就其完成的工作成果与总承包人或者勘察、设计、施工承包人向发包人承担连带责任。承包人不得将其承包的全部建设工程转包给第三人或者将其承包的全部建设工程肢解以后以分包的名义分别转包给第三人。禁止承包人将工程分包给不具备相应资质条件的单位。禁止分包单位将其承包的工程再分包。建设工程主体结构的施工必须由承包人自行完成。"《中华人民共和国建筑法》第二十八条规定:"禁止承包单位将其承包的全部建筑工程转包给他人,禁止承包单位将其承包的全部建筑工程肢解以后以分包的名义分别转包给他人。"第二十九条规定:"建筑工程总承包单位可以将承包工程中的部分工程发包给具有相应资质条件的分包单位;但是,除总承包合同中约定的分包外,必须经建设单位认可。施工总承包的,建筑工程主体结构的施工必须由总承包单位自行完成。建筑工程总承包单位按照总承包合同的约定对建设单位负责;分包单位按照分包合同的约定对总承包单位负责。总承包单位和分包单位就分包工程对建设单位承担连带责任。禁止总承包单位将工程分包给不具备相应资质条件的单位。禁止分包单位将其承包的工程再分包。"

> 非法转包、违法分包或者没有资质借用有资质的与他人签订建设工程施工合同的行为无效。

《最高人民法院关于审理建设工程施工合同纠纷案件适用法律问题

的解释》第四条规定:"承包人非法转包、违法分包建设工程或者没有资质的实际施工人借用有资质的建筑施工企业名义与他人签订建设工程施工合同的行为无效。人民法院可以根据《中华人民共和国民法通则》第一百三十四条规定,收缴当事人已经取得的非法所得。"由此可见,我国法律法规明令禁止承包人将承包的工程转包或挂靠经营,非法转包、违法分包工程所签订的合同都是无效的。这就要求我们必须把几者严格区分开来。所谓建设工程内部承包合同,是指建筑企业与其内部职工个人签订承包协议,将以企业名义承接的工程项目交由承包人组织施工,建筑企业对财务、工程质量、技术等方面加以管理、监督,承包人自主经营、自负盈亏,向建筑企业缴纳一定管理费的经营合同。所谓转包,依据《建筑工程质量管理条例》第七十八条规定,是指承包单位承包建设工程后,不履行合同约定的责任和义务,将其承包的全部建设工程转给他人或者将其承包的全部建设工程肢解以后以分包的名义分别转给其他单位承包的行为。所谓挂靠经营,是指施工企业允许他人在一定期间内使用自己企业名义对外承接工程的行为。从上述概念中,我们不难发现三者是不一样的。我国目前也没有哪部法律明令禁止内部承包合同。所以我认为,内部承包合同并非属于法律当然禁止的范围,可以在符合一定条件下,认定其有效。合法有效的内部承包合同应当具备以下四个条件:

1. 内部承包合同的双方是明确的公司与职工的隶属关系,存在劳动关系。(关于这一点,我们可以通过劳动合同、工资单、社会保险的缴费情况等来认定。)

2. 内部承包合同双方劳动关系的延续性。如果双方承包时有劳动关系,工程结束时就解除劳动关系的,其本质上不属于劳动关系,该承包合同则名为内部承包实为转包,依据《中华人民共和国合同法》第五十二条规定:"有下列情形之一的,合同无效:(一)一方以欺诈、胁迫的手段订立合同,损害国家利益;(二)恶意串通,损害国家、集体或者第三人利益;(三)以合法形式掩盖非法目的;(四)损害社会公共利益;(五)违反法律、行政法规的强制性规定。"该承包合同因以合法形式掩盖非法目的,应认定为无效。

3. 承包方企业负责管理、技术、财务等核心事项,承包人与实际承包人还存在上下级行政隶属管理关系。

4. 内部承包合同中,实际承包人对外应以承包人名义开展活动,由承包人对外承担责任。

建 议

1. 签订内部承包合同时,应注意区别转包、挂靠的实质内容。

2. 承包人应了解当地法院对内部承包合同的处理态度,并严格按照上述"原理及观点"中四个条件签订合同及操作。

3. 收集外省法院承认内部承包合同的案例,作为依据影响当地法院。

4. 目前我国法律未明确规定内部承包合同效力,但也没有否认其效力。

46 发包人未付工程款，承包人可否不交付工程

案例简介

A 与 B 签订一份建设工程承包合同，B 按期按质施工完毕，并经验收合格。A 在工程竣工验收时共付款 125 万元，尚欠 49 万元，为此 A 出具书面欠条，表示分期给付欠款。后来 A 被 C 收购。C 在报纸上刊登公告：与 A 有业务关系者，见报后一个月内来该厂办理有关手续，过期不予办理。10 个月后，B 找 C 要款，C 以超过时间为由拒绝付款。B 拒绝交付工程并向法院起诉，法院判决 C 偿还 B 工程欠款 49 万元及利息。

> 拖欠工程款被法院判决支付。

原理及观点

A 与 B 签订的合同符合法律要求，合法有效。之后 A 出具书面欠条证明尚欠 B 工程款 49 万元。根据《中华人民共和国合同法》第二百八十六条规定："发包人未按照约定支付价款的，承包人可以催告发包人在合

理期限内支付价款。发包人逾期不支付的,除按照建设工程的性质不宜折价、拍卖的以外,承包人可以与发包人协议将该工程折价,也可以申请人民法院将该工程依法拍卖。建设工程的价款就该工程折价或者拍卖的价款优先受偿。"该条规定实质上保障了承包人的合法权益,在发包人拖欠工程款的情况下,承包人可根据该条规定得到具体的救济。A 应为拖欠工程款向 B 承担责任。A 被 C 收购,其权利义务应由 C 承继,因此 C 应向 B 承担付款责任。C 不付款,B 可与 C 积极协商,协商不成的,可向法院起诉将工程依法拍卖,就该工程所得价款优先受偿。另外,依据《建设工程施工合同(GF－2013－0201)》第 13 条验收条款、第 14 条竣工结算条款约定:工程竣工验收→竣工结算→给付结算价款→交付工程四个步骤的先后顺序。《建设工程价款结算暂行办法》第二十一条规定:"工程竣工后,发、承包双方应及时办清工程竣工结算,否则,工程不得交付使用,有关部门不予办理权属登记。"该条规定,工程竣工后,在发、承包方未结算之前,承包人有权拒绝交付工程,且有关部门也不予权属登记,运用行政力量督促发包人及时付清工程款,保障承包人的合法权益。

> 发包人未付工程款,承包人可以不交付工程。

综上所述,发包人未付工程款,承包人可以不交付工程。

建 议

> 合同中应明确约定发包人拖欠工程款时承包人有权拒绝交付工程的专用条款。

1. 根据《建设工程价款结算暂行办法》第二十一条规定,坚持未付款不交付工程。

2. 根据 2013 版《施工合同》第 14.2 款规定,督促建设单位及时结算。

3. 签施工合同时约定:

(1) 发包人拖欠工程款时,承包人有权拒绝交付工程。(2) 发包人逾期不支付,承包人可以催告后单方解除合同,发包人承担承包人全部损失赔偿责任。

4. 发包人在未按合同支付工程款时,承包人可按行使优先权原则主张权利。

47 设计单位进行结构设计时依据的地质资料存在问题，导致工程发生质量问题，怎样处理

案例简介

某科研楼工程建设单位为A，施工单位为B。由建设单位将地质资料交给设计单位C，后施工单位根据设计单位的图纸进行施工。施工过程中B在北侧裙房一层南墙发现墙体及底部出现严重坍塌，最终工程因质量问题被整体拆除。后经检测鉴定认为：出现工程质量的原因为建设单位提供的地质资料不准确，导致设计单位出具的图纸不能满足工程实际的质量要求。

仲裁委最终裁决建设单位承担该工程质量问题的主要责任。

> 虽不影响施工合同效力，但施工单位还是应尽量避免因未办准入手续而被处罚。

原理及观点

1. 工程质量是建设工程项目中最为关键的问题，一旦出现质量问题，首先需找到原因，确认质量责任的主体。国务院《建设工程质量管理条例》明确规定，建设单位、勘察单位、设计单位、施工单位、监理单位对工程质量负责，即通常说的"五方"责任主体。可以看出工程实体质量的

> 建设单位、勘察单位、设计单位、施工单位、监理单位对工程质量都负有相应责任。

形成是一个连续的过程，工程的勘察、设计、施工、验收等环节应该是一个有机整体。勘察不仅对建设单位负责，而且应该首先对设计单位负责，确保为设计单位提供真实可靠的地勘数据。

2.《建设工程质量管理条例》第二十条规定："设计单位应当根据勘察成果文件进行建设工程设计。"《中华人民共和国建筑法》第五十二条规定："建筑工程勘察、设计、施工的质量必须符合国家有关建筑工程安全标准的要求，具体管理办法由国务院规定。有关建筑工程安全的国家标准不能适应确保建筑安全的要求时，应当及时修订。"

3. 在实践中，有的建设单位为了省钱，地勘单位为了获得最大的经济利益，减少勘孔数量、深度等，直接影响地勘评价质量，为设计埋下隐患。案例中建设单位不进行地勘，而将工程附近的地质资料提交设计单位，作为设计依据，误导设计单位的设计工作，最终酿成工程事故。因此，提供地质资料的建设单位应负全责。

建 议

> 施工过程中发现问题应及时汇报。

1. 施工单位在施工过程中发现结构设计图存在问题时，可作如下处理：

（1）要求监理人确认并要求其签发暂停施工令。（2）报告建设单位要求勘察单位重新勘察，拿出真实科学的勘察资料。

2. 发生质量事故后的处理：

（1）组织专家鉴定小组对事故发生的原因进行调查，明确各方过错责任。（2）地质资料不准确，勘察单位承担主要责任，建设单位也应承担过错责任。

48 承包人有无停建工程的保修义务

案例简介

A与B两公司签订了《工程合同》，合同约定：由B承建A室内外装修工程，工程造价为人民币6 000万元，工程竣工后，工程款的5%为保修款，待6个月保修期满后再支付给B。后B进场施工，由于春节，B擅自决定停工，A向B发出工程结算终止合同的通知。但B不同意终止合同，最终A终止合同并进行工程移交和结算。B在同日停止施工并撤离施工现场。终止合同时，B已完成全部工程的90%以上，A将剩余的工程承包给了C继续施工，最后工程验收后被评为优良等级。A、B双方未能就工程款结算问题协商一致，B向法院提起诉讼，请求法院判令A返还全部质保金。

原告方认为："发包人应当返还质保金，因为当我方停建后，发包人坚持要与我方解除工程合同，在我方同意解除后，发包人并没有组织对我方已完成工程的验收，并在此基础上将剩余的工程发包给第三人。发包人负有对我方已完成工程的验收义务并进行结算，发包人未验收即视为认可我方的施工工作及工程质量。另外在约定保修期内，发包人也未通知我方履行保修义务，视为发包人自动放弃我方保修义务的履行，因此在解除工程合同后，发包人应当返还质保金。"

被告认为即使双方已经终止了合同的履行,但是承包人仍然应当对其所完成的工程的质量负责,一旦其已完成工程出现任何质保范围内的质量问题,便应毋庸置疑地承担维护的责任。因此,不管合同是否终止,承包人就其完成工程应当承担保修责任,而承包人在保修期间没有履行该义务,那么无权要求发包方返还质保金。

> 建筑工程合同解除,法院判令返还全部质保金。

法院最后判定 A 返还全部质保金。

原理及观点

施工单位负有保修义务,是指施工单位按照建筑行业管理要求和工程承包合同的约定,对所承包施工的工程合同以内的工程质量缺陷,在保修期内承担维修的义务与责任。本案涉及的建筑工程保修金是在工程完工后,工程价款确定并在结算时,由承包单位按完工工程总价款的2%～5%从应收取的工程款总额中划出,留存于建设单位的那部分工程款。保修金的清结是在工程合同保修期届满、保修责任履行完毕后,施工单位方可以从建筑单位结算收取的工程尾款。当合同约定质保期限到后,若无质量问题争议,向发包方(收质保金单位)提交退还质保金的函,发包方应当向承包方退还质保金。

> 保修义务是承包人应负的法定义务。

1. 保修义务是承包人应负的法定义务,即使工程停建,合同解除,承包人仍应对已完成的工程承担保修责任。《中华人民共和国建筑法》第五十八条规定:"建筑施工企业对工程的施工质量负责。建筑施工企业必须按照工程设计图纸和施工技术标准施工,不得偷工减料。工程设计的修改由原设计单位负责,建筑施工企业不得擅自修改工程设计。"第六十条规定:"建筑物在合理使用寿命内,必须确保地基基础工程和主体结构的质量。建筑工程竣工时,屋顶、墙面不得留有渗漏、开裂等质量缺陷;对已发现的质量缺陷,建筑施工企业应当修复。"第六十二条规定:"建筑工程实行质量保修制度。建筑工程的保修范围应当包括地基基础工程、主体结构工程、屋面防水工程和其他土建工程,以及电气管线、上下水管线的安装工程,供热、供冷系统工程等项目;保修的期限应当按照保证建筑物合理寿命年限内正常使用,维护使用者合法权益的原则确定。具体的保修范围和最低保修期限由国务院规定。"因此,在合同解除后,如果承包人及相关各方对承包人已完成工程质量进行验收,且验收合格的,即便合同已解除,在合同约定的保修期限内,承包人仍应对其施工的部分承担相应的保修责任。

《最高人民法院关于审理建设工程施工合同纠纷案件适用法律问题的解释》第十条规定:"建设工程施工合同解除后,已经完成的建设工程质量合格的,发包人应当按照约定支付相应的工程价款;已经完成的建设工程质量不合格的,参照本解释第三条规定处理。因一方违约导致合同解除的,违约方应当赔偿因此而给对方造成的损失。"

《建设工程质量管理条例》第四十一条规定:"建设工程在保修范围和保修期限内发生质量问题的,施工单位应当履行保修义务,并对造成的损失承担赔偿责任。"

2. 发包人未验收承包人已完成的工程,就占有或使用的,应当视为其认可承包人所完成工程的工程质量。《最高人民法院关于审理建设工程施工合同纠纷案件适用法律问题的解释》第十三条规定:"建设工程未经竣工验收,发包人擅自使用后,又以使用部分质量不符合约定为由主张权利的,不予支持;但是承包人应当在建设工程的合理使用寿命内对地基基础工程和主体结构质量承担民事责任。"因承包人离场后,发包人让第三方进场,在未完工工程上施工,可以视为已经使用了已完成工程,从而导致已完成工程和未完成工程的质量责任无法界定,发包人应当承担举证不能的责任。

3. 在约定的保修期内,发包人对工程质量未提出质疑,也未向承包人提出维修要求,因此不能以承包人未履行保修义务为由扣除质保金。

建 议

1. 承包人及时通知发包人确认已完成工程量,确认后再退场。
2. 承包人及时通知发包人对已完成工程进行质量验收。
3. 承包人及时告知发包人未验的工程另行发包给第三人,承包人不承担保修责任。
4. 承包人行使抗辩权,要求发包人全额退还保修金。

> 注意验收环节,确保证据保全。

49 混凝土大梁出现裂缝，怎么追究供应人责任

案例简介

A、B两公司签订施工合同，由B承建A的某一工程项目。在施工前，B与C混凝土供应商签订了《商品混凝土购销合同》，合同约定C为B的上述工程提供强度等级C40的混凝土3 150立方米，质量应达到B公司及施工图纸的要求，否则，所造成的损失由C承担。

随后C向B提供了强度C40的混凝土640立方米，B将该部分混凝土用于浇筑大梁和剪力墙后出现裂缝，工程不得不停工。

后A委托三家单位就该工程进行检测，查出工程混凝土早期开裂是由于拆模过早及混凝土试块未达到设计强度。于是A委托第三方加固，加固费为28万元人民币，加固工程验收合格后，工程复工。工程完工后，B要求C承担混凝土大梁开裂的责任，赔偿所有损失，双方未能协商一致，B向法院提起诉讼。

B公司认为：发包人委托的三家专业机构出具检测报告，认定工程质

49 混凝土大梁出现裂缝,怎么追究供应人责任

量问题主要是由供应商提供的材料不合格造成的。因此材料供应人应当承担主要责任,赔偿所有损失,其中包括因材料不合格遭受停工、检测费、加固费、另行采购材料涨价等所有费用。

> 混凝土供应商供应的混凝土不达标,被判承担主要责任。

C公司认为,三家检测机构是由发包人单方面委托的,其检测报告不能作为证据使用,因此,不能依一份检测报告而断定事故的原因是材料供应人所供材料不合格。而工程结构出现质量问题属于施工质量问题,应当由承包人承担主要责任。

法院认为发包人单方委托作出的质量检测报告可作为证据使用,最终认定由混凝土供应商C承担工程质量问题的主要责任。

原理及观点

1.《中华人民共和国合同法》第一百五十五条规定:"出卖人交付的标的物不符合质量要求的,买受人可以依照本法第一百一十一条的规定要求承担违约责任。"第一百一十一条规定:"质量不符合约定的,应当按照当事人的约定承担违约责任。对违约责任没有约定或者约定不明确,依照本法第六十一条的规定仍不能确定的,受损害方根据标的的性质以及损失的大小,可以合理选择要求对方承担修理、更换、重作、退货、减少价款或者报酬等违约责任。"《中华人民共和国合同法》第六十一条:"合同生效后,当事人就质量、价款或者报酬、履行地点等内容没有约定或者约定不明确的,可以协议补充;不能达成补充协议的,按照合同有关条款或者交易习惯确定。"因此,供应商所供材料不合格的,供应人应当赔偿由此给承包人造成的损失。

> 出卖人交付标的物质量不合格,承担违约责任,造成损失的应当赔偿损失。

2. 材料供应人应当赔偿因其供应的材料不合格造成的工程质量不合格的损失。供应人按合同约定的内容提供材料,并向承包人提供产品合格证明及出厂证明,对其质量负责。供应人提供的材料质量不符合合同约定的,承包人有权拒绝,并可要求供应人更换,由此增加的费用由供应人承担,并向承包人支付违约金。

建 议

倘若由于供应人供应的材料不合格,造成工程质量出现问题,会给承包人带来一系列的麻烦和损失,为了更好地维护承包人的权益,避免吃哑巴亏,建议承包人:

1. 在与供应人签订合同时,不仅应当就所供材料的质量进行详细的约定,还应就由供应人的材料而引起工程质量问题的赔偿事宜作出尽可能明确具体的约定。

> 对材料供应商供应的材料质量要做详细约定,并特别指出材料专供什么工程及材料不合格的损失赔偿。

2. 施工时,严格规范施工,抓好安全施工工作,避免出现施工不当。

3. 承包人负有材料检测义务,对供应人提供的材料,应当在进场前进行质量检测,把好关,防止不合格材料用于施工而造成的风险。

4. 发生因采购材料不合格导致工程质量问题时,应及时委托有资质的专业机构,对事故原因进行调查、鉴定,保留主张权利的相关证据。

5. 施工材料不合格很容易给承包人带来较大的风险,为了规避这样的风险,建议施工单位在与建设单位签订合同时,应明确由建设单位采购材料或者通过招投标的方式采购材料。

50 未经验收使用工程出现质量问题,承包方怎么办

案例简介

2013年2月A学校与B公司签订《教职工住宅楼的施工合同》,明确施工单位要保质保量保工期完成学校教职工住宅楼的施工任务。2014年8月18日施工单位按合同工期竣工后,承包方向发包方提交了竣工验收报告,A以种种理由未接收验收报告,施工单位以书面形式向学校发了验收工程通知书,并进行公证。尽管尚未组织竣工验收,而且施工单位强烈反对提前使用,但是学校为了让教职工在开学前搬入新房,就直接投入使用了。教职工在使用新房的过程中,发现住宅楼存在不少质量问题,其中一楼北部的非承重墙局部开始出现裂缝,多处卫生间发生渗漏,部分房间的装修吊顶出现坠落等。A要求施工单位修理,B认为工程未经验收,A提前使用出现质量问题,施工单位不应承担责任。A认为因工程质量存在问题,于是再行推迟验收,拒绝结算工程款,并要求施工单位B承担工期违约责任。

> 工程未验收被强行入住,后发现质量问题。

原理及观点

1. 发包方擅自使用未经竣工验收的工程丧失质量问题的抗辩权。

根据《最高人民法院关于审理建设工程施工合同纠纷案件适用法律问题的解释》第十三条规定:"建设工程未经竣工验收,发包人擅自使用后,不得以使用部分质量不符合约定主张权利。"换言之,该工程因建设单位的擅自使用从而视为合格,视为建设单位对工程质量的认可,但不含主体结构和地基基础工程的质量缺陷。这显然是对发包方存在主观过错的非常严厉的处罚。

2. 因发包方未经验收擅自使用工程导致工程质量责任风险由承包方转移给发包方,承包方免除质量违约责任。

根据《中华人民共和国建筑法》第六十一条规定:"交付竣工验收的建筑工程,必须符合规定的建筑工程质量标准,有完整的工程技术经济资料和经签署的工程保修书,并具备国家规定的其他竣工条件。建筑工程竣工经验收合格后,方可交付使用;未经验收或者验收不合格的,不得交付使用。"《中华人民共和国合同法》第二百七十九条规定:"建设工程竣工后,发包人应当根据施工图纸及说明书、国家颁发的施工验收规范和质量检验标准及时进行验收。验收合格的,发包人应当按照约定支付价款,并接收该建设工程。建设工程竣工经验收合格后,方可交付使用;未经验收或者验收不合格的,不得交付使用。"《最高人民法院关于审理建设工程合同纠纷案件适用法律问题的解释》第十三条规定:"建设工程未经竣工验收,发包人擅自使用后,又以使用部分质量不符合约定为由主张权利的,不予支持;但是承包人应当在建设工程的合理使用寿命内对地基基础工程和主体结构质量承担民事责任。"从法律规定可以看出,建设工程竣工后,发包方应根据施工图纸和说明书、国家颁发的施工验收规范和质量检验标准及时验收。建设工程竣工验收合格后,方可交付使用,未经验收不得使用。验收是发包方、承包方的强制义务。未经验收发包人擅自使用出现质量问题,要分清是否是地基基础和主体结构的质量问题,而该工程的裂缝、渗透、坠落等质量问题,承包方将免除质量违约责任,全部由发包方承担质量责任。

建 议

1. 承包人注意用好约定条款。承包人在与发包人签订建设施工合

50 未经验收使用工程出现质量问题,承包方怎么办

同时应当明确约定发包人提前使用工程应当承担的法律责任。

2. 承包人注意区分终身保修工程与非终身保修工程。承包人在任何情况下应重视主体结构和地基基础工程的质量管理。一方面防止因发包方擅自使用而承担责任,一方面牢固树立"主体结构和地基基础工程"终身保修的观念。

> 树立"主体结构和地基基础工程"终身保修的观念。

3. 承包人注意用好诉讼中的驳回权。在诉讼中,坚持不采用发包人对非主体结构和地基基础工程出现的质量问题作出的鉴定结论,最好驳回发包人鉴定申请,不采用鉴定结论作为事后补充。

51 承包人未收到保修通知，是否要承担修复费

> 保修可是承包人的法定义务，你是逃不了的！——发包人

> 快逃！虽然在维修期，但只要甲方没发保修通知，我就不承担保修责任！——承包人

> 保修责任期内未发保修通知，直接联系附近其他施工单位，处理好质量问题后发生争议。

案例简介

2009年10月23日，发包人A房地产开发商与承包人B施工单位订立《建筑安装工程合同》，约定由B完成发包人开发的1号、2号、3号楼的打桩、土建、水、电、煤气管线安装及相关工程。2011年3月20日，承包人B承建的所有工程通过竣工验收合格，后将所有房屋销售给了业主，但3栋楼均出现漏水、水管破裂等问题，且处于保修责任期内。开发商A 10

51 承包人未收到保修通知,是否要承担修复费

天内收到80多位业主的投诉,便两次电话联系承包人B,未联系上也未发保修通知,而是直接电话联系附近一家施工单位及时将质量问题处理好。之后双方对这笔30万元维修费用应由谁承担发生争议,发包人认为工程质量问题发生在保修责任期内,也完全是施工单位原因造成的,100%由施工单位承担该笔维修费。施工单位认为,发包方仅打了两次电话联系,原项目负责人因休假关机未联系上,也未发正式书面的维修通知,因此发包人也应承担相应的责任。

原理及观点

1. 发包人负有在工程出现质量问题后通知承包人来维修的法定通知义务。

《中华人民共和国建筑法》第六十二条:"建筑工程实行质量保修制度。建筑工程的保修范围应当包括地基基础工程、主体结构工程、屋面防水工程和其他土建工程,以及电气管线、上下水管线的安装工程,供热、供冷系统工程等项目;保修的期限应当按照保证建筑物合理寿命年限内正常使用,维护使用者合法权益的原则确定。具体的保修范围和最低保修期限由国务院规定。"建设部《房屋建筑工程质量保修办法》第九条规定:"房屋建筑工程在保修期内出现质量缺陷,建设单位或房屋建筑所有人应当向施工单位发出保修通知。施工单位接到保修通知后,应当到现场核查情况,在保修书约定时间内予以保修。发生涉及结构安全或严重影响使用功能的紧急抢修事故,施工单位接到保修通知后,应当立即到达现场抢修。"《建设工程施工合同(GF—2013—0201)》15.4.3项:"在保修期内,发包人在使用过程中,发现已接收工程存在缺陷或损坏的,应书面通知承包人予以修复,但情况紧急必须立即修复缺陷或损坏的,发包人可以口头通知承包人并在口头通知后48小时内书面确认。"

建设单位要求施工单位(承包人)支付保修期间的全部工程维修费用应当同时符合以下3个条件:一是合同约定保修期内存在工程质量缺陷;二是质量缺陷的责任方是承包人;三是建设单位已向施工单位发出保修通知。

2. 承包人负有在保修范围和保修期内的法定保修义务。

在质量缺陷保修期内,承包人接到保修通知后,应在合同约定的期限内无条件派人先行保修,发生涉及结构安全、严重影响使用功能的质量缺陷或给排水、供电、燃气、通信等特殊工程的紧急抢修事故,承包人接到保修通知后,必须立即到达现场实施保修。完成后,由发包人组织承包人和监理人、使用人进行统一验收。承包人应针对其产生的原因、保修完成情

> 承包人负有在保修范围和保修期内的法定保修义务。

况、补救措施等以书面形式提交发包人。涉及结构安全的,发包人应报当地建设行政主管部门备案。

若承包人收到通知未及时到达现场实施保修,发包人有权直接委托其他单位组织实施保修,承包人必须承担由此发生的一切保修费用及相关损失。发包人将在缺陷质量保修金中扣除保修费,并可要求承包人违约金,若缺陷质量保修金余额不足,发包人有权向承包人索赔。

3. 司法实践中,程序上的瑕疵一般不免除实体上的全部责任。

房屋在保修期内出现质量问题,发包人负有通知承包人来维修的法定通知义务,而承包人负有法定保修义务。但在司法实践中,"通知"是程序,若在质量保修期内,如有证据证明房屋质量问题是承包人原因造成,维修费用经司法鉴定是合理的,发包人即使通知迟延、过了保修期甚至未通知承包人维修,法院依据事实也可以让承包人承担相当比例维修费用,发包人仅承担部分维修费用,因为司法实践中,程序上的瑕疵一般不免除实体上的责任。

建 议

1. 发包人应严格履行通知承包人维修的法定义务,尽管未通知仅是程序上的瑕疵,但会造成不必要的争议。

2. 发包人的保修通知应注意让施工单位签收回单。

3. 施工单位应走出无保修通知可免保修责任的误区,更不要刻意不确认收到通知,此举重则视为拒绝履行缺陷责任义务。

> 保全好证据材料通过合法的程序通知施工单位履行维修义务。

52 承包人向"解决建设领域拖欠工程款工作领导小组"寻求救济,是否导致时效中断

案例简介

2008年4月12日,A公司与B公司签订《建设工程施工合同》,合同约定:A置业将所开发的仁和小区9#住宅楼工程交给已中标的B公司承包施工。

2009年2月1日，9#工程竣工。同年6月16日B公司将工程竣工决算报告提交给A置业，A置业一直未提出确认或修改意见。

经对账，双方认可在B公司施工过程中和工程竣工后，A置业共计支付B公司工程款6 000万元，但还有3 000万一直未支付。2008年6月28日，该市"解决建设领域拖欠工程款工作领导小组"出具"情况说明"一份：2004年年底与以后历年，B公司按照国家有关清欠政策，都向我办投诉A置业拖欠工程款情况，要求市清欠办督促其偿还欠款。经我办多次协调，A置业以工程未决算、存在纠纷和争议为由拒绝偿还拖欠的工程款项。2013年5月14日，市清欠办下发通知，要求市房管局将该案件作为重点拖欠案件进行挂牌督办。

> 向第三方寻求帮助协调，实质是自己在向对方主张权益，依法构成诉讼时效中断的理由。

2013年7月28日，B公司提起诉讼，一审过程中，A置业对该"情况说明"提出异议，并要求鉴定。为此，一审法院就该"情况说明"的真实性向所在市的"解决建设领域拖欠工程款工作领导小组"办公室工作人员进行调查，该市清欠办出具了"情况属实，该情况说明系我单位出具"的意见。一审法院认为：A置业提出B公司起诉时已超过诉讼时效，经调查，该市"解决建设领域拖欠工程款工作领导小组"办公室证明，B公司就A置业拖欠工程款问题，曾向该机构反映，该机构也多次与A置业有限公司进行协调，要求A置业支付工程欠款，故B公司的起诉并不超过诉讼时效。一审法院判决：A置业有限公司于本判决生效后十日内支付B建筑工程集团有限责任公司工程款3 000万元及利息。A公司不服该判决，提起上诉。二审法院驳回上诉，维持原判。

原理及观点

> 诉讼时效中断事由包括权利人提起诉讼、权利人向义务人提出要求、当事人一方同意履行义务。

诉讼时效是指权利人于一定期间内不行使请求人民法院保护其民事权利的权利即丧失该权利，人民法院对其民事权利不再予以保护的法律制度。当然，诉讼时效存在中止和中断的情况。诉讼时效的中止又称诉讼时效的暂停，是指在诉讼时效进行中，因发生法定事由使权利人不能行使权利，暂时停止计算诉讼时效期间，待阻碍时效进行的法定事由消除后，继续计算诉讼时效期间。《中华人民共和国民法总则》第一百九十四条规定："在诉讼时效期间的最后六个月内，因下列障碍，不能行使请求权的，诉讼时效中止：（一）不可抗力；（二）无民事行为能力人或者限制民事行为能力人没有法定代理人，或者法定代理人死亡、丧失民事行为能力、丧失代理权；（三）继承开始后未确定继承人或者遗产管理人；（四）权利人被义务人或者其他人控制；（五）其他导致权利人不能行使请求权的障碍。自中止时效的原因消除之日起满六个月，诉讼时效期间届满。"诉讼

52 承包人向"解决建设领域拖欠工程款工作领导小组"寻求救济，是否导致时效中断

时效的中断是指在诉讼时效进行中，因发生法定事由，使得已经经过的时效期间归于无效，待时效中断的事由消除后，诉讼时效期间重新起算。《中华人民共和国民法总则》第一百九十五条规定：诉讼时效中断，从中断有关程序终结时起，诉讼时效期间重新计算。《中华人民共和国民法总则》规定诉讼时效中断事由有以下几种：(一)权利人向义务人提出履行请求；(二)义务人同意履行义务；(三)权利人提起诉讼或者申请仲裁；(四)与提起诉讼或者申请仲裁具有同等效力的其他情形。

本案中，承包人B公司于2004年完成涉案工程，一直到2008年向法院提起诉讼的四年间，虽没有向发包人A置业主张支付工程款，但是，在此期间，B公司每年都向当地政府"解决建设领域拖欠工程款工作领导小组"反映A置业拖欠其工程款的情况，要求其出面解决。《最高人民法院关于贯彻执行〈中华人民共和国民法通则〉若干问题的意见》第一百七十四条规定："权利人向人民调解委员会或者有关单位提出保护民事权利的请求，从提出请求时起，诉讼时效中断。经调处达不成协议的，诉讼时效期间即重新起算；如调处达成协议，义务人未按协议所定期限履行义务的，诉讼时效期间应从期限届满时重新起算。""解决建设领域拖欠工程款工作领导小组"本身就是当地政府为解决工程款拖欠问题而专门设置的机构，其职能是接受工程款拖欠投诉，并利用行政机关的资源和中立地位，对工程款争议双方进行调解，促使双方履行合同义务，平息纠纷。在B公司向"解决建设领域拖欠工程款工作领导小组"反映情况后，该机构多次与A置业进行协调，但A置业以工程未决算、存在纠纷和争议为由拒绝偿还拖欠的工程款项。因此，承包人B公司向"解决建设领域拖欠工程款工作领导小组"反映情况并要求其解决拖欠工程款的问题，符合"权利人向人民调解委员会或者有关单位提出保护民事权利的请求"，应当认定为时效中断。

建 议

对于此种问题，我们建议承包人注意以下几点：

1. 签订合同时明确约定承包人索要工程款的多元化救济渠道以及选择任一救济渠道都可达到诉讼时效中断的目的。

2. 搜集证据时，为了证明诉讼时效中断万无一失，可将人证、书证、物证、视听资料、证人证言等综合使用，构成证据链。

3. 诉讼时效已过时，承包人可采取补救措施，例如向发包人送达催告函、还款计划、欠款证明等，只要甲方代表签字收到，诉讼时效可重新计算。

> 积极寻求救济途径，防止诉讼时效过期。

53 公安部物证鉴定中心能否接受法院委托进行建设工程司法鉴定

案例简介

A公司就其开发的项目进行公开招标,后B公司中标,于是A公司以包工包料的形式将其开发的项目发包给B公司。

双方就项目工程签订《建设工程施工合同》,合同约定由B公司承建A公司名下的1、3、5、6共四幢楼的土建水电安装工程。

在工程竣工后,双方就工程结算事宜签订了一份《结算协议》,但《结算协议》上A公司签字人为A公司派驻的代表李某,且协议上未加盖A公司公章。后B在向A要求支付工程款时发生争议,A认为《结算协议》上代表李某的签名非其本人所签,且也未加盖A公司的公章,而双方对项目工程至今仍未进行竣工结算,因此不应按照B公司提供的《结算协议》支付工程款。而B认为该份《结算协议》虽未加盖A公司的公章,但李某是A公司的授权代表且在协议上签了字,应当视为A公司对《结算协议》的认可,因此A公司应当按《结算协议》约定支付工程款。

53 公安部物证鉴定中心能否接受法院委托进行建设工程司法鉴定

后因双方无法达成一致，B公司依法向法院提起诉讼，要求A公司按《结算协议》上确认的金额支付工程款。

在审理过程中因双方对《结算协议》上李某的签名存在争议，法院在征得双方的同意后委托C鉴定机构对A公司与B公司签订的《结算协议》上A公司代表李某签名字迹是否李某本人书写进行了鉴定，鉴定结论为《结算协议》上落款部位"甲方代表"处"李某"签名不是李某本人书写。B公司不服该鉴定结论，以鉴定程序违法，且在签订《结算协议》时有现场目击证人证明协议上李某的签名为其亲笔所书为由，向法院申请重新鉴定。法院为了进一步查明案件事实，又委托公安部物证鉴定中心，对双方签订的《结算协议》中"李某"可疑签名字迹与李某提供的样本字迹是否同一人书写进行了鉴定，鉴定结论为"李某"可疑签名字迹与样本上字迹是同一人书写。

法院依据上述事实及公安部物证鉴定中心的鉴定结论认定，B公司与A公司签订的《建设工程施工合同》为有效合同。而B公司按合同约定完成了施工的义务，A公司依法应履行支付工程款的义务。并判决：A公司于本判决生效后十日内向B公司支付工程款及利息。

A公司不服一审判决，提起上诉称C司法鉴定机构对《结算协议》中"李某"的签名是否为其本人所签已有准确的鉴定结论，在依法不具备重新鉴定的条件下，法院又委托公安部物证鉴定中心进行重新鉴定，程序违法。而公安部物证鉴定中心不是法律规定可以在民事诉讼中接受委托从事鉴定业务的合法司法鉴定机构。如果法院在审理过程中需要鉴定，依法应当委托在司法行政部门登记且具备鉴定资质的鉴定机构进行，而C司法鉴定机构不但是在司法行政部门依法登记的有法定资质的鉴定机构，而且是经A、B双方同意、共同选择的。因此，其出具的鉴定结论合法、有效，依法应当予以采纳。另外公安部物证鉴定中心出具的鉴定结论与C司法鉴定机构作出的结论相互矛盾，因此其鉴定结论的正确性值得怀疑，依法不足以采信。

二审法院审理后认为：一审法院委托公安部物证鉴定中心重新鉴定的做法不符合法律规定，公安部物证鉴定中心的鉴定结论依法不应采纳。一审法院依据公安部物证鉴定中心的结论进行的判决存在认定事实错误及适用法律错误。据此二审法院依法改判，驳回了B公司的诉讼请求。

原理及观点

近年来，建设工程领域中的各类矛盾逐渐增多，进入诉讼领域的纠纷也越来越多。此类案件在审理过程中大多会涉及工程量结算、工程款支付及工期延误等问题,并常常与拖欠农民工工资、重点工程项目建设等关系民生、稳定和发展大局的多种元素糅杂,因此此类案件已日益成为各级法院审判工作关注的重点和难点。通常此类案件争议标的额巨大、专业性较强,往往需要有资质的专业鉴定机构进行司法鉴定,据此来查明合同双方履行建设工程合同的事实。因此专业的司法鉴定是此类案件中的重要环节,其结论甚至一定程度上是案件审理的决定性因素。

由于鉴定机构出具的鉴定结论是认定案件事实的重要证据,所以法院在委托司法鉴定机构的时不但要委托有资质的专业机构,而且还要确保委托程序合法。

在本案中双方当事人就工程款结算发生纠纷,其中最重要的争议就是A公司与B公司签订的《结算协议》上A公司代表"李某"签名笔迹是否为其本人所签,后法院在审理过程中委托了两家司法鉴定机构,但是出现了两种截然不同的鉴定结论,那么在这种情况下法院究竟应该以哪份鉴定结论为准呢?

> 鉴定结果冲突如何处理?

首先,在一审法院对本案的审理中,双方对《结算协议》上李某的签名存在争议,后在一审法院主持下由当事人双方共同选择C鉴定机构来对A公司与B公司签订的《结算协议》上A公司代表李某的签名字迹是否李某本人书写进行鉴定。C鉴定机构给出的鉴定结论为《结算协议》落款部位"甲方代表"处"李某"签名不是李某本人书写。

根据《全国人民代表大会常务委员会关于司法鉴定管理问题的决定》第二条规定,国家对从事下列司法鉴定业务的鉴定人和鉴定机构实行登记管理制度:

(一)法医类鉴定;

(二)物证类鉴定;

(三)声像资料鉴定;

(四)根据诉讼需要由国务院司法行政部门商最高人民法院、最高人民检察院确定的其他应当对鉴定人和鉴定机构实行登记管理的鉴定事项。

《人民法院对外委托司法鉴定管理规定》第十条规定,"人民法院司法鉴定机构依据尊重当事人选择和人民法院指定相结合的原则,组织诉讼双方当事人进行司法鉴定的对外委托。诉讼双方当事人协商不一致的,由人民法院司法鉴定机构在列入名册的、符合鉴定要求的鉴定人中,选择受委托人鉴定。"

《最高人民法院关于民事诉讼证据的若干规定》第二十六条规定:"当

53 公安部物证鉴定中心能否接受法院委托进行建设工程司法鉴定

事人申请鉴定经人民法院同意后,由双方当事人协商确定有鉴定资格的鉴定机构、鉴定人员,协商不成的,由人民法院指定。"

> 鉴定由双方当事人协商确定,协商不成的,由人民法院指定。

回到本案,C鉴定机构是A与B公司从司法行政机关登记名册中共同选定的,因此,在本案中一审法院委托C鉴定机构对《结算协议》上"李某"的签名笔迹进行鉴定符合上述规定,C鉴定机构作出的鉴定结论合法有效。

其次,一审法院再次鉴定不符合程序。本案中,在一审法院主持下进行的第一次鉴定的鉴定机构是当事双方共同选定的,所以该鉴定机构作出的鉴定结论双方应当予以认可。后一审法院又重新组织鉴定违反法律规定。同时一审法院委托公安部物证鉴定中心进行鉴定,不符合法律规定。公安部物证鉴定中心及其鉴定人未经司法行政部门登记管理,编入名册和公告,无权对外从事司法鉴定业务,其鉴定结论依法应认定无效。且根据《全国人民代表大会常务委员会关于司法鉴定管理问题的决定》第七条第一款的规定,侦查机关根据侦查工作的需要设立的鉴定机构,不得面向社会接受委托从事司法鉴定业务。而公安部物证鉴定中心是于1996年1月11日经公安部党委研究决定,并报中央编制委员会办公室批准,以公安部第二研究所为基础上成立的,属公安部内设的鉴定机构。

另,《最高人民法院关于贯彻落实〈全国人民代表大会常务委员会关于司法鉴定管理问题的决定〉做好过渡期相关工作的通知》第一条第三项规定:"《决定》(指《全国人民代表大会常务委员会关于司法鉴定管理问题的决定》)明确国家对从事法医类、物证类、声像资料鉴定业务的鉴定人和鉴定机构由省级人民政府司法行政部门实行登记管理制度,解决了上述人员和机构资格的统一管理问题。《决定》实施后,各级人民法院在进行对外委托鉴定工作时要严格按照《决定》的上述规定,委托在省级人民政府司法行政部门登记和公告的鉴定人和鉴定机构,以促进司法鉴定管理制度的完善。"可见,最高人民法院也明确规定鉴定机构的社会化,禁止委托行政机关鉴定。

> 侦查机关根据侦查工作的需要设立的鉴定机构,不得面向社会接受委托从事司法鉴定业务。

综上,公安部物证鉴定中心不具备对外承接司法鉴定业务的资质,在本案中其作出的鉴定结论不具有法律效力,一审法院委托公安部物证鉴定中心进行司法鉴定明显违反全国人大常委会的决定,属于无效行为。因此二审法院在审理后依法进行了改判。

建 议

1. 当事人最好协商一致共同委托一家法院也认可的鉴定机构进行

鉴定。

> 鉴定机构最好协商委托。

2. 委托鉴定机构和鉴定人员特别注意资质问题,确定其是否为在省级人民政府司法行政部门登记和公告的鉴定机构和鉴定人员。

3. 若法院强行委托行政机关鉴定,可提出异议,善意提醒法院委托行政机关鉴定不符合规定。

54 承包人如何充分运用工程价款优先受偿权

案例简介

A厂与B公司签订了一份商住楼工程承包施工合同，合同约定的总工程价款为5 182万元人民币，同时约定若发生争议，应友好协商，协商不成的，任何一方可向中国国际经济贸易仲裁委员会申请仲裁解决。现工程已经竣工并完成结算，但A仍拖欠B近1 900万元的工程款，并且虽经多次催付未果，随后 B 提请仲裁并主张工程价款优先受偿权。

原理及观点

《中华人民共和国合同法》第二百八十六条规定："发包人未按照约定支付价款的，承包人可以催告发包人在合理期限内支付价款。发包人逾期不支付的，除按照建设工程的性质不宜折价、拍卖的以外，承包人可以与发包人协议将该工程折价，也可以申请人民法院将该工程依法拍卖。建设工程的价款就该工程折价或者拍卖的价款优先受偿。"因此工程价款优先受偿权是我国合同法规定的承包人依法享有的一项权利，最高人民法院为解决长期困扰建筑行业工程款拖欠问题针对性地出台了工程价款优先受偿权的司法解释。工程承包人应当研究和学习如何运用该项权利来保护自身的合法权益。

（一）工程价款优先受偿权的法律性质

优先受偿权的法律性质是法定优先权，即法律直接规定的承包人享有优先于抵押权和其他债权的优先受偿的权利，优先受偿权无需登记即可生效。

优先受偿权属于法定担保物权，具有物权的效力，包括优先效力和追及力。发包人转让工程的，不影响承包人行使优先受偿权。

优先受偿权是针对工程价款而设的。承包人转让工程合同权利的，受让人仍可以行使优先受偿权。

（二）工程价款优先受偿权的行使要件

1. 行使主体：与工程所有人签订的有效施工合同的承包人。

《中华人民共和国合同法》第二百八十六条中的"工程合同"应作狭义理解，在此处应仅指施工合同，而不包括勘察、设计合同，也不包括分包合同。"发包人未按照约定支付价款的"的前提是施工合同合法有效。

2. 行使客体：适宜折价拍卖的工程。

承包人必须以其施工的建设工程为优先受偿权的客体，且该工程不属于"不宜折价、拍卖"的工程。所谓"不宜折价、拍卖"指以折价、拍卖影响公共利益的情形，如公办医院、学校等。

> 注意工程价款优先受偿权的行使要件。

3. 行使条件：发包人未付到期工程款且经催告后合理时间内仍未支付。

该合理期限应从发包人收到催款通知之日起算，一般认为不应少于一个月。

4. 优先范围：物化为工程一部分的工程价款。

可见优先受偿的工程价款包括实际费用及垫资款,是没有争议的。而利息,我们认为其属法定孳息,应属工程价款。而关于利润是否属于工程价款?有的法院认为不属于,因为《最高人民法院关于建设工程价款优先受偿权问题的批复》第三条规定的"实际支出的费用"不包括利润。

(三)工程价款优先受偿权的行使方式

1. 协议折价:承包人可以与发包人协议将该工程折价。
2. 申请拍卖:承包人可申请法院拍卖工程。
3. 行使期限:自建设工程竣工之日或者建设工程合同约定的竣工之日起6个月。

在实践中,工程已经竣工的,对优先受偿权的行使期限无争议,为自竣工之日起6个月。但是工程未竣工的,哪一日为优先受偿权的6个月行使期限的起算日期呢?目前主要存在以下几种观点:

第一种观点,以实际竣工日期为起算日期。

第二种观点,以约定竣工日期为起算日期。

第三种观点,以建设工程施工合同终止日期为起算日期。

我们认同第三种观点。理由是第一种观点没有操作性,因为当施工合同终止后何时续建并竣工,往往难以确定。第二种观点过于机械,如果施工合同终止日早于约定竣工之日,则要等到约定竣工之日才能行使优先权;如果施工合同终止日晚于约定竣工之日超过6个月,则承包人无法行使优先权。第三种观点既符合了第一种观点的实质精神,又避免了第二种观点的机械,比较符合最高人民法院关于建设工程价款优先受偿权的司法解释,而且这一观点在各地法院的判例中得到了支持。

(四)工程价款优先受偿权的行使效力

《最高人民法院关于建设工程价款优先受偿权问题的批复》第一条:"人民法院在审理房地产纠纷案件和办理执行案件中,应当依照《中华人民共和国合同法》第二百八十六条的规定,认定建筑工程的承包人的优先受偿权优于抵押权和其他债权。"第二条:"消费者交付购买商品房的全部或者大部分款项后,承包人就该商品房享有的工程价款优先受偿权不得对抗买受人。"因此,工程价款优先于抵押权和其他债权,但后于购买商品房的消费者。

另外,我国合同法第二百八十六条对承包人享有的工程价款优先受偿权进行了规定,最高人民法院针对该条规定的司法解释也详尽地规定了工程价款优先受偿权的实施范围、期限等。虽然没有提及承包人可以向仲裁部门主张和申请工程价款优先受偿权,但我们认为,此种情况下承包人也完全可以申请仲裁庭确认承包人的工程价款优先受偿权,只是裁决确认承包人拥有工程价款优先受偿权后要由法院去执行,而且这和仲裁裁决本来就由人民法院执行也是不相冲突的。

建 议

1. 承包人负有催告义务。发包人在已完工程质量验收通过，并结算完毕后，不支付工程款的，承包人可发函催告其支付拖欠的工程款。

2. 承包人申请拍卖工程的前提是发包人在被催告支付工程款时仍不支付，承包人可与发包人协议将已完成工程折价，或申请法院依法拍卖。

3. 承包人应注意行使申请拍卖权的时效。无论发包人是否配合进行已完工程的质量验收和结算，只要是不支付工程款的，承包人应注意在不晚于合同约定竣工之日或者合同解除之日起 6 个月内及时提起诉讼或仲裁。

4. 承包人应注意防止因发包人部分付款而导致优先受偿权行使期限错过。如果发包人收到催款函后付款，工程又复工的，为了防止因工程可能再次停工而提起诉讼时过了优先受偿权行使期限，承包人应申请延长工期并办理好工期签证。

> 在行使工程价款优先受偿权时，一定要注意先行保全证据。

5. 承包人注意收集有关证据，尤其是在施工过程中工期因发包人原因延误和合同因发包人违约而解除的证据。

55 在工程款索赔中，承包人如何防范诉讼时效风险

案例简介

2005年6月A、B两公司签订《建筑工程承包合同》一份，约定B承建A公司某大厦土建及安装工程，包工包料工程款为230万元，于竣工结算之日给付工程款。协议签订后B进场施工，并于2006年11月2日按照合同的要求完成工程并完成竣工结算，但A只给付100万元，便以种种理由拒绝给付剩余工程款，B每年追讨工程款无果，于是2012年B向法院提起诉讼，请求法院判令A支付拖欠的工程款。被告A辩称工程于2006年完工，早已超过诉讼时效，请求法院驳回原告的诉讼请求。

法院审理后认为，被告公司无正当理由长期拖欠原告工程款，虽然工

程于 2006 年便已完工,但在 2006 年到 2012 年间,原告为追回工程款每年都找被告催要工程款,引起诉讼时效的中断。该诉讼时效从最后一次催要的时间重新计算,并未超过诉讼时效,故被告以原告的主张已超诉讼时效为由抗辩,法院不予采信。

> 诉讼时效因在诉讼时效期间内多次催要而中断。

原理及观点

本案中,原被告双方对被告拖欠原告工程款的事实并无争议,关键是对"诉讼时效"产生了理解和运用的偏差。所谓时效,是指一定的事实状态,持续一定期间,而发生一定法律效果的民事法律制度。根据引起时效发生的事实状态和由此产生的法律效果的不同,可将时效分为取得时效和消灭时效。前者又称为占有时效,指占有人占有他人财产达到法定期限即取得财产所有权;后者又称为诉讼时效,指在法定期限内不行使权利即导致权利的丧失或权利效力的减损。就我国来说,目前仅存在诉讼时效,其适用于债权请求权,包括合同之债、侵权之债、不当之债、无因管理之债和缔约过失之债等,其具有强制性,不允许当事人约定排除或变更适用。一旦诉讼时效期间经过,权利人虽然不丧失起诉权,但导致实体胜诉权的丧失,其权利因变成自然权利而不再享受法律的保护。

1. 诉讼时效期间的起算

> 一般保护民事权利的诉讼时效期间为两年。

《中华人民共和国民法总则》第一百八十八条规定,向人民法院请求保护民事权利的诉讼时效期间为三年,法律另有规定的除外。诉讼时效期间自权利人知道或者应当知道权利受到损害时起算。此处的"知道"包括三方面内容:(1)知道被侵害权利的种类,即什么权利被侵害;(2)知道权利侵害人,即权利被什么人侵害;(3)知道权利受到侵害的状态,即权利受到什么样的侵害。本案中,原被告双方的合同中约定在竣工结算之日交付工程款,于 2003 年 12 月 1 日 A 支付给 B 工程款 10 万元,原告在支付 10 万元工程款当日便得知被告拖欠工程款,侵害着自己的债权,如果没有发生诉讼时效的中断或中止的事由,被告拖欠的 20 万元的诉讼时效期间的起算日应为 2003 年 12 月 1 日。

2. 诉讼时效的中断

> 诉讼时效因提起诉讼、当事人一方提出要求或者同意履行义务而中断。

《中华人民共和国民法总则》第一百九十五条规定,诉讼时效因提起诉讼、当事人一方提出要求或者同意履行义务而中断。从中断时起,诉讼时效期间重新计算。由此,《中华人民共和国民法总则》规定的诉讼时效中断事由包括权利人提起诉讼、权利人向义务人提出要求、当事人一方同意履行义务与提起诉讼或者申请仲裁具有同等效力的其他情形四种:

(1)起诉,《最高人民法院关于贯彻执行〈中华人民共和国民法通则〉若干问题的意见》第一百七十四条规定:"权利人向人民调解委员会或者有关单位提出保护民事权利的请求,从提出请求时起,诉讼时效中断。经调处达不成协议的,诉讼时效期间即重新起算;如调处达成协议,义务人未按协议所定期限履行义务的,诉讼时效期间应从期限届满时重新起算。"《最高人民法院关于审理民事案件适用诉讼时效制度若干问题的规定》第十二条规定,当事人一方向人民法院提交起诉状或者口头起诉的,诉讼时效从提交诉状或者口头起诉之日起中断。第十四条规定,权利人向人民调解委员会以及其他依法有权解决相关民事纠纷的国家机关、事业单位、社会团体等社会组织提出保护相应民事权利的请求,诉讼时效从提出请求之日起中断。第十五条规定,权利人向公安机关、人民检察院、人民法院报案或者控告,请求保护其民事权利的,诉讼时效从其报案或者控告之日起中断。可见此处指广义的起诉,包括申请仲裁、申请人民调解委员会调解、向当地政府"解决建设领域拖欠工程款工作领导小组"反映情况请求解决、申请强制执行、申请支付令、申请破产等等,但是起诉后自动撤诉、不予受理或驳回起诉的不视为起诉。(2)请求,专指诉讼外的口头或书面请求,向债务人本人、债务保证人、债务人的代理人或财产代管人请求均可;《最高人民法院关于审理民事案件适用诉讼时效制度若干问题的规定》第十九条规定:"债权转让的,应当认定诉讼时效从债权转让通知到达债务人之日起中断。债务承担情形下,构成原债务人对债务承认的,应当认定诉讼时效从债务承担意思表示到达债权人之日起中断。"(3)承认,包括同意偿还、请求延期支付、提供新的担保或支付利息或租金等。一旦发生上述的中断事由,已经经过的诉讼时效期间归零,诉讼时效期间重新计算。本案中,由于原告从 2003 年被告拖欠工程款开始到起诉前,多次找被告催要工程款,发生诉讼时效中断的法律效力。故已经经过的诉讼时效期间归零,被告拖欠 20 万元的诉讼时效期间从 2012 年最后一次催款之日开始重新计算。原告在 2012 年就该项债务提起诉讼,并未超过三年的诉讼时效期间。(4)与提起诉讼或者申请仲裁具有同等效力的其他情形。

应当注意的是 2017 新《中华人民共和国民法总则》第一百八十八条中还规定,从权利被侵害之日起超过二十年的,人民法院不予保护。一般认为,这里规定的"二十年"是诉权的最长保护期限,自权利被侵害之日起算而不是自知道或应当知道权利被侵害之日起算。因而,即使诉讼时效期间可以因各种中断事由反复归零而重新计算,但是不得超过"二十年"的最长保护期限。

建 议

一旦诉讼时效期间经过,权利人虽然不丧失起诉权,但导致实体胜诉权的丧失,其权利因变成自然权利而不再享受法律的保护。因此,承包人应当重视诉讼时效,切不可因一时大意,使自己的心血和汗水付诸东流。

1. 承包人使诉讼时效中断的方法:

(1) 银行转账法。施工方要求建设单位每一小笔工程款都从银行走汇票,至少一年一次无论数额大小。(2) 录音催讨法。施工方利用上班时间在建设单位办公室场所针对性谈话并录音,谈话内容抓住债权数额、归还时间,主张债权时间。(3) 对账法。双方重新签订联系票、对账票。

2. 承包人对诉讼时效超期补救复活的方法:

(1) 让对方签收(仅写收到)催告函与还款计划;(2) 故意主张诉讼,让对方回函纠正;(3) 座谈会形式,提出还款时间,对方不否认或修改。

> 一定注意诉讼时效的规定,及时发函催要或起诉,免得过诉讼时效而丧失胜诉权。

56 转包合同无效后，工程款如何结算

案例简介

A 将包括水电安装工程在内的工程发包给 B 进行施工，B 将水电安装工程转包给了 C（为个人）进行施工，C 将工程施工完毕，工程经竣工验收合格后已投入使用。工程施工完毕后，2014 年 4 月 12 日 B 与 C 双方签署了"某工程材料、人工费用等其他费用统计表"，确认 C 施工的工程价款为 827 万元。2014 年 12 月 20 日，经评审单位审核，B 与 A 之间的给排水、电气安装工程造价审定金额为 712 万元。B 与 C 双方因工程款是否结清产生争议，C 将 B 诉至法院，请求判令 B 支付尚欠的工程款 318 万元。

> 转包后，发包人与承包人，承包人与分包人，关于工程决算款项不一致。

原理及观点

首先，C 与 B 之间的施工合同的效力问题。

根据《最高人民法院关于审理建设工程施工合同纠纷案件适用法律问题的解释》第一条规定："建设工程施工合同具有下列情形之一的，应当根据合同法第五十二条第（五）项的规定，认定无效：（一）承包人未取得

建筑施工企业资质或者超越资质等级的……"而《中华人民共和国合同法》第五十二条规定："有下列情形之一的,合同无效……(五)违反法律、行政法规的强制性规定。"因C为个人施工队,未取得建筑施工企业资质,所以,C与B之间的施工合同无效。

其次,转包合同被确认无效后工程价款的确定问题。

《中华人民共和国合同法》第五十八条规定："合同无效或者被撤销后,因该合同取得的财产,应当予以返还;不能返还或者没有必要返还的,应当折价补偿。有过错的一方应当赔偿对方因此所受到的损失,双方都有过错的,应当各自承担相应的责任。"按照《中华人民共和国合同法》规定,建设工程施工合同无效的法律后果是折价补偿和按照过错赔偿损失。按"折价补偿"的办法处理,首先应确定履行无效合同,建造的建筑产品是否有价值,然后才存在补偿问题;没有价值就不补偿,只能按照过错赔偿损失。是否有价值的衡量标准,应根据《中华人民共和国合同法》第二百七十九条的规定,建设合同经验收合格后,方可交付使用;未经验收或验收不合格的,不得交付使用。因此,解决转包合同被确认无效后工程价款的确定的前提条件是工程验收合格。由于建设工程施工的特殊性,合同的履行过程就是劳动力与建筑材料物化成建筑产品的过程。合同被确认无效后,已经履行的内容不能适用返还的方式使合同恢复到合同签约前状态,而只以按折价补偿方式处理。从建设工程施工合同的实际履行情况看,当合同被确认无效后,工程价款确定方法是:参照合同约定结算工程价款。《最高人民法院关于审理建设工程施工合同纠纷案件适用法律问题的解释》第二条:"建设工程施工合同无效,但建设工程经竣工验收合格,承包人请求参照合同约定支付工程价款的,应予支持。"这样不仅符合双方当事人订合同时的真实意思表示,也可以节省鉴定费用,提高诉讼效率。《最高人民法院关于审理建设工程施工合同纠纷案件适用法律问题的解释》第十六条:"当事人对建设工程的计价标准或者计价方法有约定的,按照约定结算工程价款。"

> 不能将转包人与发包人的结算结论作为实际施工人与转包人之间的结算依据。

就本案B提出其与C之间的价款应该按照其与A之间的结算标准结算问题,我们认为工程款结算首先要明确结算对象。这必须严格遵循合同的相对性原理,只有建设工程合同的当事人才有资格就案涉工程进行结算,第三人是不具有结算资格的。同理,合同当事人的工程款结算结论只能约束当事人,对第三人是没有约束力的。其次,工程款结算必须严格遵守合同双方的约定,如果合同明确约定了结算方式,就应该按合同约定进行结算。凡是涉及建设工程转包,工程款结算应当严格遵守合同的相对性规则。转包人与上家签订的合同及工程款结算结论只能约束该合同的当事人,对第三人没有约束力。实际施工人与转包人之间的工程款结算或者根据双方合同约定处理,或者通过司法鉴定确定,但不能将转包人与上家的结算结论作为实际施工人与转包人之间的结算依据。

建　议

1. 实际施工人与转包人约定工程价款时应慎重,将材料风险、人工风险均需考虑进去,以免因考虑不周导致以亏损的方式承揽工程。

2. 在工程价款结算方面,要具体明确是否受到发包人与总承包人之间《总承包合同》的影响,尽量明确独立结算。

3. 根据《最高院施工合同纠纷司法解释》第二条,特别注意工程验收是否合格。

4. 涉及工程转包,工程结算严格遵守合同的相对性规则。

5. 根据《最高院施工合同纠纷司法解释》第十六条,坚持按约定结算工程价原则。

57 应当如何妥善处理单方停工及中途退场

案例简介

> 未按照约定支付进度款,导致合同解除,施工单位退场,诉讼获赔。

A公司与B公司签订一份《建设工程承包合同》,合同约定,由B公司包工包料建造某一标段住宅小区,合同同时就工期、进度款支付等做出约定。B公司按照合同约定将小区建到一半时,A公司未能按期支付工程进度款,A公司发出催款通知,在未得到响应时单方面停工。在停工期间,B公司再次向A公司催款,在未得到响应后,中途退场,后发生争议。因工程停工及中途退场等损失问题未能达成一致,B公司向法院提起诉讼,最终法院判决A公司赔偿损失。

原理及观点

> 双方可以约定解除合同的条件。条件成就时,解除权人可以解除合同。

合法合约的停工及退场是受到法律保护的,根据《中华人民共和国合同法》第九十三条:"当事人协商一致,可以解除合同。当事人可以约定一方解除合同的条件。解除合同的条件成就时,解除权人可以解除合同。"及《中华人民共和国合同法》第一百一十九条:"当事人一方违约后,对方应当采取适当措施防止损失的扩大;没有采取适当措施致使损失扩大的,不得就扩大的损失要求赔偿。当事人因防止损失扩大而支出的合理费用,由违约方承担。"可见,双方如果在合同中就停工及退场等作出约定,也就是对合同解除等作出约定,只要该条件出现时,守约方即可按照该约定享有自己的权利。

建 议

1. 施工单位单方停工退场前做好以下工作:

(1)施工单位审查签约证据与履约证据,确定发包方是否未履行其先付款义务,确定后再决定停工或退场。(2)收集发包方违约足以达到解约条件的证据。(3)向发包方发催告函,催告函中注明退场时间。(4)固定已完成的工程现状,双方可以确认或委托公证机构公证。

2. 施工单位签约时,应在合同中约定:

(1)停工或退场的条件及处理方式。(2)如付款条件已满足而业主未付款,则业主承担违约责任。

> 中途退场,要有确切证据证明对方违约,足以达到退场条件,并采取证据保全。

58 如何准确认定和处理"黑白合同"

施工单位　　　　　建设单位

案例简介

A公司与B公司于2006年9月13日签订了一份《建设工程施工合同》,双方在合同中约定:B公司为A公司建设某影视城的项目,开工日期为2006年10月18日,竣工日期为2008年1月28日,合同工期总日历天数467天;合同价款3 123万元;付款方式为正式合同签订后,承包人接到进场通知即可施工,完成基础工程量±0.0后付第一笔工程款,以后每月按实际完成的工程量付80%,总数付到90%时停付,待整个工程完工验收后,留下3%的保修金,保修时间为一年,余款在60个工作日内一次性付清;专项约定承包人必须按照双方约定工程的工期,保质保量按时

58 如何准确认定和处理"黑白合同"

完工,每延期一天罚款8 000元,提前完工给予奖励,因发包人未按时拨付工程款所延误的工期顺延,且耽误一天给予4 000元的生活费补助等。2006年9月28日,B公司进场开始施工。A公司2007年3月12日取得该影视城临时施工许可证,临时许可工程内容为挡土墙、桩基。A公司与B公司又于2007年5月16日签订了一份《补充协议》,双方在补充协议中约定:每月按实际完成工程量的80%支付工程进度款,须在报取施工进度报表后的次月10号前以转账支付,总款付到90%后暂停支付,除留下保修金3%外,余款7%待工程竣工验收合格并收到承包方完整的决算资料后60个工作日内一次性付清等。

2007年9月因该市建设局对工程领域招投标备案情况进行大检查,于是A公司与B公司又于2007年9月29日签订了一份《建设工程施工合同》,双方就该份合同到当地建设主管部门进行了备案。该份合同中约定:开工日期为2007年10月1日,竣工日期为2008年5月1日,合同工期总日历天数214天,合同价款为4 386.87万元。并且双方在该合同的补充条款中约定:工程款(进度款)支付方式和时间,每月按所完成工程量80%支付工程进度款,须在报取施工进度报表后的次月10号前以转账支付。总款付到90%后暂停支付,除留下保修金3%外,余下7%待工程竣工验收合格并收到承包方完整的决算资料后,60个工作日内一次性付清;专项约定承包人必须按照双方约定工程的工期,保质保量按时完工,每延期一天罚款8 000元,提前完工一天奖励8 000元。因发包人手续未及时办理或未按时拨付工程款所延误的工期顺延,且耽误一天除赔偿承包人直接损失外给予承包方4 000元的生活资助费等。

后A公司资金无法正常到位导致该影视城于2008年4月2日封顶后便处于时而停工而时开工的状态。最终因拖欠工程款问题B公司将A公司告上法庭。

法院对本案中关于双方签订的两份《建设工程施工合同》的效力问题考虑如下:

1. 原、被告双方合同中所涉标的影视城建设工程,系一种涉及公共安全的建筑产品,根据《中华人民共和国招标投标法》第三条的规定,本案所涉工程应当经招投标程序。2006年9月13日原告A公司在未经招投标程序的情况下而直接与B公司签订了《建设工程施工合同》,并于2007年5月16日签订了《补充协议》,两份合同均违反了法律的强制性规定,应属无效合同。

2. 双方经过了招投标程序于2007年9月29日签订了新的《建设工程施工合同》,该合同已到市建设部门进行了备案,且合同内容没有违反法律、行政法规的强制性规定,系双方当事人真实意思表示,合法有效。

3. 如何确定本案工程款的结算依据？在本案中，双方当事人签订了两份不同版本的合同，应以哪一份合同作为结算工程款的依据？分析两个合同：(1) 在合同签订时间上，内容与中标合同不一致的合同在中标合同之前签订；(2) 两份合同不一致的地方主要是工程期限和工程价款上，中标合同的工程期限是 214 天、工程价款是 4 386.87 万元，另一份合同工程期限是 467 天，合同价款 3 123 万元，在工程质量上两份合同约定是一致的，两份合同在工程期限和工程价款两个实质性内容有所违背，而不是一般合同内容变更或者其他条款的修改；(3) 第一份合同没有经过招投标程序，第二份合同经过了招投标而且进行了备案。依法进行招投标的项目，招标人在一定的期限内向有关行政监督部门提交招投标情况的书面报告，是法律规定的对招投标进行的备案制度，这是体现国家对强制招标项目民事活动的干预和监督。这种备案制度，并不是说招标结果和中标合同必须经行政部门审查批准后才能生效，而是确定以经过备案的中标合同作为承包人与发包人双方结算工程款的依据。《最高人民法院关于审理建设工程施工合同纠纷案件适用法律问题的解释》第二十一条规定：当事人就同一建设工程另行订立的建设工程施工合同与经过备案的中标合同实质性内容不一致的，应当以备案的中标合同作为结算工程款的根据。故本案应当以备案的中标合同作为结算工程款的依据。最终法院依照《中华人民共和国合同法》第六十条、第一百零七条、第一百一十四条和《最高人民法院关于审理建设工程施工合同纠纷案件适用法律问题的解释》第二十一条的规定对本案作出判决。

> 实际履行的建设工程施工合同与经过备案的中标合同实质性内容不一致的，应当以备案的中标合同作为结算工程价款的根据。

原理及观点

"黑白合同"在建设工程领域较为常见，通常又被称为"阴阳合同"，一般是指建设工程施工合同的当事人就同一建设工程签订的两份或两份以上实质性内容相异的合同。通常把建设单位、施工单位按照《中华人民共和国招标投标法》的规定，依据招投标文件签订的在建设工程管理部门备案的建设工程施工合同称为"白合同"。"白合同"主要特点为：依法进行招投标程序，并在建设工程管理部门就该合同进行了备案，其形式、内容均合法。"黑合同"则正好与之相反，是双方在招投标前后私下签订的建设工程施工合同，其未经过合法的招投标程序且该合同未在建设工程行政管理部门备案，其目的可能是为规避政府管理，也可能是双方贪图方便等等。与"白合同"相对比，其主要特点为：在建设工程管理部门未进行备案或变更登记。

在 2003 年 10 月 27 日全国人大常委会副委员长李铁映所作的《全国

58 如何准确认定和处理"黑白合同"

人大常委会执法检查组关于检查〈中华人民共和国建筑法〉实施情况的报告》中首次提出"黑合同"的说法,该报告指出:"各地反映,建设单位与投标单位或招标代理机构串通,搞虚假招标,明招暗定,签订'黑白合同'的问题相当突出。所谓'黑合同',就是建设单位在工程招投标过程中,除了公开签订的合同外,又私下与中标单位签订合同,强迫中标单位垫资带资承包、压低工程款等。'黑合同'违反了《中华人民共和国招标投标法》、《中华人民共和国合同法》和《中华人民共和国建筑法》的有关规定,极易造成建筑工程质量隐患,既损害施工方的利益,最终也损害建设方的利益。在检查中,检查组了解到这个问题不仅相当普遍,而且难以查处。"

在认定"黑合同"时,一定要将其与一般性合同变更进行区别。基于建设工程一般工期都相对较长,施工过程时间跨度较大,在此期间不可预测性的外界因素是相当庞杂,时间跨度越大,合同双方越有可能通过不断修订相应的合同条款来降低或规避有可能发生的风险。一般性合同变更主要对合同非实质性内容的改变,如工程量的增加与减少、主要原材料价格的变动等等。而"黑合同"是对备案合同实质性内容变更,这里"合同实质性内容"主要是指工程价款、工程质量和工程期限等。在效力方面,"黑合同"不宜全盘否定,但根据2005年1月1日实施的《最高人民法院关于审理建设工程施工合同纠纷案件适用法律问题的解释》第21条明确规定,当事人就同一建设工程另行订立的建设工程施工合同与经过备案的中标合同实质性内容不一致的,应当以备案的中标合同作为结算工程价款的根据。可见我国目前对"黑合同"的态度,虽然没有明确其无效,但是在工程款结算方面明确规定以备案合同为结算依据。

> 一般性合同变更与"黑合同"的区别。

> 我国目前对"黑合同"虽然没有明确其无效,但是在工程款结算方面明确规定以备案合同为结算依据。

《最高人民法院关于审理建设工程施工合同纠纷案件适用法律问题的解释》的实施使得司法实践中处理此类纠纷统一了法律尺度。但该司法解释也并没有直接否认"黑合同"的效力,故又不能以是否办理备案手续作为判定合同效力的决定性因素。而《招标投标法》适用于合同订立过程,对合同履行过程不产生约束力,"黑白合同"则多出现于合同履行阶段。中标合同履行中,客观情况的变化不可避免地导致了合同约定的价款、质量和工期等内容变更,这是当事人缔约自由和意思自治原则的体现,《合同法》赋予当事人依法变更合同的权利,据此应按照变更后的内容履行。另,根据《中华人民共和国合同法》第五十二条关于"违反法律、行政法规的强制性规定"的合同无效的规定,我们可以对合同的无效判定得出如下结论:合同必须违反了全国人大及其常委会制定的法律和国务院制定的行政法规的强行性规定中的效力性规定。

可见由于实践中"黑白合同"的产生具有不同的原因,表现形式也多种多样,所以,对"黑白合同"的认定与处理也不宜采取一概而论方式,"白合同"并不是当然的有效,"黑合同"也绝非必然无效,而应区别不同案件的具体情况来具体认定合同效力,从而更好地保护合同双方当事人的意思自治,维护双方的商业诚信。

本案中 A 公司与 B 公司第一份《建设工程施工合同》约定合同工期总日历天数 467 天;合同价款 3 123 万元。2006 年 9 月 28 日 B 公司进场开始施工。A 公司与 B 公司又于 2007 年 9 月 29 日签订了一份《建设工程施工合同》并进行了备案,该份合同中约定合同工期总日历天数 214 天,合同价款为 4 386.87 万元。可见两份合同在工程期限和工程价款等条款有实质性内容背离。应以哪一份合同作为结算工程款的依据?依据《最高人民法院关于审理建设工程施工合同纠纷案件适用法律问题的解释》第 21 条规定:当事人就同一建设工程另行订立的建设工程施工合同与经过备案的中标合同实质性内容不一致的,应当以备案的中标合同作为结算工程款的根据。故本案应当以备案的中标合同作为结算工程款的依据。

建 议

1. 重视合同的签订。合同除了作为双方利益的保护伞外,还有一个最大,也是一个最基本的功能,就是促进双方省时、省力的履行约定。一旦发生了不一致的看法,一份比较完备的合同,如含有违约条款,争议解决条款等,一般能使得争议得到顺利解决。如果是一份残缺不全的合同,当发、承包双辩解得筋疲力尽后,发现将合同争议诉至法院将面临一个更为艰苦的历程。

> 避免签署"黑白合同",实际履行中发生新情况,可作补充协议。

2. 施工企业应当意识到为了承揽工程而签订"黑白合同"的潜在风险,可能会给企业带来重大的损失。

3. 在建设单位强势的情况下,可违心签订"黑白合同",但要在合适的时候采取补救措施,表达自己真实的意思。

59 爆破施工时,如何正确履行告知义务

案例简介

A拆迁公司承接某市废弃电厂拆迁工程,由于烟囱拆除工程无法使用机械,必须先行爆破。A公司在爆破前主要精力投入在爆破技术参数上,以确保爆破后倒塌烟囱能控制在有效范围内。爆破当天,现场仅安排了爆破技术人员,而没有安排安全人员,亦没有拉起警戒线,而只是摆放了几个交通警戒桶。恰巧行人B经过,被爆破的碎砖击中,砸破头部,后经医院治疗,花费医疗费近万元。B找到A公司要求赔偿,A公司拒绝。后B诉至法院,最终在法院的调解下A公司赔偿B损失一万元。

> 爆破致人伤害,诉讼调解赔偿。

原理及观点

本案涉及爆破施工时如何正确履行告知义务,及爆破作为致人伤害如何承担民事责任的问题。

关于爆破施工时如何正确履行告知义务，应当从法律上及生活中去履行，即作为爆破作业人除了遵守法律的规定、履行法律规定的义务外，还要在作业过程中尽到善意义务。我国《中华人民共和国建筑法》第四十一条规定："建筑施工企业应当遵守有关环境保护和安全生产的法律、法规的规定，采取控制和处理施工现场的各种粉尘、废气、废水、固体废物以及噪声、振动对环境的污染和危害的措施。"同时该法第四十二条规定："有下列情形之一的，建设单位应当按照国家有关规定办理申请批准手续：（一）需要临时占用规划批准范围以外场地的；（二）可能损坏道路、管线、电力、邮电通讯等公共设施的；（三）需要临时停水、停电、中断道路交通的；（四）需要进行爆破作业的；（五）法律、法规规定需要办理报批手续的其他情形。"可见法律规定需要进行爆破作业的应当办理审批手续。

> 爆破需要履行办理审批手续，同时应当公告告知，拉警戒线。

关于爆破致人损失，《中华人民共和国民法通则》第一百二十三条规定："从事高空、高压、易燃、易爆、剧毒、放射性、高速运输工具等对周围环境有高度危险的作业造成他人损害的，应当承担民事责任；如果能够证明损害是由受害人故意造成的，不承担民事责任。"显然，爆破致人损失，应当承担民事责任。

建　议

作为爆破施工单位在爆破前应当做好以下工作。

1. 爆破前施工单位准备工作有：(1) 办理相关审批手续；(2) 组织专家审校技术参数；(3) 在爆破区域范围内发布公告，告知周围居民及行人。

> 爆破需要履行办理审批手续，同时应当公告告知，拉警戒线。

2. 爆破时施工单位现场管理工作注意：(1) 现场巡视；(2) 做好应急预案，随时启动；(3) 警戒线旁安排安全人员监管。

60 施工单位怎么处理垫资工程

案例简介

A将某项工程进行招标,其在招投标文件中,载明"承包方垫资施工",但在与施工单位B签订施工合同时又约定了工程预付款、进度款的支付条款。在施工过程中,B因为A没有按照合同约定支付进度款,B催告以后,按照合同约定实施了停工,造成了工期延误长达一年以上。此后,B起诉,请求A赔偿因逾期支付工程款给其造成的各项停工损失费。但是,意外的是,A就此提出了反诉,要求B按照合同约定支付工期延误的巨额违约金。

法庭上,B以施工合同文本作为A未能按照合同约定支付工程进度款的证据;A以招投标文件作为B已经同意垫资施工的证据。合同文本与招投标文件的规定相互冲突,再看合同文件的解释顺序,一查,招投标文件优先于合同文本的解释顺序,应当以招投标文件的规定为准。因此,法院认为:承发包双方,已经约定了垫资施工,此约定为双方当事人真实

> 招标文件的解释顺序优于合同文本时,其作出的变更,不产生效力。

的意思表示，不违反法律规定，双方均应遵守。现B以A未付工程进度款为由，停止施工，无合同依据及法律依据。因此，B应当按照逾期完工的合同约定，向A支付违约金。故法院判决驳回了B的诉讼请求，支持了A的反诉请求。

原理及观点

垫资，是指按照工程项目的资金情况，工程项目对外付款大于项目已收款或者应收款合计所形成的代垫支出的资金。垫资承包施工，是长期以来在中国建设工程施工领域存在的一种承包方式，是指在工程项目建设过程中，承包人利用自有资金为发包人垫资进行工程项目建设，直至工程施工至约定条件或全部工程施工完毕后，再由发包人按照约定支付工程价款的施工承包方式。随着国内外建筑市场竞争日趋加剧，同时建筑市场中不规范的运作行为和供过于求的局面。

> 垫资使得施工企业在合同的履行过程中面临着巨大的风险。

造成建筑企业带资承包、垫资施工已成为建筑市场的普遍现象。建筑企业能否垫资施工已经成为能否获得工程项目的关键，但同时垫资施工的建筑企业在合同的履行过程中也将面临着巨大的资金风险。工程垫资有这样三个特征：第一，垫资在建设施工合同里有着明确的约定；第二，所垫资金必须用于施工合同项下的工程建设；第三，垫付的范畴是本应由发包人支付的工程款。

> 垫资施工的四种形式。

垫资施工主要有四种形式：1. 全额垫资施工，主要是指在工程建设过程中发包人不向承包人支付任何工程价款，而要等待工程项目建设完毕经竣工验收合格后，方按照约定支付工程价款；2. 利用工程进度款的不足额支付，造成部分垫资施工，比如在合同中约定为"承包人报送的月进度报表经发包人确认后，于次月支付确认工作量的70%"，这样实际上造成承包人在工程建设过程中，对已经完成工作量的30%要形成部分垫资；3. 要求承包人向发包人支付保证金作为工程项目启动资金，保证金在施工过程中根据工程进度返还，造成部分垫资施工；4. 约定按照形象进度付款，比如约定基础完成开始支付进度款，或结构封顶付至工程价款的一定比例等。

在我国建筑承包领域，国家一度禁止垫资。1996年建设部、国家计委、财政部《关于严格禁止在工程建设中带资承包的通知》，对垫资施工作出了严格禁止的要求。1999年10月1日《中华人民共和国合同法》颁布实施,《中华人民共和国合同法》第四十四条明确规定:"依法成立的合同,自成立时生效。法律、行政法规规定应当办理批准、登记等手续生效的,依照其规定。"《最高人民法院关于适用〈中华人民共和国合同法〉若干问题的解释(一)》第四条明确规定:"合同法实施后,人民法院确认合同无效,应当以全国人大及其常委会制定的法律和国务院制定的行政法规为依据,不得以地方性法规、行政规章为依据。"确认垫资不违反国家的禁止性法律规定,理由是两部一委《关于严格禁止在工程建设中带资承包的通知》在法律地位上既非法律也非法规,甚至也非部委规章,而仅属于部委规范性文件的性质,因此,根据《中华人民共和国合同法》和最高人民法院的司法解释,《关于严格禁止在工程建设中带资承包的通知》不得引用为确定合同无效的依据。并且在《中华人民共和国民法通则》、《中华人民共和国合同法》、《中华人民共和国建筑法》等法律法规中对于垫资施工均无禁止性法律规定,因此应当确认该法律行为属于当事人的意思自治的范围,确认有效。最高人民法院颁布了经2004年9月29日由最高人民法院审判委员会第1 327次会议通过的《关于审理建设工程施工合同纠纷案件适用法律问题的解释》,并自2005年1月1日起施行。该解释第六条规定:"当事人对垫资和垫资利息有约定,承包人请求按照约定返还垫资及其利息的,应予支持,但是约定的利息计算标准高于中国人民银行发布的同期同类贷款利率的部分除外。当事人对垫资没有约定的,按照工程欠款处理。当事人对垫资利息没有约定,承包人请求支付利息的,不予支持。"对于这一条款的性质,最高人民法院将其定义为"垫资原则按照有效处理"的性质。但对于垫资的利息是有限认可的态度,对于没有约定利息的垫资,施工单位无权主张利息。约定的利息计算标准高于中国人民银行发布的同期同类贷款利率的,对于高出的部分利息不予认可。

> 规定虽然禁止垫资,但人民法院确认合同无效,应当以法律、国务院的行政法规为依据。

> 垫资原则上按照有效处理。

建 议

综上可见,工程垫资在法律上并没有明确的禁止,属于有效法律行为,但另一方面施工单位在进行垫资施工时,确实存在不少实际风险。为了尽可能地规避风险,建议施工单位:

1. 签订施工合同时明确约定:(1)垫资利息计算;(2)垫资返还时间;(3)相应违约责任。

2. 根据2013版《施工合同》通用条款第14条规定,告知发包方逾期

> 为了规避相应的风险,承包人应要求对垫资作出详细而全面的约定。

付款违约双倍赔偿规定。

3. 承包人与发包人另签一份关于垫资的补充协议。

4. 根据 2013 版《施工合同》通用条款第 2.5 款,要求发包人提供支付提保。担保形式主要有抵押、质押或保证、以房抵款等。以房抵款行为是指在房地产开发经营活动中,开发商将所开发的部分商品房折价抵付给承包人,以履行支付工程价款义务的行为。

5. 及时行使工程款优先受偿权,最大限度地保护施工单位的合法权益。

61 施工单位承包"三边工程",如何避免工期延误罚款

案例简介

A 为发包人,B 是承包人,双方于 2014 年 4 月签订《建设施工合同》,合同中载明:"该工程须在学生开学之前竣工,否则 B 将支付给 A 合同总价款的 10% 的违约金。"但开始施工之前 A 并未能提供设计图纸,而是边提供设计图纸边要求 B 进行施工。最终工期延误了一个月,A、B 双方就工期是否顺延及工期延误罚款发生争执。协商无果的情况下,A 遂向法院提起诉讼,请求判令 B 承担工期延误的违约责任。

法院认为,虽然 B 没有按照合同的约定在学生开学之前完成工程,但是其已提供施工进度表等证据证明其在拖延完成工程的过程中并没有过错,延误工期完全是因为发包人未能及时提供设计图纸所致。因此,法院判决驳回 A 的诉讼请求。

> "三边工程"的工期延误是由发包人过错造成的,则发包人应当承担责任。

原理及观点

在国家基本建设工程中,因为某种原因,工程项目实行边勘测、边设计、边施工,这样的基本建设工程项目常称为"三边工程"。"三边工程"是

违背工程建设基本程序的,在施工过程中的不可预见性、随意性较大,工程质量和安全隐患比较突出,工期不能按计划保证,工程竣工后的运行管理成本较高。国家一般不主张"三边工程"。施工单位承揽"三边工程"的风险是非常大的,一般情况下"三边工程"在施工初期,建设单位只能提供未经施工图审查的图纸,更有些工程只有设计院临时出具的草图,设计的深度不够,"错、漏、碰、缺"的情况严重,因此,多数情况下很难保证施工的连续性,更无计划控制可言,因此,项目极有可能不能达到当初抢工期的初衷,反而会导致工期延长。如果发承包双方在合同中明确约定了工期及工期延误的违约责任,施工单位应当引起足够的重视,否则很有可能会因发包人的原因而承担巨额的违约金。

> 我国一般不主张"三边工程"。

《中华人民共和国合同法》第二百八十三条规定:"发包人未按照约定的时间和要求提供原材料、设备、场地、资金、技术资料的,承包人可以顺延工程日期,并有权要求赔偿停工、窝工等损失。"施工图纸即属于此条中的"技术资料"。《建设工程施工合同(GF—2013—0201)》第7.5.1项规定:"在合同履行过程中,因下列情况导致工期延误和(或)费用增加的,由发包人承担由此延误的工期和(或)增加的费用,且发包人应支付承包人合理的利润:(1)发包人未能按合同约定提供图纸或所提供图纸不符合合同约定的;(2)发包人未能按合同约定提供施工现场、施工条件、基础资料、许可批准等开工条件的;(3)发包人提供的测量基准点、基准线和水准点及其书面资料存在错误或疏漏的……"

发改委等9部委发布的2007版《建筑工程施工合同》第1.6.1项规定:"除专用合同条款另有约定外,图纸应在合理的期限内按照合同约定的数量提供给承包人。由于发包人未按时提供图纸造成工期延误的,按第11.3款的约定办理。"

> 发包人的原因而导致工期延误,承包人可以要求顺延工期。

由此可见,只要是发包人的原因而导致工期延误,承包人可以要求顺延工期,但应当承担相应的举证责任。

建 议

由于在"三边工程"中,存在巨大的工期风险,因此建议施工单位注意以下几点。

1. 签施工合同时:

(1)明确约定因建设单位提供图纸不及时而致工期延误的责任分配。(2)明确约定施工单位工期顺延、损失补偿及利润索赔的权力。

> 在合同中约定发包人提供图纸不及时的责任。

2. 施工过程中:

61 施工单位承包"三边工程",如何避免工期延误罚款

（1）以书面形式将施工图纸催告函送达建设单位,保管好回单。（2）办理工期顺延手续。（3）办理因延误提供图纸导致人、材、机闲置的签证。（4）利用每周例会,将图纸延误导致窝工、停工等损失形成会议纪要。（5）如果合同没有特别约定,建设单位经过催促后仍未提供施工图纸的,施工单位应该在此后14日内书面向建设单位申请顺延工期及要求建设单位补偿停工损失,并最好每隔14天申请一次,直到甲方提供图纸。

这样,施工单位不仅可以避免承担工期拖延的责任,还可能获得图纸拖延期间的停工损失补偿。

> 合同未约定的承包人应及时提醒并保留证据。

62 施工单位如何依法要求退还质保金

案例简介

B建筑工程有限公司与A公司于2004年12月23日签订了一份《建设工程施工合同》，约定由B为A承建完成科研中心楼。合同签订后，B按照合同约定进行施工，并于2006年9月28日完成决算。2006年12月15日该工程通过了消防、环保、节能等各项检测及验收。2007年4月28日双方共同报送了竣工备案文件，2007年6月13日该市高新技术产业开发区管理委员会工程竣工及验收部门核准备案验收了该楼。B于2010年11月25日向该市仲裁机构递交了书面仲裁申请，请求：一、裁决A退还工程质保金197 621.81元，质保金利息58 530元（暂算至立案之日）。立案之日至裁决生效之日质保金的利息，亦请求一并裁决。二、本案仲裁费用由被申请人A承担。

本案的争议焦点：质保金（保修金）及其利息应否退还？

B公司称：1. 依据双方签订的《建设工程合同》约定，本工程的质保

62 施工单位如何依法要求退还质保金

期为两年,质保金返还的具体时间为土建质保期满后 20 天内,即 2009 年 5 月 18 日前将质保金 197 621.81 元退还申请人。2. 依据合同,该质保金应给付利息,该质保金是在工程结算时从应付工程款内预留的,其利息也应从此时计付。3. 本工程质保期已满,被申请人依法及合同约定应"将该质保金及其利息一并退还乙方",即于 2009 年 5 月 18 日前将质保金 197 621.81 元及其利息 58 530 元一并退还申请人。

A 公司辩称:根据 2004 年 12 月 23 日与申请人签订的《建设工程施工合同》,该工程的质保期并未届满。双方签订的《房屋建筑工程质量保修书》明确约定,本工程的质量保修期如下:1. 地基基础工程和主体工程为设计文件规定的该工程合理使用年限(经查为 50 年)。2. 屋面防水工程、有防水要求的卫生间、房间和外墙面的防漏为 5 年;质量保修期自竣工验收合格之日起计算。该工程的竣工验收日为 2007 年 4 月 28 日。计至今日,期间不足 5 年,更不足 50 年。所以说该工程的质保期根本未满。故依照合同约定,申请人现无权请求退还保修金 197 621.81 元及其利息 58 530 元。3. 依据被申请人所提交的证据(照片、《质量整改通知书》),该工程出现质量问题,但申请人至今未采取过任何维修行动。如此情况,申请人还申请仲裁退还质保金及其利息是极不诚信的。

仲裁庭认为,申请人与被申请人签订的《建设工程合同》,双方意思表示自愿真实,合同合法有效,依法应予以保护。申请人依约完成工程,被申请人依法应当按约支付工程款。对工程款中含有的质保金的支付应当依照当事人双方约定的退还时间进行退还。因本案中双方当事人并未将预留质保金中土建、照明、电气、上下水管线、房屋防水的质保金进行具体分割,故此,无法确定应退还到期质保金的具体数额。经仲裁庭释明后,申请人不申请鉴定每一部分质保金应占整体工程的质保金的比例份额,故此,按照合同约定,房屋防水质量保修期为五年,自"甲方"即被申请人在报验收记录上签字之日起(应为 2007 年 4 月 28 日)计算,至今未满五年,故应视为整体工程质保期未届满,质保金应在质保期届满后按合同约定予以退还。因此,申请人此项请求因合同约定不明确,而申请人又不申请鉴定,仲裁庭无法分割质保各部分的质保金具体数额,更无法确认质保金的利息,故申请人此项请求不予支持,被申请人此项抗辩成立。仲裁庭做出裁决如下:1. 驳回申请人要求返还质保金的请求。2. 本案仲裁费由申请人自行承担。

> 在合同中对各部分质保金约定不一致,导致退还请求未得到仲裁庭支持。

原理及观点

本案仲裁庭混淆了保证金的返还是在保修期届满后,还是在缺陷责任期届满后。保修期是对工程质量设定的法定责任期,不能通过当事人的合同约定,主要是为了管理工程质量保证金。即便在缺陷责任期满后退还了该保证金,也不代表施工单位的保修责任免除。工程质保金是指为落实项目工程在缺陷责任期内的维修责任,建设单位与施工企业在项目工程建设承包合同中约定,从应付的工程款中预留,用以保证施工企业在缺陷责任期内对已通过竣(交)工验收的项目工程出现的缺陷(即项目工程建设质量不符合工程建设强制性标准、设计文件以及承包合同的约定)进行维修的资金。该质保金是在约定质量保证期届满且承包人履行保修义务后,发包人应退还承包人。质保金本质是承包人对履行保修义务的担保。

> 质保金一般为工程价款总额的5%。

项目工程质保金按项目工程价款结算总额乘以合同约定的比例(一般为5%),由建设单位从施工企业工程计量拨款中直接扣留,在缺陷责任期内如果没有就保证金是否计息进行约定一般不计算利息。施工企业应在项目工程竣(交)工验收合格后的缺陷责任期(一般为十二个月)内,认真履行合同约定的责任,缺陷责任期满后,及时向建设单位申请返还工程质保金。建设单位应及时向施工企业退还工程质保金(若缺陷责任期内出现缺陷,则扣除相应的缺陷维修费用)。

根据《中华人民共和国建筑法》第六十二条规定:"建筑工程实行保修制。"《建筑工程质量管理条例》第四十条规定:"在正常使用条件下,建设工程的最低保修期限为:(一)基础设施工程、房屋建筑的地基基础工程和主体结构工程,为设计文件规定的该工程的合理使用年限;(二)屋面防水工程、有防水要求的卫生间、房间和外墙面的防渗漏,为5年;(三)供热与供冷系统,为2个采暖期、供冷期;(四)电气管线、给排水管道、设备安装和装修工程,为2年。其他项目的保修期限由发包方与承包方约定。"2005年1月12日建设部、财政部联合出台的《建设工程质量保证金管理暂行办法》第二条规定:"本办法所称建设工程质量保证金(保修金)是指发包人与承包人在建设工程承包合同中约定,从应付的工程款中预留,用以保证承包人在缺陷责任期内对建设工程出现的缺陷进行维修的资金。"

> 质保金是用以保证承包人在缺陷责任期内对建设工程出现的缺陷进行维修的资金。

第三条规定:"发包人应当在招标文件中明确保证金预留、返还等内容,并与承包人在合同条款中对涉及保证金的下列事项进行约定:(一)保证金预留、返还方式;(二)保证金预留比例、期限;(三)保证金是否计付利息,如计付利息,利息的计算方式;(四)缺陷责任期的期限及计算方式;(五)保证金预留、返还及工程维修质量、费用等争议的处理程序;(六)缺陷责任期内出现缺陷的索赔方式。"第十条规定:"发包人在接到承包人返还保证金申请后,应于14日内会同承包人按照合同约定的内容进行核实。如无异议,发包人应当在核实后14日内将保证金返还给承包人,逾期支付的,从逾期之日起,按照同期银行贷款利率计付利息,并承担违约责任。发包人在接到承包人返还保证金申请后14日内不予答复,经催告后14日内仍不予答复,视同认可承包人的返还保证金申请。"从以上相关法律法规我们可以得出以下三点认识:(1)建筑工程质量保修是《中华人民共和国建筑法》明确规定的一项强制性制度,相关法规进一步对保修范围、专业工程的最低保修期、保修责任等作出了规定,施工当事人在签订合同时不能对该强行规定排除适用。(2)合同当事人可以对保修内容、保修金额(所占工程款的比例)、各项目工程保修金的具体分割、保修金的返还方式和期限等加以约定。(3)保修金是施工方的应得工程款的暂扣款,作为一项财产权益,能够产生法定孳息。因此,返还保修金时应得一并返还利息。

另外需说明的是,质量保证金在约定质量保证期届满且承包人履行保修义务后,发包人应退还承包人的扣留的工程价款。而质量保证期是指缺陷责任期,而不是保修期。缺陷责任期实质上就是指预留质保金的一个期限,国内公路工程一般为2年。具体可由发、承包双方在合同中约定,但最长为2年。缺陷责任期从工程通过竣(交)工验收之日起计。由于承包人原因导致工程无法按规定期限进行竣(交)工验收的,缺陷责任期从实际通过竣(交)工验收之日起计。由于发包人原因导致工程无法按规定期限进行竣(交)工验收的,在承包人提交竣(交)工验收报告90天后,工程自动进入缺陷责任期。

> 缺陷责任期一般为2年。

缺陷责任期内,由承包人原因造成的缺陷,承包人应负责维修,并承担鉴定及维修费用。如承包人不维修也不承担费用,发包人可按合同约定扣除保证金,并由承包人承担违约责任。承包人维修并承担相应费用后,不免除对工程的一般损失赔偿责任。也就是说在缺陷责任期届满且承包人履行保修义务后,发包人应退还承包人被扣留的质保金。预留质量保修金的期限(《建设工程质量保证金管理暂行办法》中称为缺陷责任期)与保修期关系密切,因此两者在使用中经常被混淆。因此,在约定预留质量保修金的期限时,应注意与保修期进行区别,并应当分别明确约定,从工程质量验收合格之日起的一定期限后由发包人支付工程余款或退还工程质量保修金。

两者的具体区别如下:

1. 保修期:指承包单位对所完成工程的保修期限,超过这个保修期限则无义务实施保修;

缺陷责任期:指承包单位对所完成的工程产品预留质量保证金的期限,即质量保证期。

> 注意缺陷责任期与保修期的区别。

2. 保修期:最低为两年(水、电、装修等),防水为5年,主体结构、基

础为设计的合理使用年限(50年);

缺陷责任期:通常为6个月、12个月、24个月,具体双方在合同中约定。

质保金的退还时间,则为缺陷责任期届满后的14天内承包单位申请退还剩余的保修金(难免有发生缺陷修补支付的可能)。

建 议

为了保证承包人在约定的质量保证期届满且履行保修义务后能收到退还的质保金,建议承包人应注意以下几点。

1. 签合同时:

(1) 明确约定质保期,可按缺陷责任期最短6个月约定。(2) 具体约定退还质保金方案。

2. 工程质保期内:

(1) 承包人履行相应保修义务,这是退还质保金的必要条件之一。(2) 工程维修时,发包人应及时履行通知义务。

> 质保期内,承包人应当履行相应的义务。

63 政府审计部门的审计结果可否作为工程款结算依据

案例简介

A与B签订了《建设施工合同》一份,合同约定由B承建A的生态科技楼的土建工程。合同还约定工程竣工验收后15日内,B将竣工结算书送交A和银行审查,A应在20日内审查完毕,如到期未提出书面异议,B可要求经办银行付款。工程竣工后B向A提交了工程结算书,后B以A未按合同约定及时审查工程结算书为由,将上述结算书单方委托银行审核,双方由此产生纠纷,多次协商未果,B遂向法院提起诉讼。一审过程中,法院委托当地建行对工程结算进行造价鉴定,鉴定人出具《工程结算书》,一审法院据此作出判决,但A对该《工程结算书》持有异议,向二审法院提起上诉。

二审判决后，当地省审计厅对工程进行了审计，出具了《审计意见书》，认为《工程结算书》存在四处错误，应核减 312 万元。A 以《审计意见书》为新证据向法院申请再审，再审法院依据《审计意见书》作出判决，B 不服，再次向法院申请再审。

案件争议的焦点在于：审计部门对工程造价结算进行审计，该审计结论是否可以作为工程款结算依据。

原理及观点

> 审计是对国家建设项目建设单位的一种行政监督行为。

审计是对国家建设项目及建设单位的一种行政监督行为。依据《中华人民共和国审计法实施条例》第二条："审计机关依法独立检查被审计单位的会计凭证、会计账簿、会计报表以及其他与财政收支、财务收支有关的资料和资产，监督财政收支、财务收支真实、合法和效益的行为。"审计是由国家审计机关实施，其性质是国家对建设单位的一种行政监督，不影响建设单位与承建单位民事行为范围的经济合同效力。审计结论是审计机关对于审计事项作出评价意见，包括对违反国家规定的财政收支、财务收支行为的处理、处罚意见。《最高人民法院关于建设工程承包合同案件中双方当事人已确认的工程决算价款与审计部门审计的工程决算价款不一致时如何适用法律问题的电话答复意见》规定："建设工程承包合同案件应以当事人的约定作为法院判决的依据。只有在合同明确约定以审计结论作为结算依据或者合同约定不明确、合同约定无效的情况下，才能将审计结论作为判决的依据。"由此可见，审计结论是不能直接作为施工合同的结算依据的，因为：

> 审计结论是不能直接作为施工合同的结算依据的。

1. 发包人与审计机关形成的审计法律关系属于行政法律关系，而发包人与承包人形成的建设施工合同法律关系是属于民事法律关系。二者在本质上有根本区别，民事法律关系是平等主体之间的法律关系，注重的是平等协商、意思自治，因此发承包双方共同确认的工程结算办法或确认的结算款额，是双方平等协商形成的共同意志，而审计机关通过审计确认结算价款则属于行政行为，是审计机关对发包人行使监督权的结果。

> 审计与施工合同二者形成的法律关系性质不一样。

2. 审计机关对国家建设项目进行审计是对预算的执行情况的监督，是国家对发包人的一种行政监督，对承包人是没有约束力的。工程结算是承包人与发包人办理的工程价款结算活动，而工程决算则是发包人编制的工程项目从筹建到竣工投产或使用的全部实际财务支出费用的汇总与统计活动。二者之间存在显著的区别：(1) 编制主体不同。前者是承包人编制并由发包人审查与批准，而后者则是由发包人负责编制。(2) 结(决)算范围不同。前者的范围是合同约定的工程项目，而后者的

> 审计对承包人没有约束力。

范围则包括整个建设项目。(3) 成本内容不同。前者是合同范围内的直接成本部分,而后者不但包括直接成本并且包括计入建设成本的其他费用。

综上可知,在合同没有特别约定的情况下,审计结论不能作为判决或者裁决工程结算价款纠纷的依据,若作为证据,在效力上则低于当事人之间明确约定的价款事项的效力。

建 议

根据最高人民法院的答复,我们知道当双方当事人对工程价款有合同约定时,发包人不得以行政机关的审计结果来推翻双方的约定。因此,建议承包人:

1. 在与发包人签订建设施工合同时,在合同中可以明确约定工程价款和结算方式,不得以审计结论为依据进行结算。这样一旦发包人在工程结算中,主张以审计结论作为结算依据的,承包人可不予认可,直接回绝。

2. 若在诉讼过程中,承包人应提醒法院,除了有合同约定,否则审计结论不能作为结算依据。

> 承包人应与发包人明确约定工程价款及结算方式。

64 甲方供应材料的风险，承包人应如何防范

建设单位（甲方）　　　　施工单位

案例简介

A、B 签订《施工合同》，约定 A 为发包方，B 为承包方，合同约定 B 承包某研发中心全部建筑安装工程，合同工期为 500 日历天；工期顺延须经监理的审核，并经发包人代表确认方可顺延；合同工期的提前与延误，分别每天奖励与惩罚总决算造价的万分之二，并且合同约定甲方供应材料。B 按合同进场施工，A 也如期提供自行采购的钢材、水泥等施工材料。B 将该 A 供混凝土用于浇筑大梁和剪力墙后出现裂缝，后委托三家单位就该工程进行检测，查出工程混凝土早期开裂是由于混凝土试块未达到设计强度和合同约定的强度。由于甲供料不合格，导致 B 重新进行混凝土浇筑，工期延误 70 天。工程竣工验收时，发包人 A 要求承包人 B 依建设工程施工合同的约定承担逾期竣工的违约责任。B 认为工期延误的责任在于发包人，双方协商不果，A 向法院提起诉讼，请求法院判定 B 支付违约金。法院认为 B 能提供证据证明工期延误是因为甲供材不合格，因此责任在于发包人，判决驳回原告诉讼请求。

> 法院认定由于甲方供应材料不合格，导致工期延误，应由甲方承担责任。

64 甲方供应材料的风险,承包人应如何防范

原理及观点

甲供料是指在工程施工中由发包人采购和提供、交给承包人使用的材料。甲供料一般是按预算价计入工程造价,并按预算价扣除。甲供料是发包人按照约定提供给承包人的材料设备。超出约定范围的材料乙方无权要求甲供。承包方应当提前向发包人报送甲供应进场计划,并要求甲方据此提供甲供料。甲供料到达工地时,承包人应当及时派人清点,并要求提供合格证明。若不能提供合格证明或清点后发现与合同约定的品种、质量等级不符时,承包人可以拒收。当数量不符时,可要求发包人补齐或将多余的材料运出现场,同时,承包人应对"甲供料"及时抽样、送检,若发现材料质量不合格应及时通知发包人,办理退料手续。在此过程中,甲供应进场计划是证明甲供料拖延的主要依据。而甲供料检验手续是承包人不承担甲供料质量问题的主要依据。

> 甲供料到达工地时,承包人应及时清点,并要求提供合格证明。

> 甲供料检验手续是承包人不承担甲供料的质量问题的主要依据。

在按定额结算中,承包人有义务控制甲供料的消耗数量,超过定额消耗量的部分由承包人承担,低于定额消耗量的部分由其享有。除了双方在合同另有约定之外,当承包人在施工中领用的甲供料超过双方约定的数量时,超过部分由承包人返还;不能返还的,承包人可按预算价给予发包人补偿。

> 承包人有义务控制甲供料的消耗数量。

另一方面,甲供料对施工单位来说也存在一定的风险,如果甲供料不能及时进场,那么在缺乏施工材料的情况下,极有可能影响施工进度,出现工期延误的情况。因此,施工单位也应采取有效措施管理甲供料,避免因管理不善而出现工程纠纷。

建 议

1. 承包人在与发包人签订施工合同时:

(1)明确约定甲供材料出现问题的违约责任承担。(2)特别强调甲供材料延误工期风险防范和甲供材料影响工程质量风险防范。

> 承包人应就甲供料的事宜与发包人进行明确的约定,并加强对甲供料的管理。

2. 对甲供材料管理时：

（1）制定完善的甲供材料进场计划。（2）甲供材料进场时，承包方签收人员一起清点及验收。（3）承包人有权拒签甲供材料的范围：A. 品种不符；B. 质量不符。（4）数量不足可要求补齐，数量多出可拒收。（5）发现材料质量问题及时办理退料手续。（6）应注意收集甲供材料进场计划、质量检验等证据。

> 承包人发现甲供料不合格的，应拒绝接收。

> 接收后发现问题的应及时送检，并通知发包人办理退料手续。

65 租赁起重机械的风险,承包人应如何防范

案例简介

B公司承接某小区建设项目,B公司自有机械设备若干,基于赶工期,自有设备不能满足吊装需要,即从市场上低价租赁两台起重机使用。使用过程中一台设备因未按期检查,钢索断裂造成C受伤,C前后花去医药费近两万元,双方协商未果,诉至法院。经法院调解B赔偿C损失一万八千元。后质量监督部门介入调查,调查结果为B公司承租使用没有在登记部门进行使用登记且没有完整安全技术档案、没有进行定期检验的起重机械,结果B被质量技术监督部门处以罚款。

> 租赁起重机不合法导致损害赔偿还被罚款。

原理及观点

本案是一起起重机租赁过程中发生的事故,由此而引发了侵权赔偿、合法租赁等一系列问题。起重机设备是一种特殊的工程机械,该工程机械的制造、安装、改造、维修、使用、检验检测及其监督检查等都有严格的要求。我国为加强起重机械安全监察工作,防止和减少起重机械事故,保障人身和财产安全,还特别根据《特种设备安全监察条例》制定了《起重机械安全监察规定》。根据《起重机械安全监察规定》,起重机械在投入使用前或者投入使用后30日内,使用单位应当按照规定到登记部门办理使用登记。对于流动作业的起重机械,使用单位应当到产权单位所在地的登记部门办理使用登记。起重机械使用单位发生变更的,原使用单位应当在变更后30日内到原登记部门办理使用登记注销;新使用单位应当按规定到所在地的登记部门办理使用登记。同时该规定还就起重机械使用单位应当履行的义务明确如下:(一)使用具有相应许可资质的单位制造并经监督检验合格的起重机械;(二)建立健全相应的起重机械使用安全管理制度;(三)设置起重机械安全管理机构或者配备专(兼)职安全管理人员从事起重机械安全管理工作;(四)对起重机械作业人员进行安全技术培训,保证其掌握操作技能和预防事故的知识,增强安全意识;(五)对起重机械的主要受力结构件、安全附件、安全保护装置、运行机构、控制系统等进行日常维护保养,并做出记录;(六)配备符合安全要求的索具、吊具,加强日常安全检查和维护保养,保证索具、吊具安全使用;(七)制定起重机械事故应急救援预案,根据需要建立应急救援队伍,并且定期演练。关于租赁,该规定亦规定起重机械承租使用单位应当在承租使用期间对起重机械进行日常维护保养并记录,对承租起重机械的使用安全负责。并禁止承租使用下列起重机械:(一)没有在登记部门进行使用登记的;(二)没有完整安全技术档案的;(三)监督检验或者定期检验不合格的。承租人如违反该规定的将被责令改正,处以2千元以上2万元以下罚款。

> 违反规定租赁起重机械设备的将被责令改正,处以2千元以上2万元以下罚款。

建 议

1. 施工企业注意不与私人签订租赁起重设备合同,一般应与租赁公司签订合同。

2. 施工企业与租赁公司签合同时:

(1)约定机械设备出现质量问题的合理维修期。(2)约定租赁公司

65 租赁起重机械的风险，承包人应如何防范

承担设备不能正常使用造成的如下损失：A. 使用期间损失；B. 处理安全事故期间的损失。(3)注意租赁公司或安装公司是否具有相应起重机械安装、改造、维修许可资质等。(4)注意审查起重机械是否系具有相应许可资质的单位制造，是否有完整的安全技术档案。

3. 施工单位及时收集并完整保存因所承租机械设备质量问题而停工、窝工、发生安全事故的证据材料。

> 租赁起重设备时应当检查制造单位资质、使用登记、安全技术档案、定期检验记录等。

66 发包人要求提前进场的风险,承包人应如何防范

案例简介

B公司承接A单位科研中心项目,双方合同约定开工日期为2011年4月11日。A单位为了赶工期,要求B公司提前进场开工,B公司为了不影响日后双方合作关系,无奈应邀进场。B进场后边开工边处理相关开工前应准备事宜,A单位亦在补办各种开工手续。后因A单位在办理手续过程中,缺少相应文件材料导致审批未被批准。B方工程被迫停止,因此产生纠纷,后诉至法院,法院认为B公司在明知不具备开工条件的情况下进场施工,存在一定过错,对损失亦应当在过错范围内承担责任。

> 提前进场后,因手续未办妥当,而被迫停工。

原理及观点

施工单位进场之前应组织参与本工程的项目部成员及各工种的队长进行图纸会审和施工方案会审,针对该工程的特点以及施工中可能会出现的问题,在施工前给予充分的考虑。在开工令下达之前就要安排部分人员进入现场开展前期工作,要提前组织好施工人员和运输车辆,安排好材料运输线路,并协调好与交通、城管等相关部门的事宜,使施工工作尽快全面开展起来。进场后,首先安排好施工临时设施,电工组在业主指定的分箱下安装电箱及电表,并由专人定时看管,节约用电。各个工种要求

> 做好前期准备工作,符合进场条件后方可进场。

66 发包人要求提前进场的风险,承包人应如何防范

用电时由专职人员进行接插分配,每天上、下班由专职人员关电闸,做到万无一失。当然,还要做好以下几项工作:成立组织机构,配备强有力的管理人员;建立工程施工管理网络;编制好施工材料综合计划;做好技术交底工作;搞好施工现场的布置,做好设备进场计划;编制好施工进度计划;确定施工程序、主要分项工程及工艺流程;做好劳动定额用工,工程汇总;做好资金使用计划等。施工企业在不具备施工条件的情况下,提前进场施工会导致如下风险:(1)被有关行政主管机关处以行政处罚;(2)如果发生质量、安全事故,可能被追究刑事责任;(3)如项目无法正常进行,可能给施工企业带来无可挽回的经济损失。

建 议

1. 施工单位签订施工合同时:

(1)明确约定承包方在条件不具备时应邀进场,发包方应承担的责任范围。(2)明确约定发包人办理有关许可证书的期限。

2. 施工单位无奈提前进场后的管理:

(1)与发包人签订提前进场补充协议。(2)进场后还应当采取适当止损措施,办理有关签证。(3)确定发包人无法办理有关证书后,应及时停工。

> 无奈提前进场时,应签署特别协议,并保留好现场证据材料。

67 施工过程中发现文物的风险,承包人应如何防范

案例简介

2015年7月11日,B公司通过竞拍取得某生态公园整体夷平工程的施工权,工程项目均合法审批有效。2016年4月下旬,B公司在施工中陆续发现疑似古墓葬三座,然而,B公司为赶工期,且相关人员文物保护意识不强,直至案发未向文物主管部门报告。待文物部门发现时,仅一座古墓葬保存完好,另两座古墓葬遭受不同程度损坏,现场散落有大量墓砖。后经文物鉴定委员会鉴定,三座古墓葬均为六朝时期古墓葬,具有一定的历史、艺术和科学价值。

原理及观点

在施工过程中发现文物后未及时上报并采取有效的保护措施,致使文物遭受破坏,施工企业可能要依法承担相应的行政责任和刑事责任。

为了加强在施工过程中发现文物的保护,公司工程管理部应负责编制对文物保护的相关规定,并定期对项目部的文物保护工作进行指导、检查。对于文物保护意识不强的员工应加强对文物保护的宣传力度。特别

67 施工过程中发现文物的风险,承包人应如何防范

需加强对施工作业人员的法制宣传和有效监督,全面增强施工作业人员的文物保护意识。在施工的同时,千万别忘了保护好地下文物,避免施工过程中发现文物不报告或毁坏文物的事件发生。地下发现的文物属于国家所有,任何单位或者个人不得哄抢、私分、藏匿。在施工过程中挖掘或发现文物或疑似文物,现场施工员、班组长或在现场的其他管理、作业人员应立即停止作业,向项目部报告,设立警戒线保护现场。项目部领导应到现场初步确认后,及时向当地文物主管部门、公安部门报告并向公司、业主单位、监理单位报告。在当地文物部门未赶到之前,项目部有责任保护好现场,在当地文物主管部门赶到后及时办理移交现场手续。

《中华人民共和国文物保护法》第三十二条明确规定:"在进行建设工程或者在农业生产中,任何单位或者个人发现文物,应当保护现场,立即报告当地文物行政部门,文物行政部门接到报告后,如无特殊情况,应当在二十四小时内赶赴现场,并在七日内提出处理意见。文物行政部门可以报请当地人民政府通知公安机关协助保护现场;发现重要文物的,应当立即上报国务院文物行政部门,国务院文物行政部门应当在接到报告后十五日内提出处理意见。依照前款规定发现的文物属于国家所有,任何单位或者个人不得哄抢、私分、藏匿。"第七条还规定:"一切机关、组织和个人都有依法保护文物的义务。"按照《中华人民共和国文物保护法》的规定,施工时发现文物要立即停工报文物部门考古发掘后方可继续施工,经费由建设单位出。但实践中,建设单位和施工单位一不愿出钱,二怕延迟工期,多一事不如少一事,往往采取隐瞒不报、推平了事的做法,甚至有的人把文物占为己有。《江苏省文物保护条例》第二十一条也规定:"任何单位和个人在建设工程或者生产活动中,发现地下文物,应当立即停止施工,并及时向文物行政部门报告。文物行政部门接到报告后,如无特殊情况,应当在二十四小时内赶到现场,并在七日内提出处理意见。文物行政部门提出需要进行考古发掘意见的,在考古发掘结束前,不得擅自在考古发掘区域内继续施工或者进行生产活动。施工单位或者生产单位应当指定专人保护现场,建设单位应当予以支持配合。当地公安机关应当协助做好现场的安全保卫工作。在地下文物发现现场,任何单位和个人不得阻挠文物行政部门和考古发掘单位的工作人员进行调查和考古发掘。考古发掘工作结束后,组织发掘工作的文物行政部门应当立即将处理意见书面通知建设单位,可以恢复施工的应当立即通知其恢复施工。"

盗窃、哄抢、私分或者非法侵占国有文物构成犯罪的,依法追究刑事责任。发现文物隐匿不报或者拒不上交的,未按照规定移交拣选文物的,尚不构成犯罪的,由县级以上人民政府文物主管部门会同公安机关追缴文物;情节严重的,处五千元以上五万元以下的罚款。

> 施工中发现文物应当立即保护现场,并上报文物部门。

建 议

1. 施工单位项目部在进场作业前：

（1）做好文物保护的宣传教育工作。（2）建立与当地文物保护单位的联系并保持电话畅通。（3）向当地文物保护部门了解当地文物保护的地方规定与要求。

2. 施工单位在施工作业过程中：

（1）发现文物立即报告当地文物主管部门及公安部门。（2）设立警戒线保护好现场。

3. 施工企业因采取文物保护措施而发生的费用可要求发包人承担，并顺延工期。

4. 在签订合同时约定，如施工过程中发现文物因此产生的费用由发包人承担，同时可以顺延工期。或者在施工过程中承包人与发包人及时办理签证。

> 组织培训施工人员，与文物保护部门保持畅通的联系渠道。

68 不及时进行中间验收的风险，承包人应如何防范

案例简介

A 和 B 于 2013 年 4 月 26 日签订了《三防户门安装合同》，主要内容为由 B 按 A 的要求负责安装三防户门，B 方完成现场安装后，由 A 方、监理、B 方、总包方进行四方联合中间验收（仅对面层漆面是否完好、门锁启闭是否灵活、户门安装是否牢固等项进行验收），实际的合同价款为 886 万元。2014 年 3 月 10 日 B 已经按照安装合同的规定完成部分工程，要求进行中间验收，但是 A 却以种种理由不予配合中间验收。且以没有

> 无故不进行中间隐蔽工程验收，导致诉讼。

进行中间验收为由拖欠工程进度款达382万元。为维护自己的合法权益，B依据《中华人民共和国合同法》及相关法律法规，向相关法院提起该民事诉讼，请求依法判决。

原理及观点

> 建设工程管理中严格执行并办理相关中间验收手续，防止工期延误遭索赔。

建设工程施工过程中的环节管理是控制工作质量的重要程序，因此，为了加强建设工程质量管理，确保建设工程质量，建设工程施工合同中都会规定加强涉及结构安全、使用功能等重要分部（子分部）工程的过程控制。要求有关各方在建设管理过程中严格执行并办理相关的中间验收手续。

施工企业如不及时进行中间验收，可能导致一系列风险，如工期被拖延，承担违约责任；无法及时申领进度款；在其之后可能发生的工程质量及安全问题，要承担赔偿责任；如引起相关工程的延误，还可能遭到索赔。

没有做中间验收，理论上是不允许进行下道工序施工的，而且没做中间验收也不能进行竣工验收。因此，中间验收对于施工企业来说非常重要，这不仅关系到进度款是否能顺利支付，还关系到是否能按期完工，是否需要承担相应违约责任等等。所以，一般施工企业在签订合同中都会约定：甲乙双方应及时办理中间工程的检查与验收手续。在验收前，乙方先进行自检，并提前48小时通知甲方参加。验收合格后，经甲方或甲方代表在验收记录上签字确认，乙方可进行继续施工。甲方或甲方代表不参加中间工程验收，在通知甲方满48小时的前提下，乙方可自行验收，视为甲方已经批准，乙方可继续往下施工。若甲方要求复验时，乙方应按要求办理复验；若复验合格，甲方应承担复验费用，由此造成的停工，工期相应顺延；若复验不合格，其复验及返工费用由乙方承担，且工期不顺延。这样就可以避免因发包方拒绝进行中间验收而导致的一系列法律责任。

建 议

1. 施工企业订立合同时：

（1）明确约定发包方不按时进行中间工程验收造成停工和误工，工期相应顺延。（2）约定甲方不参加中间工程验收，乙方可自行验收。

68 不及时进行中间验收的风险，承包人应如何防范

2. 在施工过程中，施工企业注意以下几点：

（1）施工企业应及时书面提交中间验收资料。（2）他方原因导致中间验收延误，应及时按约定提交签证或索赔报告。（3）与甲方相关负责人在无法见面情况下，通过电子邮件进行确认，并约定当邮件进入对方邮箱后，视为对方已经知晓该邮件内容，通知期限内不做答复视为验收合格。

3. 施工企业应收集所有相关中间验收环节的证据并保留好。

> 严格按照工序，通知验收，保留履约过程的程序性证据。

69 发包人资信不良和支付能力欠缺的风险,承包人应如何防范

案例简介

> 无视合同约定条款,导致败诉赔偿。

2015年8月28日,B建设公司经投标承包A公司粮库防水施工工程。A要求施工企业全部垫资,B建设公司为了能拿到该工程,按照A公司的要求签订了《工程承包合同》。防水施工工程竣工并经验收合格后,A公司由于资金周转问题拒不结算承包工程款。合同中双方订有如下条款:"工程验收合格,乙方(B公司)提供结算报告和结算资料后10日内甲方(A公司)未给予答复,逾期视为甲方(A公司)认可乙方(B公司)提交的结算报告。"B公司先将结算报告及相关结算资料等文件以特快专递形式发送给A公司,A公司收到结算文件后,并没有在约定的时间内回复意见。B公司将A公司诉之法庭,要求A公司按B公司提供的结算文件确定的数额支付工程款本息。经法院三次开庭审理,法官最终支持了B公司的诉讼请求,判令A公司支付工程款1000万元,并承担逾期付款违约金。

69 发包人资信不良和支付能力欠缺的风险,承包人应如何防范

原理及观点

承包人在承建一个项目时可能会遇到这些情况:建设项目发包人商业信誉不良,在银行和融资业内以及上下游产业链中,没有良好口碑;土地出让金等费用尚未完全缴纳;准备利用开发项目进行借款和其他融资;要求施工企业全部垫资等。施工企业面对这样的业主或发包人,可能存在的风险为:工程项目无法正常执行,并导致一系列后果;投标后造成的损失无法追回等。

因此,在选择所承接的工程施工业务时,应对发包人的资信情况进行详细全面的了解。特别是对发包人的注册资金情况、资质、资信、不良记录等情况应该通过各种途径进行调查,要求发包人讲诚信、社会信誉良好、有支付全部工程款的能力;并充分考虑拟接项目的资金支付条件和工程价款的结算条件。

承包人应密切关注发包人的支付能力。承包人在投标前应做好投标前的审查,对项目的真实性、合法性进行审查,对发包人的资信情况进行详细的调查,并根据调查结果进行项目风险评估,进行风险的第一道过滤,慎重投标。除此以外,在施工过程中,承包人应密切关注其支付能力的变化,如是否存在拖欠付款的情况或迹象、股权是否发生变动等等。一旦发包人的支付能力出现问题,承包人就要及时采取相应的措施,以维护自身的最大化的合法利益。

> 项目启动前对发包人进行资信调查,施工中密切关注支付能力,按约定要求及时支付进度款。

除此之外,一旦发生发包人拖欠工程款的情况,承包人就应该按照《最高人民法院关于审理建设工程施工合同纠纷案件适用法律问题的解释》第二十条"当事人约定,发包人收到竣工结算文件后,在约定的期限内不予答复,视为认可竣工结算文件的,按照约定处理。承包人请求按照竣工结算文件结算工程款的,应予支持",在验收合格后及时向发包人提交工程结算文件,根据合同规定的"发包人接到承包人提交的结算文件后××日内不予答复,则视为认可承包人提供的结算文件"这一条款,及时提交结算文件并在限期内要求发包人审核。发包人逾期不审查承包人提交的结算文件,视为其认可了承包人提交的结算文件,承包人可依据该结算文件向发包人主张工程款。如此一来,发包人在接到承包人提交的结算文件后,必将会认真对待,丝毫不敢怠慢!因为,如果逾期则视为其认可了承包人提交的结算文件。而一旦成讼,结算文件便成了承包人追索工程款的直接依据!

有时,发包人在合同谈判和签订时坚决不同意订立"发包人接到承包

人提交的结算文件后若干天内不予答复,则视为认可承包人提供的结算文件"条款。此时,承包人可以要求在合同中附加:"工程结算办法按照《建设工程价款结算暂行办法》之规定执行"条款。因为,《建设工程价款结算暂行办法》(简称《办法》)第十六条规定:"发包人收到竣工结算报告及完整的结算资料后,在本办法规定或合同约定的期限内,对结算报告及资料没有提出意见,则视同认可。"而《办法》第十四条中针对不同的建设工程规定了不同的结算文件审查期限。发包人如没有按《办法》规定的期限审查结算文件,则视同其认可了承包人提交的结算文件。一旦成讼,承包人即可以结算文件为依据向发包人追索工程款,这与双方在合同中签订"发包人接到承包人提交的结算文件后××日内不予答复,则视为认可承包人提供的结算文件"条款有异曲同工之效!

当然,承包人提交结算文件后,发包人也可能在约定的期限内给予了"答复",但其"答复"往往是吹毛求疵——"鸡蛋里挑骨头",以此来达到拖欠工程款之目的。遇到这种情况,作为承包人只能及时向法院提起诉讼或向仲裁委员会申请仲裁,同时申请工程造价鉴定。届时,法院或仲裁委员会将会依据司法鉴定结果裁决发包人支付工程款及逾期付款违约金,这样也可以阻止发包人无限期地拖欠工程款。

建 议

1. 投标前,施工企业注意:
(1) 调查发包人资信情况,进入前期资信审查。(2) 调查发现资信确实存在严重问题,施工企业放弃投标。

2. 订合同时,施工企业注意:
(1) 约定发包人提供工程支付担保。(2) 约定发包人违约责任承担及处罚规定。(3) 约定工程结算办法按《建设工程价款结算暂行办法》之规定执行。

3. 工程竣工验收合格后,施工企业应及时向发包人提交工程结算文件。

附录一 最高人民法院相关司法解释

（一）最高人民法院关于审理建设工程施工合同纠纷案件适用法律问题的解释

法释〔2004〕14号

根据《中华人民共和国民法通则》、《中华人民共和国合同法》、《中华人民共和国招标投标法》、《中华人民共和国民事诉讼法》等法律规定，结合民事审判实际，就审理建设工程施工合同纠纷案件适用法律的问题，制定本解释。

第一条 建设工程施工合同具有下列情形之一的，应当根据合同法第五十二条第（五）项的规定，认定无效：

（一）承包人未取得建筑施工企业资质或者超越资质等级的；

（二）没有资质的实际施工人借用有资质的建筑施工企业名义的；

（三）建设工程必须进行招标而未招标或者中标无效的。

第二条 建设工程施工合同无效，但建设工程经竣工验收合格，承包人请求参照合同约定支付工程价款的，应予支持。

第三条 建设工程施工合同无效，且建设工程经竣工验收不合格的，按照以下情形分别处理：

（一）修复后的建设工程经竣工验收合格，发包人请求承包人承担修复费用的，应予支持；

（二）修复后的建设工程经竣工验收不合格，承包人请求支付工程价款的，不予支持。

因建设工程不合格造成的损失，发包人有过错的，也应承担相应的民事责任。

第四条 承包人非法转包、违法分包建设工程或者没有资质的实际施工人借用有资质的建筑施工企业名义与他人签订建设工程施工合同的行为无效。人民法院可以根据民法通则第一百三十四条规定，收缴当事人已经取得的非法所得。

第五条 承包人超越资质等级许可的业务范围签订建设工程施工合同，在建设工程竣工前取得相应资质等级，当事人请求按照无效合同处理的，不予支持。

第六条 当事人对垫资和垫资利息有约定，承包人请求按照约定返还垫资及其利息的，应予支持，但是约定的利息计算标准高于中国人民银行发布的同期同类贷款利率的部分除外。

当事人对垫资没有约定的，按照工程欠款处理。

当事人对垫资利息没有约定，承包人请求支付利息的，不予支持。

第七条 具有劳务作业法定资质的承包人与总承包人、分包人签订的劳务分包合同，当事人以转包建设工程违反法律规定为由请求确认无效的，不予支持。

第八条 承包人具有下列情形之一，发包人请求解除建设工程施工合同的，应予支持：

（一）明确表示或者以行为表明不履行合同主要义务的；

（二）合同约定的期限内没有完工，且在发包人催告的合理期限内仍未完工的；

（三）已经完成的建设工程质量不合格，并拒绝修复的；

（四）将承包的建设工程非法转包、违法分包的。

第九条 发包人具有下列情形之一，致使承包人无法施工，且在催告的合理期限内仍未履行相应义务，承包人请求解除建设工程施工合同的，应予支持：

（一）未按约定支付工程价款的；

（二）提供的主要建筑材料、建筑构配件和设备不符合强制性标准的；

（三）不履行合同约定的协助义务的。

第十条 建设工程施工合同解除后，已经完成的建设工程质量合格的，发包人应当按照约定支付相应的工程价款；已经完成的建设工程质量不合格的，参照本解释第三条规定处理。

因一方违约导致合同解除的，违约方应当赔偿因此而给对方造成的损失。

第十一条 因承包人的过错造成建设工程质量不符合约定，承包人拒绝修理、返工或者改建，发包人请求减少支付工程价款的，应予支持。

第十二条 发包人具有下列情形之一，造成建设工程质量缺陷，应当承担过错责任：

（一）提供的设计有缺陷；

（二）提供或者指定购买的建筑材料、建筑构配件、设备不符合强制性标准；

（三）直接指定分包人分包专业工程。

承包人有过错的，也应当承担相应的过错责任。

第十三条 建设工程未经竣工验收，发包人擅自使用后，又以使用部分质量不符合约定为由主张权利的，不予支持；但是承包人应当在建设工程的合理使用寿命内对地基基础工程和主体结构质量承担民事责任。

第十四条 当事人对建设工程实际竣工日期有争议的，按照以下情形分别处理：

（一）建设工程经竣工验收合格的，以竣工验收合格之日为竣工日期；

（二）承包人已经提交竣工验收报告，发包人拖延验收的，以承包人提交验收报告之日为竣工日期；

（三）建设工程未经竣工验收，发包人擅自使用的，以转移占有建设工程之日为竣工日期。

第十五条 建设工程竣工前，当事人对工程质量发生争议，工程质量经鉴定合格的，鉴定期间为顺延工期期间。

第十六条 当事人对建设工程的计价标准或者计价方法有约定的，按照约定结算工程价款。

因设计变更导致建设工程的工程量或者质量标准发生变化，当事人对该部分工程价款不能协商一致的，可以参照签订建设工程施工合同时当地建设行政主管部门发布的计价方法或者计价标准结算工程价款。

建设工程施工合同有效,但建设工程经竣工验收不合格的,工程价款结算参照本解释第三条规定处理。

第十七条 当事人对欠付工程价款利息计付标准有约定的,按照约定处理;没有约定的,按照中国人民银行发布的同期同类贷款利率计息。

第十八条 利息从应付工程价款之日计付。当事人对付款时间没有约定或者约定不明的,下列时间视为应付款时间:

(一)建设工程已实际交付的,为交付之日;

(二)建设工程没有交付的,为提交竣工结算文件之日;

(三)建设工程未交付,工程价款也未结算的,为当事人起诉之日。

第十九条 当事人对工程量有争议的,按照施工过程中形成的签证等书面文件确认。承包人能够证明发包人同意其施工,但未能提供签证文件证明工程量发生的,可以按照当事人提供的其他证据确认实际发生的工程量。

第二十条 当事人约定,发包人收到竣工结算文件后,在约定期限内不予答复,视为认可竣工结算文件的,按照约定处理。承包人请求按照竣工结算文件结算工程价款的,应予支持。

第二十一条 当事人就同一建设工程另行订立的建设工程施工合同与经过备案的中标合同实质性内容不一致的,应当以备案的中标合同作为结算工程价款的根据。

第二十二条 当事人约定按照固定价结算工程价款,一方当事人请求对建设工程造价进行鉴定的,不予支持。

第二十三条 当事人对部分案件事实有争议的,仅对有争议的事实进行鉴定,但争议事实范围不能确定,或者双方当事人请求对全部事实鉴定的除外。

第二十四条 建设工程施工合同纠纷以施工行为地为合同履行地。

第二十五条 因建设工程质量发生争议的,发包人可以以总承包人、分包人和实际施工人为共同被告提起诉讼。

第二十六条 实际施工人以转包人、违法分包人为被告起诉的,人民法院应当依法受理。

实际施工人以发包人为被告主张权利的,人民法院可以追加转包人或者违法分包人为本案当事人。发包人只在欠付工程价款范围内对实际施工人承担责任。

第二十七条 因保修人未及时履行保修义务,导致建筑物毁损或者造成人身、财产损害的,保修人应当承担赔偿责任。

保修人与建筑物所有人或者发包人对建筑物毁损均有过错的,各自承担相应的责任。

第二十八条 本解释自二○○五年一月一日起施行。

施行后受理的第一审案件适用本解释。

施行前最高人民法院发布的司法解释与本解释相抵触的,以本解释为准。

（二）最高人民法院关于建设工程价款优先受偿权问题的批复

法释〔2002〕16号

上海市高级人民法院：

你院沪高法〔2001〕14号《关于合同法第286条理解与适用问题的请示》收悉。经研究，答复如下：

一、人民法院在审理房地产纠纷案件和办理执行案件中，应当依照《中华人民共和国合同法》第二百八十六条的规定，认定建筑工程的承包人的优先受偿权优于抵押权和其他债权。

二、消费者交付购买商品房的全部或者大部分款项后，承包人就该商品房享有的工程价款优先受偿权不得对抗买受人。

三、建筑工程价款包括承包人为建设工程应当支付的工作人员报酬、材料款等实际支出的费用，不包括承包人因发包人违约所造成的损失。

四、建设工程承包人行使优先权的期限为六个月，自建设工程竣工之日或者建设工程合同约定的竣工之日起计算。

五、本批复第一条至第三条自公布之日起施行，第四条自公布之日起六个月后施行。

此复。

（三）最高人民法院《关于装修装饰工程款是否享有合同法第二百八十六条规定的优先受偿权的函复》

〔2004〕民一他字第14号

福建省高级人民法院：

你院闽高法〔2004〕143号《关于福州市康辉装修工程有限公司与福州天胜房地产开发有限公司、福州绿叶房产代理有限公司装修工程承包合同纠纷一案的请示》收悉。

经研究，答复如下：

装修装饰工程属于建设工程，可以适用《中华人民共和国合同法》第二百八十六条关于优先受偿权的规定，但装修装饰工程的发包人不是该建筑物的所有权人或者承包人与该建筑物的所有权人之间没有合同关系的除外。享有优先权的承包人只能在建筑物因装修装饰而增加价值的范围内优先受偿。

此复。

答复意见及理由：

最高人民法院民事审判第一庭经研究后认为：装修装饰工程属于建设工程，可以适用《中华人民共和国合同法》第286条关于优先受偿权的规定，但装修装饰工程的发包人不是该建筑物的所有权人或者承包人与该建筑物的所有权人之间没有合同关系的除外。享有优先权的承包人只能在建筑物因装修装饰而增加价值的范围内优先受偿。

理由如下：

第一，装修装饰工程本质上属于建设工程，应当适用《合同法》第286条关于优先受偿权的规定。国务院2000年1月10日颁布的《建设工程质量管理条例》第2条、2003年12月6日公布的《建设工程安全生产管理条例》第2条第2款规定："本条例所称建设工程，是指土木工程、建筑工程、线路管道和设备安装工程及装修工程"。国家技术监督局发布的《国民经济行业分类与代码》国家标准，建筑业按从事工程建设的不同专业划分为"土木工程建筑业"、"线路、管道和设备安装业"和"装饰、装修业"三大类。因此，将装修装饰工程纳入建设工程的范围符合国家规定和行业规范。

装修装饰工程款适用优先受偿权的原则，符合《合同法》第286条的立法本意。优先权是指特定债权人基于法律的直接规定而享有的就债务人的总财产或特定动产、不动产的价值优先受偿的权利。优先权是一种法定担保物权，它可以就债务人的全部财产或特定财产卖得的价金优先于其他有担保或无担保的债权而受清偿。优先权的价值在于打破债权平等原则，赋予一些特殊债权人享有以优先于其他债权人而受偿的权利，最终实现债权人之间的实质平等。在装饰装修工程中，正是因优先权人之工作行为而使原先之不动产增值，故其与建筑工程应属同一法理。在发包人拖欠的装修装饰工程价款中，除装修装饰所需要的材料费外，相当一部分是承包人应当支付的工作人员的工资和其他劳务费用。因此,将装修装饰工程款纳入建设工程款的范围之内,有利于保护广大劳动者及时获得劳动报酬的利益。

境外对装修装饰工程款的优先受偿权虽有不同的规定和称谓,但其保护装修装饰工程款优先受偿的原则基本相同。在日本,将这种优先受偿权规定为先取特权,即法律所规定的特殊债权人,可以从债务人的一定财产中得到优先偿还的法定担保物权。如民法上雇员即使在雇主破产的情况下其工资也可从雇主的一般财产中优先得到偿还。同样,建造房屋承包人在得不到其承包费用时,能拍卖其房屋得到优先受偿。《日本民法典》第327条规定:"不动产的先取特权,工匠、工程师及承揽人对债务人不动产所进行的工事费用,存在于该不动产上。"德国和我国台湾地区"民法"将这种优先权划归法定抵押权的范畴之内。《德国民法典》第648条第1项规定:建筑工程或建筑工程的一部分承揽人,其由契约所生的债权,对定做人的建筑用地得请求让与保全抵押权。我国台湾地区"民法"第513条规定:承揽之工作为建筑物或其他土地之工作物,或为此等工作物进行重大修缮者,承揽人就承揽关系所生之债权,对于其工作物所附之定做人之不动产,有抵押权。

第二,装修装饰工程款的优先受偿权仅限于因装修装饰而使该建筑物增加的价值的范围内。装修装饰工程是以已经建造的建筑物为基础而进行的一种二次加工和修缮,故其优先权的行使范围应当限定在装修装饰工程使建筑物增加价值的限度之内。在司法实践中,因装修装饰而使建筑物增值的范围一般应当根据当事人双方的合同约定来判断,如果合同中约定了洽商变更的条件及例外情形,则常常需要借助于司法鉴定来综合判定。《日本民法典》第327条第2款规定:前款先取特权,以不动产因工事而产生的增价现存情形为限,只就该增价额存在。我国台湾地区"民法"第513条第4项规定:第一项及第二项就修缮所增加之价值限度内,优先于成立在先之抵押权。

第三,装修装饰工程的发包人必须是该建筑物的所有权人,或者发包人虽然不是所有权人,但建筑物的所有权人与装修装饰工程的承包人之间已经形成合同关系。装修装饰工程总是依附于已经完成或基本完成的建筑物之上,因此,装修装饰工程的发包人一般应当是该建筑物的所有权人,这是装修装饰工程的承包人行使优先受偿权的基础和前提。在司法实践中,常常有一些发包人并不是装修装饰工程所依附的建筑物的所有权人,而是以租赁、联营等方式实际占有和使用该建筑物的占有人,对这些装修装饰工程承包人的优先受偿权应当进行合理限制,即该装修装饰工程未征得建筑物所有权人同意担保的前提下,该装修装饰工程的承包人不享有优先受偿权。在本案中,发包人绿叶公司虽然不是装修装饰工程所依附的该建筑物的产权人,但产权人天胜公司愿意为该装修装饰工程的发包人绿叶公司承担连带保证责任,足以认定其知道并同意承包人承包其装修装饰工程,且建筑物的所有权人与装修装饰工程的承包人之间已经形成新的合同关系。因此,如果该保证合同成立,康辉公司就该装修装饰工程的工程款仍享有优先受偿权。

综上所述,我们认为:装修装饰工程属于建设工程,应当适用《中华人民共和国合同法》第286条关于优先受偿权的规定,装修装饰工程的承包人在建筑物因装修装饰而增加价值的范围内享有优先受偿权。但装修装饰工程的承包人与该装修装饰工程所依附的建筑物的所有权人之间没有合同关系的例外。在本案中,福州绿叶房产代理有限公司作为装修装饰工程的发包人,并不是该装修装饰工程所依附的建筑物的所有权人,所以,福州绿叶房产代理有限公司与福州市康辉装修工程有限公司的装修装饰合同对建筑物的所有权人福州天胜房地产开发公司不具有约束力。但是,由于该建筑物的所有权人福州天胜房地产公司自愿为装修装饰工程的发包人福州绿叶公司承担连带保证责任,从而在装修装饰工程的承包人与建筑物的所有权人之间形成了新的合同关系。因此,如果该保证合同成立,福州市康辉装修工程有限公司作为装修装饰工程的承包人,就发包人所欠工程价款在建筑物因装修装饰而增加价值的范围内享有优先受偿权。

（四）最高人民法院关于发包人收到承包人竣工结算文件后，在约定期限内不予答复，是否视为认可竣工结算文件的复函

〔2005〕民一他字第23号

重庆市高级人民法院：

你院渝高法〔2005〕154号《关于如何理解和适用最高人民法院〈关于审理建设工程施工合同纠纷案件如何适用法律问题的解释〉第二十条的请示》收悉。经研究，答复如下：

同意你院审委会的第二种意见，即：适用该司法解释第二十条的前提条件是当事人之间约定了发包人收到竣工结算文件后，在约定期限内不予答复，则视为认可竣工结算文件。承包人提交的竣工结算文件可以作为工程款结算的依据。建设部制定的建设工程施工合同格式文本中的通用条款第33条第3款的规定，不能简单地推论出，双方当事人具有发包人收到竣工结算文件一定期限内不予答复，则视为认可承包人提交的竣工结算文件的一致意思表示，承包人提交的竣工结算文件不能作为工程款结算的依据。

（五）最高人民法院关于建设工程承包合同案件中双方当事人已确认的工程决算价款与审计部门审计的工程决算价款不一致时如何适用法律问题的电话答复意见

〔2001〕民一他字第 2 号

河南省高级人民法院：

你院"关于建设工程承包合同案件中双方当事人已确认的工程决算价款与审计部门审计的工程决算价款不一致时如何适用法律问题的请示"收悉。经研究认为，审计是国家对建设单位的一种行政监督，不影响建设单位与承建单位的合同效力。建设工程承包合同案件应以当事人的约定作为法院判决的依据。只有在合同明确约定以审计结论作为结算依据或者合同约定不明确、合同约定无效的情况下，才能将审计结论作为判决的依据。

（六）最高人民法院关于适用《中华人民共和国合同法》若干问题的解释（一）

法释〔1999〕19号

为了正确审理合同纠纷案件，根据《中华人民共和国合同法》（以下简称合同法）的规定，对人民法院适用合同法的有关问题作出如下解释：

一、法律适用范围

第一条 合同法实施以后成立的合同发生纠纷起诉到人民法院的，适用合同法的规定；合同法实施以前成立的合同发生纠纷起诉到人民法院的，除本解释另有规定的以外，适用当时的法律规定，当时没有法律规定的，可以适用合同法的有关规定。

第二条 合同成立于合同法实施之前，但合同约定的履行期限跨越合同法实施之日或者履行期限在合同法实施之后，因履行合同发生的纠纷，适用合同法第四章的有关规定。

第三条 人民法院确认合同效力时，对合同法实施以前成立的合同，适用当时的法律合同无效而适用合同法合同有效的，则适用合同法。

第四条 合同法实施以后，人民法院确认合同无效，应当以全国人大及其常委会制定的法律和国务院制定的行政法规为依据，不得以地方性法规、行政规章为依据。

第五条 人民法院对合同法实施以前已经作出终审裁决的案件进行再审，不适用合同法。

二、诉讼时效

第六条 技术合同争议当事人的权利受到侵害的事实发生在合同法实施之前，自当事人知道或者应当知道其权利受到侵害之日起至合同法实施之日超过一年的，人民法院不予保护；尚未超过一年的，其提起诉讼的时效期间为二年。

第七条 技术进出口合同争议当事人的权利受到侵害的事实发生在合同法实施之前，自当事人知道或者应当知道其权利受到侵害之日起至合同法施行之日超过两年的，人民法院不予保护；尚未超过两年的，其提起诉讼的时效期间为四年。

第八条 合同法第五十五条规定的"一年"、第七十五条和第一百零四条第二款规定的"五年"为不变期间，不适用诉讼时效中止、中断或者延长的规定。

三、合同效力

第九条 依照合同法第四十四条第二款的规定，法律、行政法规规定的合同应当办理批准、登记等手续才生效，在一审法庭辩论终结前当事人仍未办理批准手续的，或者仍未办理批准、登记等手续的，人民法院应当认定该合同未生效；法律、行政法规规定合同应当办理登记手续，但未规定登记后生效的，当事人未办理登记手续不影响合同的效力，合同标的物所有权及其他物权不能转移。

合同法第七十七条第二款、第八十七条、第九十六条第二款所列合同变更、转让、解除等情形，依照前款规定处理。

第十条 当事人超越经营范围订立合同，人民法院不因此认定合同无效。但违反国家限制经营、特许经营以及法律、行政法规禁止经营规定的除外。

四、代位权

第十一条 债权人依照合同法第七十三条的规定提起代位权诉讼，应当符合下列条件：

（一）债权人对债务人的债权合法；

（二）债务人怠于行使其到期债权，对债权人造成损害；

（三）债务人的债权已到期；

（四）债务人的债权不是专属于债务人自身的债权。

第十二条 合同法第七十三条第一款规定的专属于债务人自身的债权，是指基于扶养关系、赡养关系、继承关系产生的给付请求权和劳动报酬、退休金、养老金、抚恤金、安置费、人寿保险、人身伤害赔偿请求权等权利。

第十三条 合同法第七十三条规定的"债务人怠于行使其到期债权，对债权人造成损害的"，是指债务人不履行其对债权人的到期债务，又不以诉讼方式或者仲裁方式向其债务人主张其享有的具有金钱给付内容的到期债权，致使债权人的到期债权未能实现。

次债务人（即债务人的债务人）不认为债务人有怠于行使其到期债权情况的，应当承担举证责任。

第十四条 债权人依照合同法第七十三条的规定提起代位权诉讼的，由被告住所地人民法院管辖。

第十五条 债权人向人民法院起诉债务人以后，又向同一人民法院对次债务人提起代位权诉讼，符合本解释第十三条的规定和《中华人民共和国民事诉讼法》第一百零八条规定的起诉条件的，应当立案受理；不符合本解释第十三条规定的，告知债权人向次债务人住所地人民法院另行起诉。

受理代位权诉讼的人民法院在债权人起诉债务人的诉讼裁决发生法律效力以前，应当依照《中华人民共和国民事诉讼法》第一百三十六条第（五）项的规定中止代位权诉讼。

第十六条 债权人以次债务人为被告向人民法院提起代位权诉讼，未将债务人列为第三人的，人民法院可以追加债务人为第三人。

两个或者两个以上债权人以同一次债务人为被告提起代位权诉讼的，人民法院可以合并审理。

第十七条 在代位权诉讼中，债权人请求人民法院对次债务人的财产采取保全措施的，应当提供相应的财产担保。

第十八条 在代位权诉讼中，次债务人对债务人的抗辩，可以向债权人主张。

债务人在代位权诉讼中对债权人的债权提出异议，经审查异议成立的，人民法院应当裁定驳回债权人的起诉。

第十九条 在代位权诉讼中，债权人胜诉的，诉讼费由次债务人负担，从实现的债权中优先支付。

第二十条　债权人向次债务人提起代位权诉讼经人民法院审理后认定代位权成立的,由次债务人向债权人履行清偿义务,债权人与债务人、债务人与次债务人之间相应的债权债务关系即予消灭。

第二十一条　在代位权诉讼中,债权人行使代位权的请求数额超过债务人所负债务额或者超过次债务人对债务人所负债务额的,对超出部分人民法院不予支持。

第二十二条　债务人在代位权诉讼中,对超过债权人代位请求数额的债权部分起诉次债务人的,人民法院应当告之其向有管辖权的人民法院起诉。

债务人的起诉符合法定条件的,人民法院应当受理;受理债务人起诉的人民法院在代位权诉讼裁决发生法律效力以前,应当依法中止。

五、撤销权

第二十三条　债权人依照合同法第七十四条的规定提起撤销权诉讼的,由被告住所地人民法院管辖。

第二十四条　债权人依照合同法第七十四条的规定提起撤销权诉讼时只以债务人为被告,未将受益人或者受让人列为第三人的,人民法院可以追加该受益人或者受让人为第三人。

第二十五条　债权人依照合同法第七十四条的规定提起撤销权诉讼,请求人民法院撤销债务人放弃债权或转让财产的行为,人民法院应当就债权人主张的部分进行审理,依法撤销的,该行为自始无效。

两个或者两个以上债权人以同一债务人为被告,就同一标的提起撤销诉讼的,人民法院可以合并审理。

第二十六条　债权人行使撤销权所支付的律师代理费、差旅费等必要费用,由债务人负担;第三人有过错的,应当适当分担。

六、合同转让中的第三人

第二十七条　债权人转让合同权利后,债务人与受让人之间因履行合同发生纠纷诉至人民法院,债务人对债权人的权利提出抗辩的,可以将债权人列为第三人。

第二十八条　经债权人同意,债务人转移合同义务后,受让人与债权人之间因履行合同发生纠纷诉至人民法院,受让人就债务人对债权人的权利提出抗辩的,可以将债务人列为第三人。

第二十九条　合同当事人一方经对方同意将其在合同中的权利义务一并转让给受让人,对方与受让人因履行合同发生纠纷诉至人民法院,对方就合同权利义务提出抗辩的,可以将出让人列为第三人。

七、请求权竞合

第三十条　债权人依照合同法第一百二十二条的规定向人民法院起诉时作出选择后,在一审开庭以前又变更诉讼请求的,人民法院应当准许。对方当事人提出管辖权异议,经审查异议成立的,人民法院应当驳回起诉。

（七）最高人民法院关于适用《中华人民共和国合同法》若干问题的解释（二）

法释〔2009〕5号

为了正确审理合同纠纷案件，根据《中华人民共和国合同法》的规定，对人民法院适用合同法的有关问题作出如下解释：

一、合同的订立

第一条 当事人对合同是否成立存在争议，人民法院能够确定当事人名称或者姓名、标的和数量的，一般应当认定合同成立。但法律另有规定或者当事人另有约定的除外。

对合同欠缺的前款规定以外的其他内容，当事人达不成协议的，人民法院依照合同法第六十一条、第六十二条、第一百二十五条等有关规定予以确定。

第二条 当事人未以书面形式或者口头形式订立合同，但从双方从事的民事行为能够推定双方有订立合同意愿的，人民法院可以认定是以合同法第十条第一款中的"其他形式"订立的合同。但法律另有规定的除外。

第三条 悬赏人以公开方式声明对完成一定行为的人支付报酬，完成特定行为的人请求悬赏人支付报酬的，人民法院依法予以支持。但悬赏有合同法第五十二条规定情形的除外。

第四条 采用书面形式订立合同，合同约定的签订地与实际签字或者盖章地点不符的，人民法院应当认定约定的签订地为合同签订地；合同没有约定签订地，双方当事人签字或者盖章不在同一地点的，人民法院应当认定最后签字或者盖章的地点为合同签订地。

第五条 当事人采用合同书形式订立合同的，应当签字或者盖章。当事人在合同书上摁手印的，人民法院应当认定其具有与签字或者盖章同等的法律效力。

第六条 提供格式条款的一方对格式条款中免除或者限制其责任的内容，在合同订立时采用足以引起对方注意的文字、符号、字体等特别标识，并按照对方的要求对该格式条款予以说明的，人民法院应当认定符合合同法第三十九条所称"采取合理的方式"。

提供格式条款一方对已尽合理提示及说明义务承担举证责任。

第七条 下列情形，不违反法律、行政法规强制性规定的，人民法院可以认定为合同法所称"交易习惯"：

（一）在交易行为当地或者某一领域、某一行业通常采用并为交易对方订立合同时所知道或者应当知道的做法；

（二）当事人双方经常使用的习惯做法。

对于交易习惯，由提出主张的一方当事人承担举证责任。

第八条　依照法律、行政法规的规定经批准或者登记才能生效的合同成立后,有义务办理申请批准或者申请登记等手续的一方当事人未按照法律规定或者合同约定办理申请批准或者未申请登记的,属于合同法第四十二条第(三)项规定的"其他违背诚实信用原则的行为",人民法院可以根据案件的具体情况和相对人的请求,判决相对人自己办理有关手续;对方当事人对由此产生的费用和给相对人造成的实际损失,应当承担损害赔偿责任。

二、合同的效力

第九条　提供格式条款的一方当事人违反合同法第三十九条第一款关于提示和说明义务的规定,导致对方没有注意免除或者限制其责任的条款,对方当事人申请撤销该格式条款的,人民法院应当支持。

第十条　提供格式条款的一方当事人违反合同法第三十九条第一款的规定,并具有合同法第四十条规定的情形之一的,人民法院应当认定该格式条款无效。

第十一条　根据合同法第四十七条、第四十八条的规定,追认的意思表示自到达相对人时生效,合同自订立时起生效。

第十二条　无权代理人以被代理人的名义订立合同,被代理人已经开始履行合同义务的,视为对合同的追认。

第十三条　被代理人依照合同法第四十九条的规定承担有效代理行为所产生的责任后,可以向无权代理人追偿因代理行为而遭受的损失。

第十四条　合同法第五十二条第(五)项规定的"强制性规定",是指效力性强制性规定。

第十五条　出卖人就同一标的物订立多重买卖合同,合同均不具有合同法第五十二条规定的无效情形,买受人因不能按照合同约定取得标的物所有权,请求追究出卖人违约责任的,人民法院应予支持。

三、合同的履行

第十六条　人民法院根据具体案情可以将合同法第六十四条、第六十五条规定的第三人列为无独立请求权的第三人,但不得依职权将其列为该合同诉讼案件的被告或者有独立请求权的第三人。

第十七条　债权人以境外当事人为被告提起的代位权诉讼,人民法院根据《中华人民共和国民事诉讼法》第二百四十一条的规定确定管辖。

第十八条　债务人放弃其未到期的债权或者放弃债权担保,或者恶意延长到期债权的履行期,对债权人造成损害,债权人依照合同法第七十四条的规定提起撤销权诉讼的,人民法院应当支持。

第十九条　对于合同法第七十四条规定的"明显不合理的低价",人民法院应当以交易当地一般经营者的判断,并参考交易当时交易地的物价部门指导价或者市场交易价,结合其他相关因素综合考虑予以确认。

转让价格达不到交易时交易地的指导价或者市场交易价百分之七十的,一般可以视为明显不合理的低价;对转让价格高于当地指导价或者市场交易价百分之三十的,一般可以视为明显不合理的高价。

债务人以明显不合理的高价收购他人财产,人民法院可以根据债权人的申请,参照合同法第七十四条的规定予以撤销。

第二十条 债务人的给付不足以清偿其对同一债权人所负的数笔相同种类的全部债务,应当优先抵充已到期的债务;几项债务均到期的,优先抵充对债权人缺乏担保或者担保数额最少的债务;担保数额相同的,优先抵充债务负担较重的债务;负担相同的,按照债务到期的先后顺序抵充;到期时间相同的,按比例抵充。但是,债权人与债务人对清偿的债务或者清偿抵充顺序有约定的除外。

第二十一条 债务人除主债务之外还应当支付利息和费用,当其给付不足以清偿全部债务时,并且当事人没有约定的,人民法院应当按照下列顺序抵充:

(一)实现债权的有关费用;

(二)利息;

(三)主债务。

四、合同的权利义务终止

第二十二条 当事人一方违反合同法第九十二条规定的义务,给对方当事人造成损失,对方当事人请求赔偿实际损失的,人民法院应当支持。

第二十三条 对于依照合同法第九十九条的规定可以抵消的到期债权,当事人约定不得抵消的,人民法院可以认定该约定有效。

第二十四条 当事人对合同法第九十六条、第九十九条规定的合同解除或者债务抵消虽有异议,但在约定的异议期限届满后才提出异议并向人民法院起诉的,人民法院不予支持;当事人没有约定异议期间,在解除合同或者债务抵消通知到达之日起三个月以后才向人民法院起诉的,人民法院不予支持。

第二十五条 依照合同法第一百零一条的规定,债务人将合同标的物或者标的物拍卖、变卖所得价款交付提存部门时,人民法院应当认定提存成立。

提存成立的,视为债务人在其提存范围内已经履行债务。

第二十六条 合同成立以后客观情况发生了当事人在订立合同时无法预见的、非不可抗力造成的不属于商业风险的重大变化,继续履行合同对于一方当事人明显不公平或者不能实现合同目的,当事人请求人民法院变更或者解除合同的,人民法院应当根据公平原则,并结合案件的实际情况确定是否变更或者解除。

五、违约责任

第二十七条 当事人通过反诉或者抗辩的方式,请求人民法院依照合同法第一百一十四条第二款的规定调整违约金的,人民法院应予支持。

第二十八条 当事人依照合同法第一百一十四条第二款的规定,请求人民法院增加违约金的,增加后的违约金数额以不超过实际损失额为限。增加违约金以后,当事人又请求对方赔偿损失的,人民法院不予支持。

第二十九条 当事人主张约定的违约金过高请求予以适当减少的,人民法院应当以实际损失为基础,兼顾合同的履行情况、当事人的过错程度以及预期利益等综合因素,根据公平原则和诚实信用原则予以衡量,并作出裁决。

当事人约定的违约金超过造成损失的百分之三十的,一般可以认定为合同法第一百一十四条第二款规定的"过分高于造成的损失"。

六、附则

第三十条 合同法施行后成立的合同发生纠纷的案件,本解释施行后尚未终审的,适用本解释;本解释施行前已经终审,当事人申请再审或者按照审判监督程序决定再审的,不适用本解释。

(八)最高人民法院关于适用《中华人民共和国公司法》若干问题的规定(四)

法释〔2017〕16号

《最高人民法院关于适用〈中华人民共和国公司法〉若干问题的规定(四)》已于2016年12月5日由最高人民法院审判委员会第1702次会议通过,现予公布,自2017年9月1日起施行。

最高人民法院
2017年8月25日

为正确适用《中华人民共和国公司法》,结合人民法院审判实践,现就公司决议效力、股东知情权、利润分配权、优先购买权和股东代表诉讼等案件适用法律问题作出如下规定。

第一条 公司股东、董事、监事等请求确认股东会或者股东大会、董事会决议无效或者不成立的,人民法院应当依法予以受理。

第二条 依据公司法第二十二条第二款请求撤销股东会或者股东大会、董事会决议的原告,应当在起诉时具有公司股东资格。

第三条 原告请求确认股东会或者股东大会、董事会决议不成立、无效或者撤销决议的案件,应当列公司为被告。对决议涉及的其他利害关系人,可以依法列为第三人。

一审法庭辩论终结前,其他有原告资格的人以相同的诉讼请求申请参加前款规定诉讼的,可以列为共同原告。

第四条 股东请求撤销股东会或者股东大会、董事会决议,符合公司法第二十二条第二款规定的,人民法院应当予以支持,但会议召集程序或者表决方式仅有轻微瑕疵,且对决议未产生实质影响的,人民法院不予支持。

第五条 股东会或者股东大会、董事会决议存在下列情形之一,当事人主张决议不成立的,人民法院应当予以支持:

(一)公司未召开会议的,但依据公司法第三十七条第二款或者公司章程规定可以不召开股东会或者股东大会而直接作出决定,并由全体股东在决定文件上签名、盖章的除外;

(二)会议未对决议事项进行表决的;

(三)出席会议的人数或者股东所持表决权不符合公司法或者公司章程规定的;

(四)会议的表决结果未达到公司法或者公司章程规定的通过比例的;

(五)导致决议不成立的其他情形。

第六条 股东会或者股东大会、董事会决议被人民法院判决确认无效或者撤销的,公司依据该决议与善意相对人形成的民事法律关系不受影响。

第七条 股东依据公司法第三十三条、第九十七条或者公司章程的规定，起诉请求查阅或者复制公司特定文件材料的，人民法院应当依法予以受理。

公司有证据证明前款规定的原告在起诉时不具有公司股东资格的，人民法院应当驳回起诉，但原告有初步证据证明在持股期间其合法权益受到损害，请求依法查阅或者复制其持股期间的公司特定文件材料的除外。

第八条 有限责任公司有证据证明股东存在下列情形之一的，人民法院应当认定股东有公司法第三十三条第二款规定的"不正当目的"：

（一）股东自营或者为他人经营与公司主营业务有实质性竞争关系业务的，但公司章程另有规定或者全体股东另有约定的除外；

（二）股东为了向他人通报有关信息查阅公司会计账簿，可能损害公司合法利益的；

（三）股东在向公司提出查阅请求之日前的三年内，曾通过查阅公司会计账簿，向他人通报有关信息损害公司合法利益的；

（四）股东有不正当目的的其他情形。

第九条 公司章程、股东之间的协议等实质性剥夺股东依据公司法第三十三条、第九十七条规定查阅或者复制公司文件材料的权利，公司以此为由拒绝股东查阅或者复制的，人民法院不予支持。

第十条 人民法院审理股东请求查阅或者复制公司特定文件材料的案件，对原告诉讼请求予以支持的，应当在判决中明确查阅或者复制公司特定文件材料的时间、地点和特定文件材料的名录。

股东依据人民法院生效判决查阅公司文件材料的，在该股东在场的情况下，可以由会计师、律师等依法或者依据执业行为规范负有保密义务的中介机构执业人员辅助进行。

第十一条 股东行使知情权后泄露公司商业秘密导致公司合法利益受到损害，公司请求该股东赔偿相关损失的，人民法院应当予以支持。

根据本规定第十条辅助股东查阅公司文件材料的会计师、律师等泄露公司商业秘密导致公司合法利益受到损害，公司请求其赔偿相关损失的，人民法院应当予以支持。

第十二条 公司董事、高级管理人员等未依法履行职责，导致公司未依法制作或者保存公司法第三十三条、第九十七条规定的公司文件材料，给股东造成损失，股东依法请求负有相应责任的公司董事、高级管理人员承担民事赔偿责任的，人民法院应当予以支持。

第十三条 股东请求公司分配利润案件，应当列公司为被告。

一审法庭辩论终结前，其他股东基于同一分配方案请求分配利润并申请参加诉讼的，应当列为共同原告。

第十四条 股东提交载明具体分配方案的股东会或者股东大会的有效决议，请求公司分配利润，公司拒绝分配利润且其关于无法执行决议的抗辩理由不成立的，人民法院应当判决公司按照决议载明的具体分配方案向股东分配利润。

第十五条 股东未提交载明具体分配方案的股东会或者股东大会决议,请求公司分配利润的,人民法院应当驳回其诉讼请求,但违反法律规定滥用股东权利导致公司不分配利润,给其他股东造成损失的除外。

第十六条 有限责任公司的自然人股东因继承发生变化时,其他股东主张依据公司法第七十一条第三款规定行使优先购买权的,人民法院不予支持,但公司章程另有规定或者全体股东另有约定的除外。

第十七条 有限责任公司的股东向股东以外的人转让股权,应就其股权转让事项以书面或者其他能够确认收悉的合理方式通知其他股东征求同意。其他股东半数以上不同意转让,不同意的股东不购买的,人民法院应当认定视为同意转让。

经股东同意转让的股权,其他股东主张转让股东应当向其以书面或者其他能够确认收悉的合理方式通知转让股权的同等条件的,人民法院应当予以支持。

经股东同意转让的股权,在同等条件下,转让股东以外的其他股东主张优先购买的,人民法院应当予以支持,但转让股东依据本规定第二十条放弃转让的除外。

第十八条 人民法院在判断是否符合公司法第七十一条第三款及本规定所称的"同等条件"时,应当考虑转让股权的数量、价格、支付方式及期限等因素。

第十九条 有限责任公司的股东主张优先购买转让股权的,应当在收到通知后,在公司章程规定的行使期间内提出购买请求。公司章程没有规定行使期间或者规定不明确的,以通知确定的期间为准,通知确定的期间短于三十日或者未明确行使期间的,行使期间为三十日。

第二十条 有限责任公司的转让股东,在其他股东主张优先购买后又不同意转让股权的,对其他股东优先购买的主张,人民法院不予支持,但公司章程另有规定或者全体股东另有约定的除外。其他股东主张转让股东赔偿其损失合理的,人民法院应当予以支持。

第二十一条 有限责任公司的股东向股东以外的人转让股权,未就其股权转让事项征求其他股东意见,或者以欺诈、恶意串通等手段,损害其他股东优先购买权,其他股东主张按照同等条件购买该转让股权的,人民法院应当予以支持,但其他股东自知道或者应当知道行使优先购买权的同等条件之日起三十日内没有主张,或者自股权变更登记之日起超过一年的除外。

前款规定的其他股东仅提出确认股权转让合同及股权变动效力等请求,未同时主张按照同等条件购买转让股权的,人民法院不予支持,但其他股东非因自身原因导致无法行使优先购买权,请求损害赔偿的除外。

股东以外的股权受让人,因股东行使优先购买权而不能实现合同目的的,可以依法请求转让股东承担相应民事责任。

第二十二条 通过拍卖向股东以外的人转让有限责任公司股权的,适用公司法第七十一条第二款、第三款或者第七十二条规定的"书面通知""通知""同等条件"时,根据相关法律、司法解释确定。

在依法设立的产权交易场所转让有限责任公司国有股权的,适用公司法第七十一条第二款、第三款或者第七十二条规定的"书面通知""通知""同等条件"时,可以参照产权交易场所的交易规则。

第二十三条 监事会或者不设监事会的有限责任公司的监事依据公司法第一百五十一条第一款规定对董事、高级管理人员提起诉讼的,应当列公司为原告,依法由监事会主席或者不设监事会的有限责任公司的监事代表公司进行诉讼。

董事会或者不设董事会的有限责任公司的执行董事依据公司法第一百五十一条第一款规定对监事提起诉讼的,或者依据公司法第一百五十一条第三款规定对他人提起诉讼的,应当列公司为原告,依法由董事长或者执行董事代表公司进行诉讼。

第二十四条 符合公司法第一百五十一条第一款规定条件的股东,依据公司法第一百五十一条第二款、第三款规定,直接对董事、监事、高级管理人员或者他人提起诉讼的,应当列公司为第三人参加诉讼。

一审法庭辩论终结前,符合公司法第一百五十一条第一款规定条件的其他股东,以相同的诉讼请求申请参加诉讼的,应当列为共同原告。

第二十五条 股东依据公司法第一百五十一条第二款、第三款规定直接提起诉讼的案件,胜诉利益归属于公司。股东请求被告直接向其承担民事责任的,人民法院不予支持。

第二十六条 股东依据公司法第一百五十一条第二款、第三款规定直接提起诉讼的案件,其诉讼请求部分或者全部得到人民法院支持的,公司应当承担股东因参加诉讼支付的合理费用。

第二十七条 本规定自 2017 年 9 月 1 日起施行。

本规定施行后尚未终审的案件,适用本规定;本规定施行前已经终审的案件,或者适用审判监督程序再审的案件,不适用本规定。

(九) 最高人民法院关于适用《中华人民共和国物权法》若干问题的解释(一)

法释〔2016〕5号

《最高人民法院关于适用〈中华人民共和国物权法〉若干问题的解释(一)》已于2015年12月10日由最高人民法院审判委员会第1670次会议通过,现予公布,自2016年3月1日起施行。

最高人民法院

2016年2月22日

为正确审理物权纠纷案件,根据《中华人民共和国物权法》的相关规定,结合民事审判实践,制定本解释。

第一条 因不动产物权的归属,以及作为不动产物权登记基础的买卖、赠与、抵押等产生争议,当事人提起民事诉讼的,应当依法受理。当事人已经在行政诉讼中申请一并解决上述民事争议,且人民法院一并审理的除外。

第二条 当事人有证据证明不动产登记簿的记载与真实权利状态不符、其为该不动产物权的真实权利人,请求确认其享有物权的,应予支持。

第三条 异议登记因物权法第十九条第二款规定的事由失效后,当事人提起民事诉讼,请求确认物权归属的,应当依法受理。异议登记失效不影响人民法院对案件的实体审理。

第四条 未经预告登记的权利人同意,转移不动产所有权,或者设定建设用地使用权、地役权、抵押权等其他物权的,应当依照物权法第二十条第一款的规定,认定其不发生物权效力。

第五条 买卖不动产物权的协议被认定无效、被撤销、被解除,或者预告登记的权利人放弃债权的,应当认定为物权法第二十条第二款所称的"债权消灭"。

第六条 转让人转移船舶、航空器和机动车等所有权,受让人已经支付对价并取得占有,虽未经登记,但转让人的债权人主张其为物权法第二十四条所称的"善意第三人"的,不予支持,法律另有规定的除外。

第七条 人民法院、仲裁委员会在分割共有不动产或者动产等案件中作出并依法生效的改变原有物权关系的判决书、裁决书、调解书,以及人民法院在执行程序中作出的拍卖成交裁定书、以物抵债裁定书,应当认定为物权法第二十八条所称导致物权设立、变更、转让或者消灭的人民法院、仲裁委员会的法律文书。

第八条 依照物权法第二十八条至第三十条规定享有物权,但尚未完成动产交付或者不动产登记的物权人,根据物权法第三十四条至第三十七条的规定,请求保护其物权的,应予支持。

第九条 共有份额的权利主体因继承、遗赠等原因发生变化时,其他按份共有人主张优先购买的,不予支持,但按份共有人之间另有约定的除外。

第十条 物权法第一百零一条所称的"同等条件",应当综合共有份额的转让价格、价款履行方式及期限等因素确定。

第十一条 优先购买权的行使期间,按份共有人之间有约定的,按照约定处理;没有约定或者约定不明的,按照下列情形确定:

(一)转让人向其他按份共有人发出的包含同等条件内容的通知中载明行使期间的,以该期间为准;

(二)通知中未载明行使期间,或者载明的期间短于通知送达之日起十五日的,为十五日;

(三)转让人未通知的,为其他按份共有人知道或者应当知道最终确定的同等条件之日起十五日;

(四)转让人未通知,且无法确定其他按份共有人知道或者应当知道最终确定的同等条件的,为共有份额权属转移之日起六个月。

第十二条 按份共有人向共有人之外的人转让其份额,其他按份共有人根据法律、司法解释规定,请求按照同等条件购买该共有份额的,应予支持。

其他按份共有人的请求具有下列情形之一的,不予支持:

(一)未在本解释第十一条规定的期间内主张优先购买,或者虽主张优先购买,但提出减少转让价款、增加转让人负担等实质性变更要求;

(二)以其优先购买权受到侵害为由,仅请求撤销共有份额转让合同或者认定该合同无效。

第十三条 按份共有人之间转让共有份额,其他按份共有人主张根据物权法第一百零一条规定优先购买的,不予支持,但按份共有人之间另有约定的除外。

第十四条 两个以上按份共有人主张优先购买且协商不成时,请求按照转让时各自份额比例行使优先购买权的,应予支持。

第十五条 受让人受让不动产或者动产时,不知道转让人无处分权,且无重大过失的,应当认定受让人为善意。

真实权利人主张受让人不构成善意的,应当承担举证证明责任。

第十六条 具有下列情形之一的,应当认定不动产受让人知道转让人无处分权:

(一)登记簿上存在有效的异议登记;

(二)预告登记有效期内,未经预告登记的权利人同意;

(三)登记簿上已经记载司法机关或者行政机关依法裁定、决定查封或者以其他形式限制不动产权利的有关事项;

(四)受让人知道登记簿上记载的权利主体错误;

(五)受让人知道他人已经依法享有不动产物权。

真实权利人有证据证明不动产受让人应当知道转让人无处分权的,应当认定受让人具有重大过失。

第十七条 受让人受让动产时,交易的对象、场所或者时机等不符合交易习惯的,应当认定受让人具有重大过失。

第十八条 物权法第一百零六条第一款第一项所称的"受让人受让该不动产或者动产时",是指依法完成不动产物权转移登记或者动产交付之时。

当事人以物权法第二十五条规定的方式交付动产的,转让动产法律行为生效时为动产交付之时;当事人以物权法第二十六条规定的方式交付动产的,转让人与受让人之间有关转让返还原物请求权的协议生效时为动产交付之时。

法律对不动产、动产物权的设立另有规定的,应当按照法律规定的时间认定权利人是否为善意。

第十九条 物权法第一百零六条第一款第二项所称"合理的价格",应当根据转让标的物的性质、数量以及付款方式等具体情况,参考转让时交易地市场价格以及交易习惯等因素综合认定。

第二十条 转让人将物权法第二十四条规定的船舶、航空器和机动车等交付给受让人的,应当认定符合物权法第一百零六条第一款第三项规定的善意取得的条件。

第二十一条 具有下列情形之一,受让人主张根据物权法第一百零六条规定取得所有权的,不予支持:

(一)转让合同因违反合同法第五十二条规定被认定无效;

(二)转让合同因受让人存在欺诈、胁迫或者乘人之危等法定事由被撤销。

第二十二条 本解释自 2016 年 3 月 1 日起施行。

本解释施行后人民法院新受理的一审案件,适用本解释。

本解释施行前人民法院已经受理、施行后尚未审结的一审、二审案件,以及本解释施行前已经终审、施行后当事人申请再审或者按照审判监督程序决定再审的案件,不适用本解释。

（十）最高人民法院关于民事诉讼证据的若干规定

法释〔2001〕33 号

为保证人民法院正确认定案件事实，公正、及时审理民事案件，保障和便利当事人依法行使诉讼权利，根据《中华人民共和国民事诉讼法》（以下简称《民事诉讼法》）等有关法律的规定，结合民事审判经验和实际情况，制定本规定。

一、当事人举证

第一条 原告向人民法院起诉或者被告提出反诉，应当附有符合起诉条件的相应的证据材料。

第二条 当事人对自己提出的诉讼请求所依据的事实或者反驳对方诉讼请求所依据的事实有责任提供证据加以证明。

没有证据或者证据不足以证明当事人的事实主张的，由负有举证责任的当事人承担不利后果。

第三条 人民法院应当向当事人说明举证的要求及法律后果，促使当事人在合理期限内积极、全面、正确、诚实地完成举证。

当事人因客观原因不能自行收集的证据，可申请人民法院调查收集。

第四条 下列侵权诉讼，按照以下规定承担举证责任：

（一）因新产品制造方法发明专利引起的专利侵权诉讼，由制造同样产品的单位或者个人对其产品制造方法不同于专利方法承担举证责任；

（二）高度危险作业致人损害的侵权诉讼，由加害人就受害人故意造成损害的事实承担举证责任；

（三）因环境污染引起的损害赔偿诉讼，由加害人就法律规定的免责事由及其行为与损害结果之间不存在因果关系承担举证责任；

（四）建筑物或者其他设施以及建筑物上的搁置物、悬挂物发生倒塌、脱落、坠落致人损害的侵权诉讼，由所有人或者管理人对其无过错承担举证责任；

（五）饲养动物致人损害的侵权诉讼，由动物饲养人或者管理人就受害人有过错或者第三人有过错承担举证责任；

（六）因缺陷产品致人损害的侵权诉讼，由产品的生产者就法律规定的免责事由承担举证责任；

（七）因共同危险行为致人损害的侵权诉讼，由实施危险行为的人就其行为与损害结果之间不存在因果关系承担举证责任；

（八）因医疗行为引起的侵权诉讼，由医疗机构就医疗行为与损害结果之间不存在因果关系及不存在医疗过错承担举证责任。

有关法律对侵权诉讼的举证责任有特殊规定的,从其规定。

第五条 在合同纠纷案件中,主张合同关系成立并生效的一方当事人对合同订立和生效的事实承担举证责任;主张合同关系变更、解除、终止、撤销的一方当事人对引起合同关系变动的事实承担举证责任。

对合同是否履行发生争议的,由负有履行义务的当事人承担举证责任。

对代理权发生争议的,由主张有代理权一方当事人承担举证责任。

第六条 在劳动争议纠纷案件中,因用人单位作出开除、除名、辞退、解除劳动合同、减少劳动报酬、计算劳动者工作年限等决定而发生劳动争议的,由用人单位负举证责任。

第七条 在法律没有具体规定,依本规定及其他司法解释无法确定举证责任承担时,人民法院可以根据公平原则和诚实信用原则,综合当事人举证能力等因素确定举证责任的承担。

第八条 诉讼过程中,一方当事人对另一方当事人陈述的案件事实明确表示承认的,另一方当事人无需举证。但涉及身份关系的案件除外。

对一方当事人陈述的事实,另一方当事人既未表示承认也未否认,经审判人员充分说明并询问后,其仍不明确表示肯定或者否定的,视为对该项事实的承认。

当事人委托代理人参加诉讼的,代理人的承认视为当事人的承认。但未经特别授权的代理人对事实的承认直接导致承认对方诉讼请求的除外;当事人在场但对其代理人的承认不作否认表示的,视为当事人的承认。

当事人在法庭辩论终结前撤回承认并经对方当事人同意,或者有充分证据证明其承认行为是在受胁迫或者重大误解情况下作出且与事实不符的,不能免除对方当事人的举证责任。

第九条 下列事实,当事人无需举证证明:

(一)众所周知的事实;

(二)自然规律及定理;

(三)根据法律规定或者已知事实和日常生活经验法则能推定出的另一事实;

(四)已为人民法院发生法律效力的裁判所确认的事实;

(五)已为仲裁机构的生效裁决所确认的事实;

(六)已为有效公证文书所证明的事实。

前款(一)、(三)、(四)、(五)、(六)项,当事人有相反证据足以推翻的除外。

第十条 当事人向人民法院提供证据,应当提供原件或者原物。如需自己保存证据原件、原物或者提供原件、原物确有困难的,可以提供经人民法院核对无异的复制件或者复制品。

第十一条 当事人向人民法院提供的证据系在中华人民共和国领域外形成的该证据应当经所在国公证机关予以证明,并经中华人民共和国驻该国使领馆予以认证,或者履行中华人民共和国与该所在国订立的有关条约中规定的证明手续。

当事人向人民法院提供的证据是在香港、澳门、台湾地区形成的,应当履行相关的证明手续。

第十二条 当事人向人民法院提供外文书证或者外文说明资料,应当附有中文译本。

第十三条 对双方当事人无争议但涉及国家利益、社会公共利益或者他人合法权益的事实,人民法院可以责令当事人提供有关证据。

第十四条 当事人应当对其提交的证据材料逐一分类编号,对证据材料的来源、证明对象和内容作简要说明,签名盖章,注明提交日期,并依照对方当事人人数提出副本。

人民法院收到当事人提交的证据材料,应当出具收据,注明证据的名称、份数和页数以及收到的时间,由经办人员签名或者盖章。

二、人民法院调查搜集证据

第十五条 《民事诉讼法》第六十四条规定的"人民法院认为审理案件需要的证据",是指以下情形:

(一)涉及可能有损国家利益、社会公共利益或者他人合法权益的事实;

(二)涉及依职权追加当事人、中止诉讼、终结诉讼、回避等与实体争议无关的程序事项。

第十六条 除本规定第十五条规定的情形外,人民法院调查搜集证据,应当依当事人的申请进行。

第十七条 符合下列条件之一的,当事人及其诉讼代理人可以申请人民法院调查搜集证据:

(一)申请调查收集的证据属于国家有关部门保存并须人民法院依职权调取的档案材料;

(二)涉及国家秘密、商业秘密、个人隐私的材料;

(三)当事人及其诉讼代理人确因客观原因不能自行搜集的其他材料。

第十八条 当事人及其诉讼代理人申请人民法院调查搜集证据,应当提交书面申请。申请书应当载明被调查人的姓名或者单位名称、住所地等基本情况、所要调查收集的证据的内容,需要由人民法院调查搜集证据的原因及其要证明的事实。

第十九条 当事人及其诉讼代理人申请人民法院调查搜集证据,不得迟于举证期限届满前七日。

人民法院对当事人及其诉讼代理人的申请不予准许的,应当向当事人或其诉讼代理人送达通知书。当事人及其诉讼代理人可以在收到通知书的次日起三日内向受理申请的人民法院书面申请复议一次。人民法院应当在收到复议申请之日起五日内作出答复。

第二十条 调查人员调查收集的书证可以是原件,也可以是经核对无误的副本或者复制件。是副本或者复制件的,应当在调查笔录中说明来源和取证情况。

第二十一条 调查人员调查收集的物证应当是原物。被调查人提供原物确有困难的,可以提供复制品或者照片。提供复制品或者照片的,应当在调查笔录中说明取证情况。

第二十二条 调查人员调查收集计算机数据或者录音、录像等视听资料的应当要求被调查人提供有关资料的原始载体。提供原始载体确有困难的,可以提供复制件。提供复制件的,调查人员应当在调查笔录中说明其来源和制作经过。

第二十三条 当事人依据《民事诉讼法》第七十四条的规定向人民法院申请保全证据,不得迟于举证期限届满前七日。

当事人申请保全证据的,人民法院可以要求其提供相应的担保。

法律、司法解释规定诉前保全证据的,依照其规定办理。

第二十四条 人民法院进行证据保全,可以根据具体情况,采取查封、扣押、拍照、录音、录像、复制、鉴定、勘验、制作笔录等方法。

人民法院进行证据保全,可以要求当事人或者诉讼代理人到场。

第二十五条 当事人申请鉴定,应当在举证期限内提出。符合本规定第二十七条规定的情形,当事人申请重新鉴定的除外。

对需要鉴定的事项负有举证责任的当事人,在人民法院指定的期限内无正当理由不提出鉴定申请或者不预交鉴定费用或者拒不提供相关材料,致使对案件争议的事实无法通过鉴定结论予以认定的,应当对该事实承担举证不能的法律后果。

第二十六条 当事人申请鉴定经人民法院同意后,由双方当事人协商确定有鉴定资格的鉴定机构、鉴定人员,协商不成的,由人民法院指定。

第二十七条 当事人对人民法院委托的鉴定部门作出的鉴定结论有异议申请重新鉴定,提出证据证明存在下列情形之一的,人民法院应予准许。

(一)鉴定机构或者鉴定人员不具备相关的鉴定资格的;

(二)鉴定程序严重违法的;

(三)鉴定结论明显依据不足的;

(四)经过质证认定不能作为证据使用的其他情形。

对有缺陷的鉴定结论,可以通过补充鉴定、重新质证或者补充质证等方法解决的,不予重新鉴定。

第二十八条 一方当事人自行委托有关部门作出的鉴定结论,另一方当事人有证据足以反驳并申请重新鉴定的,人民法院应予准许。

第二十九条 审判人员对鉴定人出具的鉴定书,应当审查是否具有下列内容:

(一)委托人姓名或者名称、委托鉴定的内容;

(二)委托鉴定的材料;

(三)鉴定的依据及使用的科学技术手段;

(四)对鉴定过程的说明;

(五)明确的鉴定结论;

(六)对鉴定人鉴定资格的说明;

(七)鉴定人员及鉴定机构签名盖章。

第三十条 人民法院勘验物证或者现场,应当制作笔录,记录勘验的时间、地点、勘验人、在场人、勘验的经过、结果,由勘验人、在场人签名或者盖章。对于绘制的现场图应当注明绘制的时间、方位、测绘人姓名、身份等内容。

第三十一条　摘录有关单位制作的与案件事实相关的文件、材料,应当注明出处,并加盖制作单位或者保管单位的印章,摘录人和其他调查人员应当在摘录件上签名或者盖章。

摘录文件、材料应当保持内容相应的完整性,不得断章取义。

三、举证时限与证据交换

第三十二条　被告应当在答辩期届满前提出书面答辩,阐明其对原告诉讼请求及所依据的事实和理由的意见。

第三十三条　人民法院应当在送达案件受理通知书和应诉通知书的同时向当事人送达举证通知书。举证通知书应当载明举证责任的分配原则与要求、可以向人民法院申请调查取证的情形、人民法院根据案件情况指定的举证期限以及逾期提供证据的法律后果。

举证期限可以由当事人协商一致,并经人民法院认可。

由人民法院指定举证期限的,指定的期限不得少于三十日,自当事人收到案件受理通知书和应诉通知书的次日起计算。

第三十四条　当事人应当在举证期限内向人民法院提交证据材料,当事人在举证期限内不提交的,视为放弃举证权利。

对于当事人逾期提交的证据材料,人民法院审理时不组织质证。但对方当事人同意质证的除外。

当事人增加、变更诉讼请求或者提起反诉的,应当在举证期限届满前提出。

第三十五条　诉讼过程中,当事人主张的法律关系的性质或者民事行为的效力与人民法院根据案件事实作出的认定不一致的,不受本规定第三十四条规定的限制,人民法院应当告知当事人可以变更诉讼请求。

当事人变更诉讼请求的,人民法院应当重新指定举证期限。

第三十六条　当事人在举证期限内提交证据材料确有困难的,应当在举证期限内向人民法院申请延期举证,经人民法院准许,可以适当延长举证期限。当事人在延长的举证期限内提交证据材料仍有困难的,可以再次提出延期申请,是否准许由人民法院决定。

第三十七条　经当事人申请,人民法院可以组织当事人在开庭审理前交换证据。

人民法院对于证据较多或者复杂疑难的案件,应当组织当事人在答辩期届满后、开庭审理前交换证据。

第三十八条　交换证据的时间可以由当事人协商一致并经人民法院认可,也可以由人民法院指定。

人民法院组织当事人交换证据的,交换证据之日举证期限届满。当事人申请延期举证经人民法院准许的,证据交换日相应顺延。

第三十九条　证据交换应当在审判人员的主持下进行。

在证据交换的过程中,审判人员对当事人无异议的事实、证据应当记录在卷;对有异议的证据,按照需要证明的事实分类记录在卷,并记载异议的理由。通过证据交换,确定双方当事人争议的主要问题。

第四十条 当事人收到对方交换的证据后提出反驳并提出新证据的,人民法院应当通知当事人在指定的时间进行交换。

证据交换一般不超过两次。但重大、疑难和案情特别复杂的案件,人民法院认为确有必要再次进行证据交换的除外。

第四十一条 《民事诉讼法》第一百二十五条第一款规定的"新的证据",是指以下情形:

(一)一审程序中的新的证据包括:当事人在一审举证期限届满后新发现的证据;当事人确因客观原因无法在举证期限内提供,经人民法院准许,在延长的期限内仍无法提供的证据。

(二)二审程序中的新的证据包括:一审庭审结束后新发现的证据;当事人在一审举证期限届满前申请人民法院调查取证未获准许,二审法院经审查认为应当准许并依当事人申请调取的证据。

第四十二条 当事人在一审程序中提供新的证据的,应当在一审开庭前或者开庭审理时提出。

当事人在二审程序中提供新的证据的,应当在二审开庭前或者开庭审理时提出;二审不需要开庭审理的,应当在人民法院指定的期限内提出。

第四十三条 当事人举证期限届满后提供的证据不是新的证据的,人民法院不予采纳。

当事人经人民法院准许延期举证,但因客观原因未能在准许的期限内提供,且不审理该证据可能导致裁判明显不公的,其提供的证据可视为新的证据。

第四十四条 《民事诉讼法》第一百七十九条第一款第(一)项规定的"新的证据",是指原审庭审结束后新发现的证据。

当事人在再审程序中提供新的证据的,应当在申请再审时提出。

第四十五条 一方当事人提出新的证据的,人民法院应当通知对方当事人在合理期限内提出意见或者举证。

第四十六条 由于当事人的原因未能在指定期限内举证,致使案件在二审或者再审期间因提出新的证据被人民法院发回重审或者改判的,原审裁判不属于错误裁判案件。一方当事人请求提出新的证据的另一方当事人负担由此增加的差旅、误工、证人出庭作证、诉讼等合理费用以及由此扩大的直接损失,人民法院应予支持。

四、质证

第四十七条 证据应当在法庭上出示,由当事人质证。未经质证的证据,不能作为认定案件事实的依据。

当事人在证据交换过程中认可并记录在卷的证据,经审判人员在庭审中说明后可以作为认定案件事实的依据。

第四十八条 涉及国家秘密、商业秘密和个人隐私或者法律规定的其他应当保密的证据,不得在开庭时公开质证。

第四十九条 对书证、物证、视听资料进行质证时,当事人有权要求出示证据的原件或者原物。但有下列情况之一的除外:

(一)出示原件或者原物确有困难并经人民法院准许出示复制件或者复制品的;

(二)原件或者原物已不存在,但有证据证明复制件、复制品与原件或原物一致的。

第五十条 质证时,当事人应当围绕证据的真实性、关联性、合法性,针对证据证明力有无以及证明力大小,进行质疑、说明与辩驳。

第五十一条 质证按下列顺序进行:

(一)原告出示证据,被告、第三人与原告进行质证;

(二)被告出示证据,原告、第三人与被告进行质证;

(三)第三人出示证据,原告、被告与第三人进行质证。

人民法院依照当事人申请调查收集的证据,作为提出申请的一方当事人提供的证据。

人民法院依照职权调查收集的证据应当在庭审时出示,听取当事人意见,并可就调查收集该证据的情况予以说明。

第五十二条 案件有两个以上独立的诉讼请求的,当事人可以逐个出示证据进行质证。

第五十三条 不能正确表达意志的人,不能作为证人。

待证事实与其年龄、智力状况或者精神健康状况相适应的无民事行为能力人和限制民事行为能力人,可以作为证人。

第五十四条 当事人申请证人出庭作证,应当在举证期限届满十日前提出,并经人民法院许可。

人民法院对当事人的申请予以准许的,应当在开庭审理前通知证人出庭作证,并告知其应当如实作证及作伪证的法律后果。

证人因出庭作证而支出的合理费用,由提供证人的一方当事人先行支付,由败诉一方当事人承担。

第五十五条 证人应当出庭作证,接受当事人的质询。

证人在人民法院组织双方当事人交换证据时出席陈述证言的,可视为出庭作证。

第五十六条 《民事诉讼法》第七十条规定的"证人确有困难不能出庭",是指有下列情形:

(一)年迈体弱或者行动不便无法出庭的;

(二)特殊岗位确实无法离开的;

(三)路途特别遥远,交通不便难以出庭的;

(四)因自然灾害等不可抗力的原因无法出庭的;

（五）其他无法出庭的特殊情况。

前款情形,经人民法院许可,证人可以提交书面证言或者视听资料或者通过双向视听传输技术手段作证。

第五十七条　出庭作证的证人应当客观陈述其亲身感知的事实。证人为聋哑人的,可以其他表达方式作证。

证人作证时,不得使用猜测、推断或者评论性的语言。

第五十八条　审判人员和当事人可以对证人进行询问。证人不得旁听法庭审理;询问证人时,其他证人不得在场。人民法院认为有必要的,可以让证人进行对质。

第五十九条　鉴定人应当出庭接受当事人质询。

鉴定人确因特殊原因无法出庭的,经人民法院准许,可以书面答复当事人的质询。

第六十条　经法庭许可,当事人可以向证人、鉴定人、勘验人发问。

询问证人、鉴定人、勘验人不得使用威胁、侮辱及不适当引导证人的言语和方式。

第六十一条　当事人可以向人民法院申请由一至二名具有专门知识的人员出庭就案件的专门性问题进行说明。人民法院准许其申请的,有关费用由提出申请的当事人负担。

审判人员和当事人可以对出庭的具有专门知识的人员进行询问。

经人民法院准许,可以由当事人各自申请的具有专门知识的人员就案件中的问题进行对质。

具有专门知识的人员可以对鉴定人进行询问。

第六十二条　法庭应当将当事人的质证情况记入笔录,并由当事人核对后签名或者盖章。

五、证据的审核认定

第六十三条　人民法院应当以证据能够证明的案件事实为依据依法作出裁判。

第六十四条　审判人员应当依照法定程序,全面、客观地审核证据,依据法律的规定,遵循法官职业道德,运用逻辑推理和日常生活经验,对证据有无证明力和证明力大小独立进行判断,并公开判断的理由和结果。

第六十五条　审判人员对单一证据可以从下列方面进行审核认定:

（一）证据是否原件、原物,复印件、复制品与原件、原物是否相符;

（二）证据与本案事实是否相关;

（三）证据的形式、来源是否符合法律规定;

（四）证据的内容是否真实;

（五）证人或者提供证据的人与当事人有无利害关系。

第六十六条　审判人员对案件的全部证据,应当从各证据与案件事实的关联程度、各证据之间的联系等方面进行综合审查判断。

第六十七条　在诉讼中,当事人为达成调解协议或者和解的目的作出妥协所涉及的对案件事实的认可,不得在其后的诉讼中作为对其不利的证据。

第六十八条 以侵害他人合法权益或者违反法律禁止性规定的方法取得的证据，不能作为认定案件事实的依据。

第六十九条 下列证据不能单独作为认定案件事实的依据：

（一）未成年人所作的与其年龄和智力状况不相当的证言；

（二）与一方当事人或者其代理人有利害关系的证人出具的证言；

（三）存有疑点的视听资料；

（四）无法与原件、原物核对的复印件、复制品；

（五）无正当理由未出庭作证的证人证言。

第七十条 一方当事人提出的下列证据，对方当事人提出异议但没有足以反驳的相反证据的，人民法院应当确认其证明力：

（一）书证原件或者与书证原件核对无误的复印件、照片、副本、节录本；

（二）物证原物或者与物证原物核对无误的复制件、照片、录像资料等；

（三）有其他证据佐证并以合法手段取得的、无疑点的视听资料或者与视听资料核对无误的复制件；

（四）一方当事人申请人民法院依照法定程序制作的对物证或者现场的勘验笔录。

第七十一条 人民法院委托鉴定部门作出的鉴定结论，当事人没有足以反驳的相反证据和理由的，可以认定其证明力。

第七十二条 一方当事人提出的证据，另一方当事人认可或者提出的相反证据不足以反驳的，人民法院可以确认其证明力。

一方当事人提出的证据，另一方当事人有异议并提出反驳证据，对方当事人对反驳证据认可的，可以确认反驳证据的证明力。

第七十三条 双方当事人对同一事实分别举出相反的证据，但都没有足够的依据否定对方证据的，人民法院应当结合案件情况，判断一方提供证据的证明力是否明显大于另一方提供证据的证明力，并对证明力较大的证据予以确认。

因证据的证明力无法判断导致争议事实难以认定的，人民法院应当依据举证责任分配的规则作出裁判。

第七十四条 诉讼过程中，当事人在起诉状、答辩状、陈述及其委托代理人的代理词中承认的对己方不利的事实和认可的证据，人民法院应当予以确认，但当事人反悔并有相反证据足以推翻的除外。

第七十五条 有证据证明一方当事人持有证据无正当理由拒不提供，如果对方当事人主张该证据的内容不利于证据持有人，可以推定该主张成立。

第七十六条 当事人对自己的主张，只有本人陈述而不能提出其他相关证据的其主张不予支持。但对方当事人认可的除外。

第七十七条 人民法院就数个证据对同一事实的证明力，可以依照下列原则认定：

（一）国家机关、社会团体依职权制作的公文书证的证明力一般大于其他书证；

（二）物证、档案、鉴定结论、勘验笔录或者经过公证、登记的书证，其证明力一般大于

其他书证、视听资料和证人证言;

（三）原始证据的证明力一般大于传来证据;

（四）直接证据的证明力一般大于间接证据;

（五）证人提供的对与其有亲属或者其他密切关系的当事人有利的证言,其证明力一般小于其他证人证言。

第七十八条　人民法院认定证人证言,可以通过对证人的智力状况、品德、知识、经验、法律意识和专业技能等的综合分析作出判断。

第七十九条　人民法院应当在裁判文书中阐明证据是否采纳的理由。

对当事人无争议的证据,是否采纳的理由可以不在裁判文书中表述。

六、其他

第八十条　对证人、鉴定人、勘验人的合法权益依法予以保护。

当事人或者其他诉讼参与人伪造、毁灭证据,提供假证据,阻止证人作证,指使、贿买、胁迫他人作伪证,或者对证人、鉴定人、勘验人打击报复的,依照《民事诉讼法》第一百零二条的规定处理。

第八十一条　人民法院适用简易程序审理案件,不受本解释中第三十二条、第三十三条第三款和第七十九条规定的限制。

第八十二条　本院过去的司法解释,与本规定不一致的,以本规定为准。

第八十三条　本规定自2002年4月1日起施行。2002年4月1日尚未审结的一审、二审和再审民事案件不适用本规定。

本规定施行前已经审理终结的民事案件,当事人以违反本规定为由申请再审的,人民法院不予支持。

本规定施行后受理的再审民事案件,人民法院依据《民事诉讼法》第一百八十四条的规定进行审理的,适用本规定。

（十一）最高人民法院关于贯彻落实《全国人民代表大会常务委员会关于司法鉴定管理问题的决定》做好过渡期相关工作的通知

法发〔2005〕12号

各省、自治区、直辖市高级人民法院，解放军军事法院，新疆维吾尔自治区高级人民法院生产建设兵团分院：

2005年2月28日，第十届全国人民代表大会常务委员会第十四次会议通过了《全国人民代表大会常务委员会关于司法鉴定管理问题的决定》（以下简称《决定》）。为贯彻落实《决定》精神，做好过渡期的相关工作，保证审判工作的顺利进行，现将有关事项通知如下：

一、深刻领会《决定》精神，坚决贯彻执行《决定》，促进司法鉴定管理制度的完善

司法鉴定制度改革是我国司法体制改革的重要组成部分。《决定》对我国司法鉴定工作进行了调整和改革，这对于进一步规范司法鉴定管理工作。解决当前司法鉴定中存在的突出问题，保障诉讼活动的顺利进行，树立人民法院中立、公正的司法形象具有重大意义。各级人民法院应当认真组织学习《决定》，深刻领会《决定》的精神，坚决贯彻落实《决定》的相关规定，做好司法鉴定制度改革的各项工作。在贯彻落实《决定》的过程中，各级人民法院应当注意解决好以下几个具体问题：

（一）坚决贯彻执行《决定》第七条关于"人民法院不得设立鉴定机构"的规定。2005年10月1日《决定》正式实施前，各级人民法院应当从依法履行职责，确保审判工作的中立地位，维护人民法院公正司法的需要出发，积极稳妥地完成人民法院撤销司法鉴定职能的任务。

（二）各级人民法院应当积极组织开展人民法院不设鉴定机构、不再进行自主鉴定业务后如何加强司法技术工作，保障审判工作顺利进行的专题调研工作，稳步、有序地做好司法鉴定人员职能的调整工作。

（三）《决定》明确国家对从事法医类、物证类、声像资料鉴定业务的鉴定人和鉴定机构由省级人民政府司法行政部门实行登记管理制度，解决了上述人员和机构资格的统一管理问题。《决定》实施后，各级人民法院在进行对外委托鉴定工作时要严格按照《决定》的上述规定，委托省级人民政府司法行政部门登记和公告的鉴定人和鉴定机构，以促进司法鉴定管理制度的完善。

二、最高人民法院贯彻落实《决定》的工作安排

为贯彻落实《决定》精神，按照中央关于司法体制和工作机制改革的部署，最高人民法院在组织实施司法鉴定制度改革的同时，将组织开展加强人民法院司法技术工作的调研活动，并着手研究制定《人民法院司法技术工作管理规定》，争取在2005年10月1日前颁布实施,同时废止《人民法院司法鉴定工作暂行规定》和《人民法院对外委托司法鉴定管理规定》。

今年下半年,最高人民法院将组织召开全国法院司法技术工作会议,全面推行在司法鉴定管理体制改革的新形势下,统一规范加强人民法院司法技术工作的各项制度和措施,以便各级人民法院充分发挥司法技术人员的作用,为保证审判工作顺利进行,维护司法的公正与效率服务。

三、当前贯彻落实《决定》的有关工作要求

根据中央关于司法体制和工作机制改革的部署,各项司法体制改革,必须在中央的统一领导下,稳步、有序地推进。各级人民法院要在最高人民法院的统一部署下,积极稳妥地做好过渡期的以下工作:

(一)2005年9月30日前,各级人民法院应当善始善终地在规定时限内认真完成已受理的法医类、物证类和声像资料鉴定案件的自主鉴定工作。2005年10月1日起,各级人民法院一律不得受理各种类型的鉴定业务。

(二)各级人民法院如有事业单位性质的鉴定机构,应当于2005年9月30日前停止进行鉴定工作;如继续从事司法鉴定工作的,应当同人民法院脱钩。

(三)各级人民法院要严格遵照《决定》的相关规定,在2005年9月30日前根据省级人民政府司法行政部门审批公告的法医类、物证类、声像资料鉴定机构与人员的情况,做好委托上述三类鉴定的相关准备工作。

（十二）最高人民法院关于当前形势下审理民商事合同纠纷案件若干问题的指导意见

法发〔2009〕40号

当前，因全球金融危机蔓延所引发的矛盾和纠纷在司法领域已经出现明显反映，民商事案件尤其是与企业经营相关的民商事合同纠纷案件呈大幅增长的态势；同时出现了诸多由宏观经济形势变化所引发的新的审判实务问题。人民法院围绕国家经济发展战略和"保增长、保民生、保稳定"要求，坚持"立足审判、胸怀大局、同舟共济、共克时艰"的指导方针，牢固树立为大局服务、为人民司法的理念，认真研究并及时解决这些民商事审判实务中与宏观经济形势变化密切相关的普遍性问题、重点问题，有效化解矛盾和纠纷，不仅是民商事审判部门应对金融危机工作的重要任务，而且对于维护诚信的市场交易秩序，保障公平法治的投资环境，公平解决纠纷、提振市场信心等具有重要意义。现就人民法院在当前形势下审理民商事合同纠纷案件中的若干问题，提出以下意见。

一、慎重适用情势变更原则，合理调整双方利益关系

1. 当前市场主体之间的产品交易、资金流转因原料价格剧烈波动、市场需求关系的变化、流动资金不足等诸多因素的影响而产生大量纠纷，对于部分当事人在诉讼中提出适用情势变更原则变更或者解除合同的请求，人民法院应当依据公平原则和情势变更原则严格审查。

2. 人民法院在适用情势变更原则时，应当充分注意到全球性金融危机和国内宏观经济形势变化并非完全是一个令所有市场主体猝不及防的突变过程，而是一个逐步演变的过程。在演变过程中，市场主体应当对于市场风险存在一定程度的预见和判断。人民法院应当依法把握情势变更原则的适用条件，严格审查当事人提出的"无法预见"的主张，对于涉及石油、焦炭、有色金属等市场属性活泼、长期以来价格波动较大的大宗商品标的物以及股票、期货等风险投资型金融产品标的物的合同，更要慎重适用情势变更原则。

3. 人民法院要合理区分情势变更与商业风险。商业风险属于从事商业活动的固有风险，诸如尚未达到异常变动程度的供求关系变化、价格涨跌等。情势变更是当事人在缔约时无法预见的非市场系统固有的风险。人民法院在判断某种重大客观变化是否属于情势变更时，应当注意衡量风险类型是否属于社会一般观念上的事先无法预见、风险程度是否远远超出正常人的合理预期、风险是否可以防范和控制、交易性质是否属于通常的"高风险高收益"范围等因素，并结合市场的具体情况，在个案中识别情势变更和商业风险。

4. 在调整尺度的价值取向把握上，人民法院仍应遵循侧重于保护守约方的原则。适用情势变更原则并非简单地豁免债务人的义务而使债权人承受不利后果，而是要充分注意利益均衡，公平合理地调整双方利益关系。在诉讼过程中，人民法院要积极引导当事人重新协商,改订合同;重新协商不成的,争取调解解决。为防止情势变更原则被滥用而影响市场正常的交易秩序,人民法院决定适用情势变更原则作出判决的,应当按照最高人民法院《关于正确适用〈中华人民共和国合同法〉若干问题的解释(二)服务党和国家工作大局的通知》(法〔2009〕165号)的要求,严格履行适用情势变更的相关审核程序。

……

四、正确把握法律构成要件,稳妥认定表见代理行为

12. 当前在国家重大项目和承包租赁行业等受到全球性金融危机冲击和国内宏观经济形势变化影响比较明显的行业领域,由于合同当事人采用转包、分包、转租方式,出现了大量以单位部门、项目经理乃至个人名义签订或实际履行合同的情形,并因合同主体和效力认定问题引发表见代理纠纷案件。对此,人民法院应当正确适用合同法第四十九条关于表见代理制度的规定,严格认定表见代理行为。

13. 合同法第四十九条规定的表见代理制度不仅要求代理人的无权代理行为在客观上形成具有代理权的表象,而且要求相对人在主观上善意且无过失地相信行为人有代理权。合同相对人主张构成表见代理的,应当承担举证责任,不仅应当举证证明代理行为存在诸如合同书、公章、印鉴等有权代理的客观表象形式要素,而且应当证明其善意且无过失地相信行为人具有代理权。

14. 人民法院在判断合同相对人主观上是否属于善意且无过失时,应当结合合同缔结与履行过程中的各种因素综合判断合同相对人是否尽到合理注意义务,此外还要考虑合同的缔结时间、以谁的名义签字、是否盖有相关印章及印章真伪、标的物的交付方式与地点、购买的材料、租赁的器材、所借款项的用途、建筑单位是否知道项目经理的行为、是否参与合同履行等各种因素,作出综合分析判断。

五、正确适用强制性规定,稳妥认定民商事合同效力

15. 正确理解、识别和适用合同法第五十二条第(五)项中的"违反法律、行政法规的强制性规定",关系到民商事合同的效力维护以及市场交易的安全和稳定。人民法院应当注意根据《合同法解释(二)》第十四条之规定,注意区分效力性强制规定和管理性强制规定。违反效力性强制规定的,人民法院应当认定合同无效;违反管理性强制规定的,人民法院应当根据具体情形认定其效力。

16. 人民法院应当综合法律法规的意旨,权衡相互冲突的权益,诸如权益的种类、交易安全以及其所规制的对象等,综合认定强制性规定的类型。如果强制性规范规制的是合同行为本身即只要该合同行为发生即绝对地损害国家利益或者社会公共利益的,人民法院应当认定合同无效。如果强制性规定规制的是当事人的"市场准入"资格而非某种类型的合同行为,或者规制的是某种合同的履行行为而非某类合同行为,人民法院对于此类合同效力的认定,应当慎重把握,必要时应当征求相关立法部门的意见或者请示上级人民法院。

六、合理适用不安抗辩权规则,维护权利人合法权益

17. 在当前情势下,为敦促诚信的合同一方当事人及时保全证据、有效保护权利人的正当合法权益,对于一方当事人已经履行全部交付义务,虽然约定的价款期限尚未到期,但其诉请付款方支付未到期价款的,如果有确切证据证明付款方明确表示不履行给付价款义务,或者付款方被吊销营业执照、被注销、被有关部门撤销、处于歇业状态,或者付款方转移财产、抽逃资金以逃避债务,或者付款方丧失商业信誉,以及付款方以自己的行为表明不履行给付价款义务的其他情形的,除非付款方已经提供适当的担保,人民法院可以根据合同法第六十八条第一款、第六十九条、第九十四条第(二)项、第一百零八条、第一百六十七条等规定精神,判令付款期限已到期或者加速到期。

（十三）最高人民法院关于审理仲裁司法审查案件若干问题的规定

法释〔2017〕22号

《最高人民法院关于审理仲裁司法审查案件若干问题的规定》已于2017年12月4日由最高人民法院审判委员会第1728次会议通过，现予公布，自2018年1月1日起施行。

最高人民法院
2017年12月26日

为正确审理仲裁司法审查案件，依法保护各方当事人合法权益，根据《中华人民共和国民事诉讼法》《中华人民共和国仲裁法》等法律规定，结合审判实践，制定本规定。

第一条 本规定所称仲裁司法审查案件，包括下列案件：
（一）申请确认仲裁协议效力案件；
（二）申请执行我国内地仲裁机构的仲裁裁决案件；
（三）申请撤销我国内地仲裁机构的仲裁裁决案件；
（四）申请认可和执行香港特别行政区、澳门特别行政区、台湾地区仲裁裁决案件；
（五）申请承认和执行外国仲裁裁决案件；
（六）其他仲裁司法审查案件。

第二条 申请确认仲裁协议效力的案件，由仲裁协议约定的仲裁机构所在地、仲裁协议签订地、申请人住所地、被申请人住所地的中级人民法院或者专门人民法院管辖。

涉及海事海商纠纷仲裁协议效力的案件，由仲裁协议约定的仲裁机构所在地、仲裁协议签订地、申请人住所地、被申请人住所地的海事法院管辖；上述地点没有海事法院的，由就近的海事法院管辖。

第三条 外国仲裁裁决与人民法院审理的案件存在关联，被申请人住所地、被申请人财产所在地均不在我国内地，申请人申请承认外国仲裁裁决的，由受理关联案件的人民法院管辖。受理关联案件的人民法院为基层人民法院的，申请承认外国仲裁裁决的案件应当由该基层人民法院的上一级人民法院管辖。受理关联案件的人民法院是高级人民法院或者最高人民法院的，由上述法院决定自行审查或者指定中级人民法院审查。

外国仲裁裁决与我国内地仲裁机构审理的案件存在关联，被申请人住所地、被申请人财产所在地均不在我国内地，申请人申请承认外国仲裁裁决的，由受理关联案件的仲裁机构所在地的中级人民法院管辖。

第四条 申请人向两个以上有管辖权的人民法院提出申请的，由最先立案的人民法院管辖。

第五条 申请人向人民法院申请确认仲裁协议效力的，应当提交申请书及仲裁协议正本或者经证明无误的副本。

申请书应当载明下列事项：

（一）申请人或者被申请人为自然人的，应当载明其姓名、性别、出生日期、国籍及住所；为法人或者其他组织的，应当载明其名称、住所以及法定代表人或者代表人的姓名和职务；

（二）仲裁协议的内容；

（三）具体的请求和理由。

当事人提交的外文申请书、仲裁协议及其他文件，应当附有中文译本。

第六条 申请人向人民法院申请执行或者撤销我国内地仲裁机构的仲裁裁决、申请承认和执行外国仲裁裁决的，应当提交申请书及裁决书正本或者经证明无误的副本。

申请书应当载明下列事项：

（一）申请人或者被申请人为自然人的，应当载明其姓名、性别、出生日期、国籍及住所；为法人或者其他组织的，应当载明其名称、住所以及法定代表人或者代表人的姓名和职务；

（二）裁决书的主要内容及生效日期；

（三）具体的请求和理由。

当事人提交的外文申请书、裁决书及其他文件，应当附有中文译本。

第七条 申请人提交的文件不符合第五条、第六条的规定，经人民法院释明后提交的文件仍然不符合规定的，裁定不予受理。

申请人向对案件不具有管辖权的人民法院提出申请，人民法院应当告知其向有管辖权的人民法院提出申请，申请人仍不变更申请的，裁定不予受理。

申请人对不予受理的裁定不服的，可以提起上诉。

第八条 人民法院立案后发现不符合受理条件的，裁定驳回申请。

前款规定的裁定驳回申请的案件，申请人再次申请并符合受理条件的，人民法院应予受理。

当事人对驳回申请的裁定不服的，可以提起上诉。

第九条 对于申请人的申请，人民法院应当在七日内审查决定是否受理。

人民法院受理仲裁司法审查案件后，应当在五日内向申请人和被申请人发出通知书，告知其受理情况及相关的权利义务。

第十条 人民法院受理仲裁司法审查案件后，被申请人对管辖权有异议的，应当自收到人民法院通知之日起十五日内提出。人民法院对被申请人提出的异议，应当审查并作出裁定。当事人对裁定不服的，可以提起上诉。

在中华人民共和国领域内没有住所的被申请人对人民法院的管辖权有异议的，应当自收到人民法院通知之日起三十日内提出。

第十一条 人民法院审查仲裁司法审查案件，应当组成合议庭并询问当事人。

第十二条 仲裁协议或者仲裁裁决具有《最高人民法院关于适用〈中华人民共和国

涉外民事关系法律适用法〉若干问题的解释(一)》第一条规定情形的,为涉外仲裁协议或者涉外仲裁裁决。

第十三条 当事人协议选择确认涉外仲裁协议效力适用的法律,应当作出明确的意思表示,仅约定合同适用的法律,不能作为确认合同中仲裁条款效力适用的法律。

第十四条 人民法院根据《中华人民共和国涉外民事关系法律适用法》第十八条的规定,确定确认涉外仲裁协议效力适用的法律时,当事人没有选择适用的法律,适用仲裁机构所在地的法律与适用仲裁地的法律将对仲裁协议的效力作出不同认定的,人民法院应当适用确认仲裁协议有效的法律。

第十五条 仲裁协议未约定仲裁机构和仲裁地,但根据仲裁协议约定适用的仲裁规则可以确定仲裁机构或者仲裁地的,应当认定其为《中华人民共和国涉外民事关系法律适用法》第十八条中规定的仲裁机构或者仲裁地。

第十六条 人民法院适用《承认及执行外国仲裁裁决公约》审查当事人申请承认和执行外国仲裁裁决案件时,被申请人以仲裁协议无效为由提出抗辩的,人民法院应当依照该公约第五条第一款(甲)项的规定,确定确认仲裁协议效力应当适用的法律。

第十七条 人民法院对申请执行我国内地仲裁机构作出的非涉外仲裁裁决案件的审查,适用《中华人民共和国民事诉讼法》第二百三十七条的规定。

人民法院对申请执行我国内地仲裁机构作出的涉外仲裁裁决案件的审查,适用《中华人民共和国民事诉讼法》第二百七十四条的规定。

第十八条 《中华人民共和国仲裁法》第五十八条第一款第六项和《中华人民共和国民事诉讼法》第二百三十七条第二款第六项规定的仲裁员在仲裁该案时有索贿受贿,徇私舞弊,枉法裁决行为,是指已经由生效刑事法律文书或者纪律处分决定所确认的行为。

第十九条 人民法院受理仲裁司法审查案件后,作出裁定前,申请人请求撤回申请的,裁定准许。

第二十条 人民法院在仲裁司法审查案件中作出的裁定,除不予受理、驳回申请、管辖权异议的裁定外,一经送达即发生法律效力。当事人申请复议、提出上诉或者申请再审的,人民法院不予受理,但法律和司法解释另有规定的除外。

第二十一条 人民法院受理的申请确认涉及香港特别行政区、澳门特别行政区、台湾地区仲裁协议效力的案件,申请执行或者撤销我国内地仲裁机构作出的涉及香港特别行政区、澳门特别行政区、台湾地区仲裁裁决的案件,参照适用涉外仲裁司法审查案件的规定审查。

第二十二条 本规定自2018年1月1日起施行,本院以前发布的司法解释与本规定不一致的,以本规定为准。

(十四)最高人民法院关于民事执行中财产调查若干问题的规定

《最高人民法院关于民事执行中财产调查若干问题的规定》已于2017年1月25日由最高人民法院审判委员会第1708次会议通过,现予公布,自2017年5月1日起施行。

最高人民法院
2017年2月28日

为规范民事执行财产调查,维护当事人及利害关系人的合法权益,根据《中华人民共和国民事诉讼法》等法律的规定,结合执行实践,制定本规定。

第一条 执行过程中,申请执行人应当提供被执行人的财产线索;被执行人应当如实报告财产;人民法院应当通过网络执行查控系统进行调查,根据案件需要应当通过其他方式进行调查的,同时采取其他调查方式。

第二条 申请执行人提供被执行人财产线索,应当填写财产调查表。财产线索明确、具体的,人民法院应当在七日内调查核实;情况紧急的,应当在三日内调查核实。财产线索确实的,人民法院应当及时采取相应的执行措施。

申请执行人确因客观原因无法自行查明财产的,可以申请人民法院调查。

第三条 人民法院依申请执行人的申请或依职权责令被执行人报告财产情况的,应当向其发出报告财产令。金钱债权执行中,报告财产令应当与执行通知同时发出。

人民法院根据案件需要再次责令被执行人报告财产情况的,应当重新向其发出报告财产令。

第四条 报告财产令应当载明下列事项:

(一)提交财产报告的期限;

(二)报告财产的范围、期间;

(三)补充报告财产的条件及期间;

(四)违反报告财产义务应承担的法律责任;

(五)人民法院认为有必要载明的其他事项。

报告财产令应附财产调查表,被执行人必须按照要求逐项填写。

第五条 被执行人应当在报告财产令载明的期限内向人民法院书面报告下列财产情况:

(一)收入、银行存款、现金、理财产品、有价证券;

(二)土地使用权、房屋等不动产;

(三)交通运输工具、机器设备、产品、原材料等动产;

(四)债权、股权、投资权益、基金份额、信托受益权、知识产权等财产性权利;

（五）其他应当报告的财产。

被执行人的财产已出租、已设立担保物权等权利负担，或者存在共有、权属争议等情形的，应当一并报告；被执行人的动产由第三人占有，被执行人的不动产、特定动产、其他财产权等登记在第三人名下的，也应当一并报告。

被执行人在报告财产令载明的期限内提交书面报告确有困难的，可以向人民法院书面申请延长期限；申请有正当理由的，人民法院可以适当延长。

第六条 被执行人自收到执行通知之日前一年至提交书面财产报告之日，其财产情况发生下列变动的，应当将变动情况一并报告：

（一）转让、出租财产的；

（二）在财产上设立担保物权等权利负担的；

（三）放弃债权或延长债权清偿期的；

（四）支出大额资金的；

（五）其他影响生效法律文书确定债权实现的财产变动。

第七条 被执行人报告财产后，其财产情况发生变动，影响申请执行人债权实现的，应当自财产变动之日起十日内向人民法院补充报告。

第八条 对被执行人报告的财产情况，人民法院应当及时调查核实，必要时可以组织当事人进行听证。

申请执行人申请查询被执行人报告的财产情况的，人民法院应当准许。申请执行人及其代理人对查询过程中知悉的信息应当保密。

第九条 被执行人拒绝报告、虚假报告或者无正当理由逾期报告财产情况的，人民法院可以根据情节轻重对被执行人或者其法定代理人予以罚款、拘留；构成犯罪的，依法追究刑事责任。

人民法院对有前款规定行为之一的单位，可以对其主要负责人或者直接责任人员予以罚款、拘留；构成犯罪的，依法追究刑事责任。

第十条 被执行人拒绝报告、虚假报告或者无正当理由逾期报告财产情况的，人民法院应当依照相关规定将其纳入失信被执行人名单。

第十一条 有下列情形之一的，财产报告程序终结：

（一）被执行人履行完毕生效法律文书确定义务的；

（二）人民法院裁定终结执行的；

（三）人民法院裁定不予执行的；

（四）人民法院认为财产报告程序应当终结的其他情形。

发出报告财产令后，人民法院裁定终结本次执行程序的，被执行人仍应依照本规定第七条的规定履行补充报告义务。

第十二条 被执行人未按执行通知履行生效法律文书确定的义务，人民法院有权通过网络执行查控系统、现场调查等方式向被执行人、有关单位或个人调查被执行人的身份信息和财产信息，有关单位和个人应当依法协助办理。

人民法院对调查所需资料可以复制、打印、抄录、拍照或以其他方式进行提取、留存。

申请执行人申请查询人民法院调查的财产信息的，人民法院可以根据案件需要决定是否准许。申请执行人及其代理人对查询过程中知悉的信息应当保密。

第十三条 人民法院通过网络执行查控系统进行调查，与现场调查具有同等法律效力。

人民法院调查过程中作出的电子法律文书与纸质法律文书具有同等法律效力；协助执行单位反馈的电子查询结果与纸质反馈结果具有同等法律效力。

第十四条 被执行人隐匿财产、会计账簿等资料拒不交出的，人民法院可以依法采取搜查措施。

人民法院依法搜查时，对被执行人可能隐匿财产或者资料的处所、箱柜等，经责令被执行人开启而拒不配合的，可以强制开启。

第十五条 为查明被执行人的财产情况和履行义务的能力，可以传唤被执行人或被执行人的法定代表人、负责人、实际控制人、直接责任人员到人民法院接受调查询问。

对必须接受调查询问的被执行人、被执行人的法定代表人、负责人或者实际控制人，经依法传唤无正当理由拒不到场的，人民法院可以拘传其到场；上述人员下落不明的，人民法院可以依照相关规定通知有关单位协助查找。

第十六条 人民法院对已经办理查封登记手续的被执行人机动车、船舶、航空器等特定动产未能实际扣押的，可以依照相关规定通知有关单位协助查找。

第十七条 作为被执行人的法人或其他组织不履行生效法律文书确定的义务，申请执行人认为其有拒绝报告、虚假报告财产情况，隐匿、转移财产等逃避债务情形或者其股东、出资人有出资不实、抽逃出资等情形的，可以书面申请人民法院委托审计机构对该被执行人进行审计。人民法院应当自收到书面申请之日起十日内决定是否准许。

第十八条 人民法院决定审计的，应当随机确定具备资格的审计机构，并责令被执行人提交会计凭证、会计账簿、财务会计报告等与审计事项有关的资料。

被执行人隐匿审计资料的，人民法院可以依法采取搜查措施。

第十九条 被执行人拒不提供、转移、隐匿、伪造、篡改、毁弃审计资料，阻挠审计人员查看业务现场或者有其他妨碍审计调查行为的，人民法院可以根据情节轻重对被执行人或其主要负责人、直接责任人员予以罚款、拘留；构成犯罪的，依法追究刑事责任。

第二十条 审计费用由提出审计申请的申请执行人预交。被执行人存在拒绝报告或虚假报告财产情况，隐匿、转移财产或者其他逃避债务情形的，审计费用由被执行人承担；未发现被执行人存在上述情形的，审计费用由申请执行人承担。

第二十一条 被执行人不履行生效法律文书确定的义务，申请执行人可以向人民法院书面申请发布悬赏公告查找可供执行的财产。申请书应当载明下列事项：

（一）悬赏金的数额或计算方法；

（二）有关人员提供人民法院尚未掌握的财产线索，使该申请执行人的债权得以全部或部分实现时，自愿支付悬赏金的承诺；

(三)悬赏公告的发布方式;

(四)其他需要载明的事项。

人民法院应当自收到书面申请之日起十日内决定是否准许。

第二十二条 人民法院决定悬赏查找财产的,应当制作悬赏公告。悬赏公告应当载明悬赏金的数额或计算方法、领取条件等内容。

悬赏公告应当在全国法院执行悬赏公告平台、法院微博或微信等媒体平台发布,也可以在执行法院公告栏或被执行人住所地、经常居住地等处张贴。申请执行人申请在其他媒体平台发布,并自愿承担发布费用的,人民法院应当准许。

第二十三条 悬赏公告发布后,有关人员向人民法院提供财产线索的,人民法院应当对有关人员的身份信息和财产线索进行登记;两人以上提供相同财产线索的,应当按照提供线索的先后顺序登记。

人民法院对有关人员的身份信息和财产线索应当保密,但为发放悬赏金需要告知申请执行人的除外。

第二十四条 有关人员提供人民法院尚未掌握的财产线索,使申请发布悬赏公告的申请执行人的债权得以全部或部分实现的,人民法院应当按照悬赏公告发放悬赏金。

悬赏金从前款规定的申请执行人应得的执行款中予以扣减。特定物交付执行或者存在其他无法扣减情形的,悬赏金由该申请执行人另行支付。

有关人员为申请执行人的代理人、有义务向人民法院提供财产线索的人员或者存在其他不应发放悬赏金情形的,不予发放。

第二十五条 执行人员不得调查与执行案件无关的信息,对调查过程中知悉的国家秘密、商业秘密和个人隐私应当保密。

第二十六条 本规定自 2017 年 5 月 1 日起施行。

本规定施行后,本院以前公布的司法解释与本规定不一致的,以本规定为准。

（十五）最高人民法院关于修改《最高人民法院关于公布失信被执行人名单信息的若干规定》的决定

《最高人民法院关于修改〈最高人民法院关于公布失信被执行人名单信息的若干规定〉的决定》已于2017年1月16日由最高人民法院审判委员会第1707次会议通过，现予公布，自2017年5月1日起施行。

最高人民法院
2017年2月28日

根据最高人民法院审判委员会第1707次会议决定，对《最高人民法院关于公布失信被执行人名单信息的若干规定》作如下修改：

一、将第一条修改为："被执行人未履行生效法律文书确定的义务，并具有下列情形之一的，人民法院应当将其纳入失信被执行人名单，依法对其进行信用惩戒：

（一）有履行能力而拒不履行生效法律文书确定义务的；

（二）以伪造证据、暴力、威胁等方法妨碍、抗拒执行的；

（三）以虚假诉讼、虚假仲裁或者以隐匿、转移财产等方法规避执行的；

（四）违反财产报告制度的；

（五）违反限制消费令的；

（六）无正当理由拒不履行执行和解协议的。"

二、增加一条，作为第二条："被执行人具有本规定第一条第二项至第六项规定情形的，纳入失信被执行人名单的期限为二年。被执行人以暴力、威胁方法妨碍、抗拒执行情节严重或具有多项失信行为的，可以延长一至三年。

失信被执行人积极履行生效法律文书确定义务或主动纠正失信行为的，人民法院可以决定提前删除失信信息。"

三、增加一条，作为第三条："具有下列情形之一的，人民法院不得依据本规定第一条第一项的规定将被执行人纳入失信被执行人名单：

（一）提供了充分有效担保的；

（二）已被采取查封、扣押、冻结等措施的财产足以清偿生效法律文书确定债务的；

（三）被执行人履行顺序在后，对其依法不应强制执行的；

（四）其他不属于有履行能力而拒不履行生效法律文书确定义务的情形。"

四、增加一条，作为第四条："被执行人为未成年人的，人民法院不得将其纳入失信被执行人名单。"

五、将第二条改为第五条，修改为："人民法院向被执行人发出的执行通知中，应当载明有关纳入失信被执行人名单的风险提示等内容。

申请执行人认为被执行人具有本规定第一条规定情形之一的,可以向人民法院申请将其纳入失信被执行人名单。人民法院应当自收到申请之日起十五日内审查并作出决定。人民法院认为被执行人具有本规定第一条规定情形之一的,也可以依职权决定将其纳入失信被执行人名单。

人民法院决定将被执行人纳入失信被执行人名单的,应当制作决定书,决定书应当写明纳入失信被执行人名单的理由,有纳入期限的,应当写明纳入期限。决定书由院长签发,自作出之日起生效。决定书应当按照民事诉讼法规定的法律文书送达方式送达当事人。"

六、将第三条改为第十一条,修改为:"被纳入失信被执行人名单的公民、法人或其他组织认为有下列情形之一的,可以向执行法院申请纠正:

(一)不应将其纳入失信被执行人名单的;

(二)记载和公布的失信信息不准确的;

(三)失信信息应予删除的。"

七、将第四条改为第六条,第(一)项修改为:"作为被执行人的法人或者其他组织的名称、统一社会信用代码(或组织机构代码)、法定代表人或者负责人姓名;"

八、将第六条改为第八条,将第三款改为:"国家工作人员、人大代表、政协委员等被纳入失信被执行人名单的,人民法院应当将失信情况通报其所在单位和相关部门。"

将第四款改为:"国家机关、事业单位、国有企业等被纳入失信被执行人名单的,人民法院应当将失信情况通报其上级单位、主管部门或者履行出资人职责的机构。"

九、增加一条,作为第九条:"不应纳入失信被执行人名单的公民、法人或其他组织被纳入失信被执行人名单的,人民法院应当在三个工作日内撤销失信信息。

记载和公布的失信信息不准确的,人民法院应当在三个工作日内更正失信信息。"

十、将第七条改为第十条,修改为:"具有下列情形之一的,人民法院应当在三个工作日内删除失信信息:

(一)被执行人已履行生效法律文书确定的义务或人民法院已执行完毕的;

(二)当事人达成执行和解协议且已履行完毕的;

(三)申请执行人书面申请删除失信信息,人民法院审查同意的;

(四)终结本次执行程序后,通过网络执行查控系统查询被执行人财产两次以上,未发现有可供执行财产,且申请执行人或者其他人未提供有效财产线索的;

(五)因审判监督或破产程序,人民法院依法裁定对失信被执行人中止执行的;

(六)人民法院依法裁定不予执行的;

(七)人民法院依法裁定终结执行的。

有纳入期限的,不适用前款规定。纳入期限届满后三个工作日内,人民法院应当删除失信信息。

依照本条第一款规定删除失信信息后,被执行人具有本规定第一条规定情形之一的,人民法院可以重新将其纳入失信被执行人名单。

依照本条第一款第三项规定删除失信信息后六个月内,申请执行人申请将该被执行人纳入失信被执行人名单的,人民法院不予支持。"

十一、增加一条,作为第十二条:"公民、法人或其他组织对被纳入失信被执行人名单申请纠正的,执行法院应当自收到书面纠正申请之日起十五日内审查,理由成立的,应当在三个工作日内纠正;理由不成立的,决定驳回。公民、法人或其他组织对驳回决定不服的,可以自决定书送达之日起十日内向上一级人民法院申请复议。上一级人民法院应当自收到复议申请之日起十五日内作出决定。复议期间,不停止原决定的执行。"

十二、增加一条,作为第十三条:"人民法院工作人员违反本规定公布、撤销、更正、删除失信信息的,参照有关规定追究责任。"

根据本决定,将《最高人民法院关于公布失信被执行人名单信息的若干规定》作相应修改,重新公布。

（十六）最高人民法院关于仲裁司法审查案件报核问题的有关规定

法释〔2017〕21号

为正确审理仲裁司法审查案件，统一裁判尺度，依法保护当事人合法权益，保障仲裁发展，根据《中华人民共和国民事诉讼法》《中华人民共和国仲裁法》等法律规定，结合审判实践，制定本规定。

第一条 本规定所称仲裁司法审查案件，包括下列案件：

（一）申请确认仲裁协议效力案件；

（二）申请撤销我国内地仲裁机构的仲裁裁决案件；

（三）申请执行我国内地仲裁机构的仲裁裁决案件；

（四）申请认可和执行香港特别行政区、澳门特别行政区、台湾地区仲裁裁决案件；

（五）申请承认和执行外国仲裁裁决案件；

（六）其他仲裁司法审查案件。

第二条 各中级人民法院或者专门人民法院办理涉外涉港澳台仲裁司法审查案件，经审查拟认定仲裁协议无效，不予执行或者撤销我国内地仲裁机构的仲裁裁决，不予认可和执行香港特别行政区、澳门特别行政区、台湾地区仲裁裁决，不予承认和执行外国仲裁裁决，应当向本辖区所属高级人民法院报核；高级人民法院经审查拟同意的，应当向最高人民法院报核。待最高人民法院审核后，方可依最高人民法院的审核意见作出裁定。

各中级人民法院或者专门人民法院办理非涉外涉港澳台仲裁司法审查案件，经审查拟认定仲裁协议无效，不予执行或者撤销我国内地仲裁机构的仲裁裁决，应当向本辖区所属高级人民法院报核；待高级人民法院审核后，方可依高级人民法院的审核意见作出裁定。

第三条 本规定第二条第二款规定的非涉外涉港澳台仲裁司法审查案件，高级人民法院经审查拟同意中级人民法院或者专门人民法院认定仲裁协议无效，不予执行或者撤销我国内地仲裁机构的仲裁裁决，在下列情形下，应当向最高人民法院报核，待最高人民法院审核后，方可依最高人民法院的审核意见作出裁定：

（一）仲裁司法审查案件当事人住所地跨省级行政区域；

（二）以违背社会公共利益为由不予执行或者撤销我国内地仲裁机构的仲裁裁决。

第四条 下级人民法院报请上级人民法院审核的案件，应当将书面报告和案件卷宗材料一并上报。书面报告应当写明审查意见及具体理由。

第五条 上级人民法院收到下级人民法院的报核申请后，认为案件相关事实不清的，可以询问当事人或者退回下级人民法院补充查明事实后再报。

第六条 上级人民法院应当以复函的形式将审核意见答复下级人民法院。

第七条 在民事诉讼案件中，对于人民法院因涉及仲裁协议效力而作出的不予受理、驳回起诉、管辖权异议的裁定,当事人不服提起上诉,第二审人民法院经审查拟认定仲裁协议不成立、无效、失效、内容不明确无法执行的,须按照本规定第二条的规定逐级报核,待上级人民法院审核后,方可依上级人民法院的审核意见作出裁定。

第八条 本规定自2018年1月1日起施行,本院以前发布的司法解释与本规定不一致的,以本规定为准。

附录二　全国各省市相关规定

（一）江苏省高级人民法院关于审理建设工程施工合同纠纷案件若干问题的意见

（2008年12月17日审判委员会第44次会议讨论通过）

为统一全省法院审理建设工程施工合同纠纷案件的执法尺度，依据《中华人民共和国民法通则》、《中华人民共和国合同法》、《中华人民共和国建筑法》、《中华人民共和国招标投标法》、《最高人民法院关于审理建设工程施工合同纠纷案件适用法律若干问题的解释》等法律、行政法规及司法解释，结合我省实际情况，制定本意见。

第一条　因承包人进行工程施工建设，发包人支付工程价款的建设工程施工合同纠纷案件适用本意见的规定。

劳务承包合同纠纷案件和家庭住宅装饰装修合同纠纷案件不适用本意见的规定。

第二条　发包人与承包人协议约定以房屋直接充抵工程价款且发包人对房屋不再享有权利，因不履行该协议而引起的纠纷属于房屋买卖合同纠纷，不适用本意见的规定。

第三条　具有下列情形之一，当事人要求确认建设工程施工合同无效的，人民法院应予支持：

（一）承包人未取得建筑施工企业资质或者超越资质等级的；

（二）没有资质的实际施工人借用有资质的建筑施工企业名义的；

（三）建设工程必须进行招标而未招标或者中标无效的；

（四）承包单位将工程进行转包或者违法分包的；

（五）中标合同约定的工程价款低于成本价的；

（六）法律、行政法规规定的其他情形。

第四条　有以下情形之一的，应当认定为没有资质的实际施工人借用有资质的建筑施工企业名义承揽建设工程：

（一）不具有从事建筑活动主体资格的个人、合伙组织或企业以具备从事建筑活动资格的建筑企业的名义承揽工程；

（二）资质等级低的建筑企业以资质等级高的建筑企业的名义承揽工程；

（三）不具有工程总包资格的建筑企业以具有总包资格的建筑企业的名义承揽工程；

（四）有资质的建筑企业通过其他违法方式允许他人以本企业的名义承揽工程的情形。

第五条　承包人之间具有下列情形之一的，可以认定为本意见第四条规定的"挂靠"：

（一）相互间无资产产权联系，即没有以股份等方式划转资产的；

（二）无统一的财务管理，各自实行或者变相实行独立核算的；

（三）无符合规定要求的人事任免、调动和聘用手续的；

（四）法律、行政法规规定的其他情形。

第六条 建设工程施工合同中约定的正常使用条件下工程的保修期限低于法律、行政法规规定的最低期限，当事人要求确认该约定无效的，人民法院应予支持。

第七条 经过招标投标订立的建设工程施工合同，工程虽经验收合格，但因合同约定的工程价款低于成本价而导致合同无效，发包人要求参照合同约定的价款结算的，人民法院应予支持。

第八条 建设工程合同生效后，当事人对有关内容没有约定或者约定不明确的，可以协议补充；不能达成补充协议的，按照合同有关条款或者参照国家建设部和国家工商总局联合推行的《建设工程施工合同（示范文本）》的通用条款确定。

第九条 建设工程施工合同约定工程价款实行固定价结算的，一方当事人要求按定额结算工程价款的，人民法院不予支持，但合同履行过程中原材料价格发生重大变化的除外。

建设工程施工合同约定工程价款实行固定价结算的，因设计变更导致工程量变化或质量标准变化，当事人要求对工程量增加或减少部分按实结算的，人民法院应予支持，当事人另有约定的除外。

第十条 建设工程施工合同中明确约定发包人收到竣工结算文件后，在合同约定的期限内不予答复视为认可竣工结算文件，当事人要求按照竣工结算文件进行工程价款结算的，人民法院应予支持；建设工程施工合同中未明确约定，当事人要求按照竣工结算文件进行工程价款结算的，人民法院不予支持。

第十一条 法律、行政法规规定必须要经过招标投标的建设工程，当事人实际履行的建设工程施工合同与备案的中标合同实质性内容不一致的，应当以备案的中标合同作为工程价款的结算根据；未经过招标投标的，该建设工程施工合同为无效合同，应当参照实际履行的合同作为工程价款的结算根据。

法律、行政法规未规定必须进行招标投标的建设工程，应当以当事人实际履行的合同作为工程价款的结算根据；经过招标投标的，当事人实际履行的建设工程施工合同与中标合同实质性内容不一致的，应当以中标合同作为工程价款的结算根据。

第十二条 建设工程价款进行鉴定的，承包人出具的工程签证单等工程施工资料有瑕疵，鉴定机构未予认定，承包人要求按照工程签证单等工程施工资料给付相应工程价款的，人民法院不予支持，但当事人有证据证明工程签证单等工程施工资料载明的工程内容确已完成的除外。

第十三条 由国家财政投资的建设工程，当事人未在合同中约定以国家财政部门或国家审计部门的审核、审计结果作为工程价款结算依据的，承包人要求按照合同约定结算工程价款的，人民法院应予支持。

第十四条 承包人根据建设工程施工合同要求发包人支付工程款，发包人要求对已经向实际施工人支付的部分进行抵扣的，人民法院应予支持，但承包人有证据证明发包人与实际施工人恶意串通的除外。

第十五条　发包人应及时审查承包人提交的工程竣工结算文件。发包人在合同约定的审核结算期限届满后,又以承包人提交的竣工结算文件不完整为由拒绝结算,承包人要求从合同约定的审核结算期限届满之日起计算工程价款利息的,人民法院应予支持。

第十六条　建设工程竣工并经验收合格后,承包人要求发包人支付工程价款,发包人对工程质量提出异议并要求对工程进行鉴定的,人民法院不予支持。

建设工程竣工但未经验收,承包人要求发包人支付工程价款,发包人对工程质量提出异议并要求进行鉴定的,人民法院应予支持。

第十七条　当事人诉前已经共同选定具有相应资质的鉴定机构对建设工程作出了鉴定结论,诉讼中一方当事人要求重新鉴定的,人民法院不予支持,但有证据证明鉴定结论具有《最高人民法院关于民事诉讼证据的若干规定》第二十七条第一款规定的情形除外。

第十八条　建设工程已经竣工并验收,发包人与承包人签订工程移交协议的,协议约定的移交日视为建设工程交付日;协议未约定移交日的,协议签订日视为建设工程交付日。

第十九条　建设工程已经竣工的,承包人的工程价款优先受偿权的行使期限自建设工程竣工之日起六个月;建设工程未竣工的,承包人的工程价款优先受偿权的行使期限自建设工程合同约定的竣工之日起六个月。

第二十条　承包人将建设工程价款债权转让的,建设工程价款的优先受偿权随之转让。

第二十一条　承包人的优先受偿权范围限于建设工程合同约定的工程价款,包括承包人应当支付的工作人员报酬、材料款、用于建设工程的垫资等实际支出的费用。未用于建设工程的借款以及发包人应当支付的违约金或者因为发包人违约所造成的损失不属于建设工程价款优先受偿权的受偿范围。

第二十二条　承包人的项目部或项目经理以承包人名义订立合同,债权人要求承包人承担民事责任的,人民法院应予支持,但承包人有证据证明债权人知道或应当知道项目部或者项目经理没有代理权限的除外。

第二十三条　实际施工人以发包人为被告要求支付工程款的,人民法院一般应当追加转包人或者违法分包人为被告参加诉讼。

建设工程因转包、违法分包导致建设工程施工合同无效的,实际施工人要求转包人、违法分包人和发包人对工程欠款承担连带责任的,人民法院应予支持,但发包人只在欠付的工程款范围内承担连带责任。

实际施工人要求发包人给付工程款,发包人以实际施工人要求给付的工程款高于其欠付的工程款进行抗辩的,应当由发包人承担举证责任。

第二十四条　合作开发房地产合同中的一方当事人作为发包人与承包人签订建设

工程施工合同，承包人要求合作各方当事人对欠付的工程款承担连带责任的，人民法院应予支持。

第二十五条 挂靠人以被挂靠人名义订立建设工程施工合同，因履行该合同产生的民事责任，挂靠人与被挂靠人应当承担连带责任。

第二十六条 发包人未经设计、规划等部门同意自行变更工程规划、设计，承包人按照发包人指令施工，由此造成发包人损失的由发包人自行承担；造成第三人损失的由发包人与承包人承担连带责任。

第二十七条 建设工程施工合同约定发包人可以因工期、质量、转包或违法分包等情形对承包人处以罚款的，该约定应当视为当事人在合同中约定的违约金条款，当事人要求按照《中华人民共和国合同法》第一百一十四条的规定予以调整的，人民法院应予支持。

第二十八条 承包人转包、违法分包建设工程所获得的利润以及实际施工人支付的管理费，人民法院可以收缴。

第二十九条 本意见自印发之日起施行。

本意见施行后受理和正在审理的第一、二审案件适用本意见的规定；在本意见施行前已经终审，当事人申请再审或者按照审判监督程序决定再审的案件，不适用本意见的规定。本院以前有关规定与本意见相抵触的，不再适用。本意见施行后，法律、行政法规和司法解释作出新规定的，从其规定。

（二）安徽省高级人民法院关于审理建设工程施工合同纠纷案件适用法律问题的指导意见

（安徽省高级人民法院审判委员会2009年5月4日第16次会议通过）

为正确审理建设工程施工合同纠纷案件，根据《中华人民共和国民法通则》、《中华人民共和国合同法》、最高人民法院《关于审理建设工程施工合同纠纷案件适用法律问题的解释》等法律和司法解释的规定，结合本省民事审判实际，制定本意见。

一、建设工程施工合同纠纷诉讼主体的确定

1. 因转包、分包建设工程发生纠纷，实际施工人起诉承包人索要工程款的，一般不追加发包人为案件当事人，但为查明案件事实需要，人民法院可追加发包人为第三人。

因建设工程质量发生纠纷，发包人仅起诉承包人或仅起诉实际施工人的，人民法院可依当事人申请，将实际施工人或承包人追加为共同被告。

2. 实际施工人已被挂靠单位名义签订建设工程施工合同，实际施工人或被挂靠单位单独起诉发包人索要工程款的，发包人可申请人民法院追加被挂靠单位或实际施工人为案件当事人；发包人起诉实际施工人或被挂靠单位的，人民法院可依被挂靠单位或实际施工人的申请，追加被挂靠单位或实际施工人为案件当事人。

3. 未经登记成立的工程项目部不是适格的诉讼主体，应以设立该项目部的法人或法人的分支机构为当事人。

二、建设工程施工合同效力的认定

4. 同时符合下列情形的，应认定为挂靠经营，所签订的建设工程施工合同无效：

（1）实际施工人未取得建筑施工企业资质或者超越资质等级；

（2）实际施工人以建筑施工企业的分支机构、施工队或者项目部等形式对外开展经营活动，但与建筑施工企业之间没有产权联系，没有统一的财务管理，没有规范的人事任免、调动或聘用手续；

（3）实际施工人自筹资金，自行组织施工，建筑施工企业只收取管理费，不参与工程施工、管理，不承担技术、质量和经济责任。

5. 符合下列情形之一的，应认定为违法分包，所签订的建设工程施工合同无效：

（1）承包人将建设工程主体结构的施工分包给他人完成；

（2）分包单位不具备相应的资质条件；

（3）分包未经建设单位认可；

（4）分包单位将其承包的工程再行分包。

6. 同时符合下列情形的，应认定为劳务分包，所签订的合同有效：

（1）实际施工人具备劳务分包企业资质等级标准规定的一种或几种项目的施工资质，承包的施工任务仅是整个工程的一道或几道工序，而不是工程的整套工序；

(2) 承包的方式为提供劳务，而非包工包料。

7. 发包人未取得建设工程规划许可证，与承包人签订建设工程施工合同的，应认定合同无效，但起诉前取得规划许可证的，应认定合同有效。

违反建设工程规划许可证规定超规模建设的，所签订的建设工程施工合同无效，但起诉前补办手续的，应认定合同有效。

三、建设工程价款的确定

8. 备案合同约定的价款与中标价不一致的，如该工程属必须招投标的工程，应按中标价确定工程价款；如该工程不属必须招投标的工程，当事人举证证明备案合同系双方真实意思表示或实际履行的合同，可以备案合同的约定确定工程价款。

9. 承包人就招投标工程承诺对工程价款予以大幅度让利的，属于对工程价款的实质性变更，应认定无效；承包人就非招投标工程承诺予以让利，如无证据证明让利后的工程价款低于施工成本，可认定该承诺有效，按该承诺结算工程价款。

10. 建设工程施工合同约定发包人应在承包人提交结算文件后一定期限内予以答复，但未约定逾期不答复视为认可竣工结算文件的，承包人请求按结算文件确定工程价款的，不予支持。

11. 建设工程施工合同无效，但工程经竣工验收合格的，应当参照合同约定确定工程价款。

12. 建设工程施工合同终止履行，工程未完工但质量合格的，应参照合同约定确定工程价款。

13. 非法转包、违法分包建设工程，实际施工人与承包人约定以承包人与发包人之间的结算价款作为双方结算依据的，应按该约定确定实际施工人应得的工程价款；实际施工人举证证明承包人与发包人之间的结算结果损害其合法权益的，人民法院可根据实际施工人的申请，依据承包人与发包人之间的合同及相关签证确定实际施工人应得的工程价款。

14. 建设工程施工合同无效，但工程经竣工验收合格并交付发包人使用的，承包人应承担相应的工程保修义务和责任，发包人可参照合同约定扣留一定比例的工程款作为工程质量保修金。

四、违约责任的确定

15. 承包人以发包人未按合同约定支付工程进度款为由主张工期顺延权，发包人以承包人未按合同约定办理工期顺延签证抗辩的，如承包人举证证明其在合同约定的办理工期顺延签证期限内向发包人提出过顺延工期的要求，或者举证证明因发包人迟延支付工程进度款严重影响工程施工进度，对其主张，可予支持。

因发包人迟延支付工程进度款而认定承包人享有工期顺延权的，顺延期间自发包人拖欠工程进度款之日起至进度款付清之日止。

五、工程价款优先受偿权的保护

16. 装饰装修工程承包人主张工程款优先受偿权，可予支持；工程勘察人或设计人就工程勘察或设计费主张优先受偿权,不予支持。

17. 建设工程施工合同无效,但工程经竣工验收合格的,承包人主张工程价款优先受偿权,可予支持。

18. 分包人或实际施工人完成了合同约定的施工义务且工程质量合格的,在总包人或非法转包人怠于主张工程价款优先受偿权时,就其承建的工程在发包人欠付的工程款范围内主张工程价款优先受偿权,可予支持。

19. 本指导意见自下发之日起施行。

（三）北京市高级人民法院关于审理建设工程施工合同纠纷案件若干疑难问题的解答

京高法发〔2012〕45号

一、建设工程施工合同效力的认定

1. 未取得建设审批手续的施工合同的效力如何认定？

发包人就尚未取得建设用地规划许可证、建设工程规划许可证等行政审批手续的工程，与承包人签订的建设工程施工合同无效。但在一审法庭辩论终结前发包人取得相应审批手续或者经主管部门批准建设的，应当认定合同有效。

发包人未取得建筑工程施工许可证的，不影响施工合同的效力。

2. 《最高人民法院关于审理建设工程施工合同纠纷案件适用法律问题的解释》（以下简称《解释》）第一条第（二）项规定的"没有资质的实际施工人借用有资质的建筑施工企业名义"承揽建设工程（即"挂靠"）具体包括哪些情形？

具有下列情形之一的，应当认定为《解释》规定的"挂靠"行为：

（1）不具有从事建筑活动主体资格的个人、合伙组织或企业以具备从事建筑活动资格的建筑施工企业的名义承揽工程；

（2）资质等级低的建筑施工企业以资质等级高的建筑施工企业的名义承揽工程；

（3）不具有施工总承包资质的建筑施工企业以具有施工总承包资质的建筑施工企业的名义承揽工程；

（4）有资质的建筑施工企业通过名义上的联营、合作、内部承包等其他方式变相允许他人以本企业的名义承揽工程。

3. 如何认定是否属于必须招标的建设工程？

《解释》第一条第（三）项规定的"必须进行招标"的建设工程的认定应当依据《中华人民共和国招标投标法》第三条的规定、《中华人民共和国招标投标法实施条例》和原国家发展计划委员会《工程建设项目招标范围和规模标准规定》的相关规定予以确定。法律、行政法规有新规定的，适用其新规定。

4. 劳务分包合同的效力如何认定？

同时符合下列情形的，所签订的劳务分包合同有效：

（1）劳务作业承包人取得相应的劳务分包企业资质等级标准；

（2）分包作业的范围是建设工程中的劳务作业（包括木工、砌筑、抹灰、石制作、油漆、钢筋、混凝土、脚手架、模板、焊接、水暖、钣金、架线等）；

（3）承包方式为提供劳务及小型机具和辅料。

合同约定劳务作业承包人负责与工程有关的大型机械、周转性材料租赁和主要材料、设备采购等内容的，不属于劳务分包。

5. 如何认定建筑企业的内部承包行为?

建设工程施工合同的承包人将其承包的全部或部分工程交由其下属的分支机构或在册的项目经理等企业职工个人承包施工,承包人对工程施工过程及质量进行管理,对外承担施工合同权利义务的,属于企业内部承包行为;发包人以内部承包人缺乏施工资质为由主张施工合同无效的,不予支持。

6. 小型建筑工程及农民低层住宅施工合同、家庭住宅室内装饰装修合同的效力如何认定?

施工人签订合同承建小型建筑工程或两层以下(含两层)农民住宅,或者进行家庭住宅室内装饰装修,当事人仅以施工人缺乏相应资质为由,主张合同无效的,一般不予支持。对于当事人确实违反企业资质管理规定承揽工程的,可以建议有关行政主管部门予以处理。

前述合同对质量标准有约定的,依照其约定,没有约定的,依照通常标准或符合合同目的的特定标准予以确定。当事人有其他争议的,原则上可以参照本解答的相关内容处理。

二、建设工程价款的确定和支付

7. 当事人在诉讼前已就工程价款的结算达成协议,一方要求重新结算的,如何处理?

当事人在诉讼前已就工程价款的结算达成协议,一方在诉讼中要求重新结算的,不予支持,但结算协议被法院或仲裁机构认定为无效或撤销的除外。

建设工程施工合同无效,但工程经竣工验收合格,当事人一方以施工合同无效为由要求确认结算协议无效的,不予支持。

8. 承包人项目经理在合同履行过程中所施行为的效力如何认定?

施工合同履行过程中,承包人的项目经理以承包人名义在结算报告、签证文件上签字确认、加盖项目部章或者收取工程款、接受发包人供材等行为,原则上应当认定为职务行为或表见代理行为,对承包人具有约束力,但施工合同另有约定或承包人有证据证明相对方知道或应当知道项目经理没有代理权的除外。

9. 当事人工作人员签证确认的效力如何认定?

当事人在施工合同中就有权对工程量和价款洽商变更等材料进行签证确认的具体人员有明确约定的,依照其约定,除法定代表人外,其他人员所作的签证确认对当事人不具有约束力,但相对方有理由相信该签证人员有代理权的除外;没有约定或约定不明,当事人工作人员所作的签证确认是其职务行为的,对该当事人具有约束力,但该当事人有证据证明相对方知道或应当知道该签证人员没有代理权的除外。

10. 工程监理人员在签证文件上签字确认的效力如何认定?

工程监理人员在监理过程中签字确认的签证文件,涉及工程量、工期及工程质量等事实的,原则上对发包人具有约束力,涉及工程价款洽商变更等经济决策的,原则上对发包人不具有约束力,但施工合同对监理人员的授权另有约定的除外。

11. 固定总价合同履行中,当事人以工程发生设计变更为由要求对工程价款予以调整的,如何处理?

建设工程施工合同约定工程价款实行固定总价结算,在实际履行过程中,因工程发生设计变更等原因导致实际工程量增减,当事人要求对工程价款予以调整的,应当严格掌握,合同对工程价款调整有约定的,依照其约定;没有约定或约定不明的,可以参照合同约定标准对工程量增减部分予以单独结算,无法参照约定标准结算的,可以参照施工地建设行政主管部门发布的计价方法或者计价标准结算。

主张工程价款调整的当事人应当对合同约定施工的具体范围、实际工程量增减的原因、数量等事实承担举证责任。

12. 固定价合同履行过程中,主要建筑材料价格发生重大变化,当事人要求对工程价款予以调整的,如何处理?

建设工程施工合同约定工程价款实行固定价结算,在实际履行过程中,钢材、木材、水泥、混凝土等对工程造价影响较大的主要建筑材料价格发生重大变化,超出了正常市场风险的范围,合同对建材价格变动风险负担有约定的,原则上依照其约定处理;没有约定或约定不明,该当事人要求调整工程价款的,可在市场风险范围和幅度之外酌情予以支持;具体数额可以委托鉴定机构参照施工地建设行政主管部门关于处理建材差价问题的意见予以确定。

因一方当事人原因导致工期延误或建筑材料供应时间延误的,在此期间的建材差价部分工程款,由过错方予以承担。

13. 固定总价合同履行中,承包人未完成工程施工的,工程价款如何确定?

建设工程施工合同约定工程价款实行固定总价结算,承包人未完成工程施工,其要求发包人支付工程款,经审查承包人已施工的工程质量合格的,可以采用"按比例折算"的方式,即由鉴定机构在相应同一取费标准下分别计算出已完工程部分的价款和整个合同约定工程的总价款,两者对比计算出相应系数,再用合同约定的固定价乘以该系数确定发包人应付的工程款。

当事人就已完工程的工程量存在争议的,应当根据双方在撤场交接时签订的会议纪要、交接记录以及监理材料、后续施工资料等文件予以确定;不能确定的,应根据工程撤场时未能办理交接及工程未能完工的原因等因素合理分配举证责任。

14. 承包人依据《解释》第二十条的规定要求按照竣工结算文件结算工程价款的,如何处理?

建设工程施工合同约定发包人应在收到承包人提交的竣工结算文件后一定期限内予以答复,但未明确约定逾期不答复即视为认可竣工结算文件,承包人依据《解释》第二十条的规定要求按照竣工结算文件结算工程价款的,不予支持。

建设工程施工合同对此未作明确约定,承包人仅以原建设部《建筑工程施工发包与承包计价管理办法》第十六条的规定,或者《建设工程施工合同(示范文本)》(GF—1999—0201)通用条款第33.3条的约定为依据,要求按照竣工结算文件结算工程价款的,不予支持。

15. "黑白合同"中如何结算工程价款?

法律、行政法规规定必须进行招标的建设工程,或者未规定必须进行招标的建设工程,但依法经过招标投标程序并进行了备案,当事人实际履行的施工合同与备案的中标合同实质性内容不一致的,应当以备案的中标合同作为结算工程价款的依据。

法律、行政法规规定不是必须进行招标的建设工程,实际也未依法进行招投标,当事人将签订的建设工程施工合同在当地建设行政管理部门进行了备案,备案的合同与实际履行的合同实质性内容不一致的,应当以当事人实际履行的合同作为结算工程价款的依据。

备案的中标合同与当事人实际履行的施工合同均因违反法律、行政法规的强制性规定被认定为无效的,可以参照当事人实际履行的合同结算工程价款。

16. "黑白合同"中如何认定实质性内容变更?

招投标双方在同一工程范围下另行签订的变更工程价款、计价方式、施工工期、质量标准等中标结果的协议,应当认定为《解释》第二十一条规定的实质性内容变更。中标人作出的以明显高于市场价格购买承建房产、无偿建设住房配套设施、让利、向建设方捐款等承诺,亦应认定为变更中标合同的实质性内容。

备案的中标合同实际履行过程中,工程因设计变更、规划调整等客观原因导致工程量增减、质量标准或施工工期发生变化,当事人签订补充协议、会谈纪要等书面文件对中标合同的实质性内容进行变更和补充的,属于正常的合同变更,应以上述文件作为确定当事人权利义务的依据。

17. 无效建设工程施工合同中的工程价款如何确定?

建设工程施工合同无效,但工程经竣工验收合格,当事人任何一方依据《解释》第二条的规定要求参照合同约定支付工程折价补偿款的,应予支持。承包人要求发包人按中国人民银行同期贷款利率支付欠付工程款利息的,应予支持。发包人以合同无效为由要求扣除工程折价补偿款中所含利润的,不予支持。

18. 《解释》中"实际施工人"的范围如何确定?

《解释》中的"实际施工人"是指无效建设工程施工合同的承包人,即违法的专业工程分包和劳务作业分包合同的承包人、转承包人、借用资质的施工人(挂靠施工人);建设工程经数次转包的,实际施工人应当是最终实际投入资金、材料和劳力进行工程施工的法人、非法人企业、个人合伙、包工头等民事主体。法院应当严格实际施工人的认定标准,不得随意扩大《解释》第二十六条第二款的适用范围。对于不属于前述范围的当事人依据该规定以发包人为被告主张欠付工程款的,应当不予受理,已经受理的,应当裁定驳回起诉。

建筑工人追索欠付工资或劳务报酬的,按照工资支付的相关法律、法规规定及《北京市高级人民法院关于依法快速处理建设领域拖欠农民工工资相关案件的意见》妥善处理。

19. 违法分包合同、转包合同的实际施工人主张欠付工程款的,诉讼主体如何确定?

发包人的责任如何承担?

实际施工人以违法分包人、转包人为被告要求支付工程款的,法院不得依职权追加发包人为共同被告;实际施工人以发包人为被告要求支付工程款的,应当追加违法分包人或转包人作为共同被告参加诉讼,发包人在其欠付违法分包人或转包人工程款范围内承担连带责任。发包人以其未欠付工程款为由提出抗辩的,应当对此承担举证责任。

20. 不具有资质的挂靠施工人主张欠付工程款的,如何处理?挂靠人又将工程分包、转包给他人施工,施工人主张欠付工程款的,如何处理?

不具有资质的实际施工人(挂靠施工人)挂靠有资质的建筑施工企业(被挂靠人),并以该企业的名义签订建设工程施工合同,被挂靠人怠于主张工程款债权的,挂靠施工人可以以自己名义起诉要求发包人支付工程款,法院原则上应当追加被挂靠人为诉讼当事人,发包人在欠付工程款范围内承担给付责任。因履行施工合同产生的债务,被挂靠人与挂靠施工人应当承担连带责任。

挂靠人承揽工程后,以被挂靠人名义将工程分包、转包给他人施工,施工人主张欠付工程款的,按照《北京市高级人民法院审理民商事案件若干问题的解答之五》第四十七条规定处理。

21. 发包人主张将其已向合法分包人、实际施工人支付的工程款予以抵扣的,如何处理?

承包人依据建设工程施工合同要求发包人支付工程款,发包人主张将其已向合法分包人、实际施工人支付的工程款予以抵扣的,不予支持,但当事人另有约定、生效判决、仲裁裁决予以确认或发包人有证据证明其有正当理由向合法分包人、实际施工人支付的除外。

22. 分包合同中约定总包人收到发包人支付工程款后再向分包人支付的条款的效力如何认定?

分包合同中约定待总包人与发包人进行结算且发包人支付工程款后,总包人再向分包人支付工程款的,该约定有效。因总包人拖延结算或怠于行使其到期债权致使分包人不能及时取得工程款,分包人要求总包人支付欠付工程款的,应予支持。总包人对于其与发包人之间的结算情况以及发包人支付工程款的事实负有举证责任。

23. 发包人以工程未验收或承包人未移交工程竣工资料为由拒绝支付工程款的,如何处理?

建设工程施工合同约定工程竣工验收合格后再支付工程款,发包人收到承包人提交的工程竣工验收资料后,无正当理由在合同约定期限或合理期限内未组织竣工验收,其又以工程未验收为由拒绝支付工程款的,不予支持。

发包人以承包人未移交工程竣工资料为由拒绝支付工程款的,不予支持,但合同另有约定的除外。

三、建设工程工期和质量责任的认定

24. 当事人就工程款结算达成一致后又主张索赔的,如何处理?

结算协议生效后,承包人依据协议要求支付工程款,发包人以因承包人原因导致工程存在质量问题或逾期竣工为由,要求拒付、减付工程款或赔偿损失的,不予支持,但结算协议另有约定的除外。当事人签订结算协议不影响承包人依据约定或法律、行政法规规定承担质量保修责任。

结算协议生效后,承包人以因发包人原因导致工程延期为由,要求赔偿停工、窝工等损失的,不予支持,但结算协议另有约定的除外。

25. 工程开竣工日期如何确定?

建设工程施工合同实际开工日期的确定,一般以开工通知载明的开工时间为依据;因发包人原因导致开工通知发出时开工条件尚不具备的,以开工条件具备的时间确定开工日期;因承包方原因导致实际开工时间推迟的,以开工通知载明的时间为开工日期;承包人在开工通知发出前已经实际进场施工的,以实际开工时间为开工日期;既无开工通知也无其他相关证据能证明实际开工日期的,以施工合同约定的开工时间为开工日期。

发包人、承包人、设计和监理单位四方在工程竣工验收单上签字确认的时间,可以视为《解释》第十四条第(一)项规定的竣工日期,但当事人有相反证据足以推翻的除外。

26. 工期顺延如何认定?

因发包人拖欠工程预付款、进度款、迟延提供施工图纸、场地及原材料、变更设计等行为导致工程延误,合同明确约定顺延工期应当经发包人签证确认,经审查承包人虽未取得工期顺延的签证确认,但其举证证明在合同约定的办理期限内向发包人主张过工期顺延,或者发包人的上述行为确实严重影响施工进度的,对承包人顺延相应工期的主张,可予支持。

27. 施工合同约定的工程质量标准与国家强制性标准不一致的是否有效?

建设工程施工合同中约定的建设工程质量标准低于国家规定的工程质量强制性安全标准的,该约定无效;合同约定的质量标准高于国家规定的强制性标准的,应当认定该约定有效。

28. 发包人主张工程质量不符合合同约定的,应按反诉还是抗辩处理?

承包人要求支付工程款,发包人主张工程质量不符合合同约定给其造成损害的,应按以下情形分别处理:

(1)建设工程已经竣工验收合格,或虽未经竣工验收,但发包人已实际使用,工程存在的质量问题一般应属于工程质量保修的范围,发包人以此为由要求拒付或减付工程款的,对其质量抗辩不予支持,但确因承包人原因导致工程的地基基础工程或主体结构质量不合格的除外;发包人反诉或另行起诉要求承包人承担保修责任或者赔偿修复费用等实际损失的,按建设工程保修的相关规定处理。

(2)工程尚未进行竣工验收且未交付使用,发包人以工程质量不符合合同约定为由要求拒付或减付工程款的,可以按抗辩处理;发包人要求承包人支付违约金或者赔偿修理、返工或改建的合理费用等损失的,应告知其提起反诉或另行起诉。

(3)发包人要求承包人赔偿因工程质量不符合合同约定而造成的其他财产或者人身

损害的,应告知其提起反诉或另行起诉。

29. 如何认定承包人对建设工程质量缺陷存在过错?

承包人具有下列情形之一的,应当认定其对建设工程质量缺陷存在过错:

(1) 承包人明知发包人提供的设计图纸、指令存在问题或者在施工过程中发现问题,而没有及时提出意见和建议并继续施工的;

(2) 承包人对发包人提供或指定购买的建筑材料、建筑构配件、设备等没有进行必要的检验或经检验不合格仍然使用的;

(3) 对发包人提出的违反法律法规和建筑工程质量、安全标准,降低工程质量的要求,承包人不予拒绝而进行施工的。

前述情形下,因工程质量存在缺陷造成第三人损失的,由发包人与承包人承担连带责任。

30. 发包人以工程质量不符合合同约定为由,要求承包人承担修复费用的,如何处理?

因承包人原因致使工程质量不符合合同约定,承包人拒绝修复、在合理期限内不能修复或者发包人有正当理由拒绝承包人修复,发包人另行委托他人修复后要求承包人承担合理修复费用的,应予支持。

发包人未通知承包人或无正当理由拒绝由承包人修复,并另行委托他人修复的,承包人承担的修复费用以由其自行修复所需的合理费用为限。

31. 施工合同约定工程保修期限低于法定最低期限的条款是否有效?承包人要求返还质量保修金的,如何处理?

建设工程施工合同中约定正常使用条件下工程的保修期限低于法律、行政法规规定的最低期限的,该约定无效。

当事人就工程质量保修金返还期限有约定的,依照其约定,但不影响承包人在保修期限内承担质量保修责任;没有约定或约定不明的,工程质量保修金返还期限为工程竣工验收合格之日起二十四个月。

建设工程施工合同无效,但工程经竣工验收合格并交付发包人使用的,承包人应依据法律、行政法规的规定承担质量保修责任。发包人要求参照合同约定扣留一定比例的工程款作为工程质量保修金的,应予支持。

四、工程造价鉴定

32. 当事人申请对工程造价进行鉴定的,如何处理?

当事人对工程价款存在争议,既未达成结算协议,也无法采取其他方式确定工程款的,法院可以根据当事人的申请委托有司法鉴定资质的工程造价鉴定机构对工程造价进行鉴定;当事人双方均不申请鉴定的,法院应当予以释明,经释明后对鉴定事项负有举证责任的一方仍不申请鉴定的,应承担举证不能的不利后果。

鉴定过程中,一方当事人无正当理由在规定期限内拒绝提交鉴定材料或拒不配合,导致鉴定无法进行,经法院释明不利后果后其仍拒绝提交或拒不配合的,应承担举证不能的不利后果。

33. 当事人在诉前共同委托鉴定的效力如何认定?

当事人诉前已经共同选定具有相应资质的鉴定机构对建设工程作出了相应的鉴定结论,诉讼中一方当事人要求重新鉴定的,一般不予准许,但有证据证明该鉴定结论具有《最高人民法院关于民事诉讼证据的若干规定》第二十七条第一款规定情形除外。

34. 工程造价鉴定中法院依职权判定的事项包括哪些?

当事人对施工合同效力、结算依据、签证文件的真实性及效力等问题存在争议的,应由法院进行审查并做出认定。法院在委托鉴定时可要求鉴定机构根据当事人所主张的不同结算依据分别作出鉴定结论,或者对存疑部分的工程量及价款鉴定后单独列项,供审判时审核认定使用,也可就争议问题先做出明确结论后再启动鉴定程序。

五、民事责任的承担

35. 发包人无正当理由拒绝结算工程款的,欠付工程款利息的起算点如何确定?

发包人在施工合同约定的审核结算期限内无正当理由拒绝结算或故意拖延结算,在审核期限届满后也未支付工程款,承包人要求发包人从合同约定的审核结算期限届满的次日起计算欠付工程款利息的,可予支持,但合同另有约定的除外。

36. 承包人同时主张逾期支付工程款的违约金和利息的,如何处理?

建设工程施工合同明确约定发包人逾期支付工程款,承包人可以同时主张逾期付款违约金和利息的,依照其约定,发包人主张合同约定的违约金和利息之和过分高于实际损失请求予以适当减少的,按照《最高人民法院关于适用〈中华人民共和国合同法〉若干问题的解释(二)》第二十九条的规定处理;没有约定或约定不明的,对承包人的主张,一般不应同时支持,但承包人有证据证明合同约定的违约金或利息单独不足以弥补其实际损失的除外。

37. 施工合同约定对承包人违约行为处以"罚款"的条款的性质如何认定?

建设工程施工合同约定承包人存在工期迟延、质量缺陷、转包或违法分包等违约行为,发包人可对承包人处以罚款的,该约定可以视为当事人在合同中约定的违约金条款,应依据《中华人民共和国合同法》第一百一十四条的规定予以处理。

38. 承包人以发包人拖延结算或欠付工程款为由拒绝交付工程的,如何处理?由此造成的损失如何承担?

工程竣工验收合格后,承包人以发包人拖延结算或欠付工程款为由拒绝交付工程的,一般不予支持,但施工合同另有明确约定的除外。

承包人依据合同约定拒绝交付工程,但其拒绝交付工程的价值明显超出发包人欠付的工程款,或者欠付工程款的数额不大,而部分工程不交付会严重影响整个工程使用的,对发包人因此所受的实际损失,应由当事人根据过错程度予以分担。

39. 合作开发房地产项目中,承包人主张欠付工程款的,如何处理?

两个以上的法人、其他组织或个人合作开发房地产项目,其中合作一方以自己名义与承包人签订建设工程施工合同,承包人要求其他合作方对欠付工程款承担连带责任的,应予支持。

承包人仅以建设工程施工合同发包人为被告追索工程款的,应依承包人的起诉确定被告。

40. 发包人承租建筑物后以自己名义对外签订施工合同,承包人应当如何主张权利?

发包人(承租人)与建筑物所有权人签订租赁合同租赁该建筑物后,以自己的名义对外签订施工合同,承包人主张工程款的,应当以施工合同的发包人为被告提起诉讼。

发包人下落不明或丧失支付能力,且建筑物所有权人与发包人之间的租赁合同已经终止,承包人以建筑物所有权人为被告主张权利的,建筑物所有权人在其实际受益范围内承担赔偿责任。

(四)关于《北京市高级人民法院审理民商事案件若干问题的解答之五(试行)》的说明

〔2007年3月12日经北京市高级人民法院审判委员会第3次(总第185次)会议通过〕

……

问题解答46. 建筑行业中的挂靠经营行为是指没有相应建筑资质或建筑资质较低的企业、其他经济组织、个体工商户、个人合伙、自然人(即挂靠者)以赢利为目的,借用其他有相应建筑资质或建筑资质较高的建筑施工企业(即被挂靠者)名义承揽施工工程的行为。

实践中,被挂靠者不参与工程施工,只收取管理费,不承担工程施工管理,不承担技术、质量、经济责任。依据《建筑法》第二十六条、最高人民法院《关于审理建设工程施工合同纠纷案件适用法律问题的解释》第四条以及《合同法》第五十二条第(五)项的规定,挂靠经营行为违反了建筑法建筑行业特许经营的规定,挂靠者为资质等级借权经营的,属于违反法律强制性规定,故应属无效协议。但有两种情况需要注意,即挂靠者实际承揽的工程与其自身资质证书等级相符,或尽管存在管理费,但挂靠者已完全处于被挂靠者的管理之中。

问题解答47. 挂靠协议签订后,挂靠者在建设施工活动中,会与挂靠协议以外的第三者发生许多经济往来,产生许多纠纷,包括建设工程施工合同纠纷、买卖合同纠纷、租赁合同纠纷、定作合同纠纷、借贷合同纠纷等。当挂靠者(企业)以被挂靠企业的名义对外发生经济行为时,被挂靠者作为合同主体应当承担合同责任,但其对挂靠者的经营行为不予管理,对与工程发生合同关系的合同相对人更无选择权,因此挂靠者也应承担合同责任,但要有所区别,要考虑合同相对人行为时对挂靠情况是否明知。当合同相对人对挂靠事实明知时,则说明其行为时实际的交易对象为挂靠者,名义的交易对象则为被挂靠者,其对此存在一定的过错。同时考虑到被挂靠者责任承担能力通常强于挂靠者,在这种情况下,挂靠者应首先承担责任,在挂靠者履行不能时由被挂靠者承担补充的民事责任。

基于挂靠经营纠纷的处理结果,即被挂靠者向挂靠者返还管理费,由挂靠者对挂靠协议涉及的债权债务享有权利承担义务,被挂靠者有权将自己先行承担的民事责任,向挂靠者行使追偿权。

……

(五)福建省高级人民法院关于审理建设工程施工合同纠纷案件疑难问题的解答

福建省院《福建民事审判参考》2008年第一期

1. 问:如何认定施工企业内部承包合同的性质与效力?

答:建设工程施工合同的承包人与其下属分支机构或职工就所承包的全部或部分工程施工所签订的承包合同为企业内部承包合同,属建筑施工企业的一种内部经营方式,法律和行政法规对此并不禁止,承包人仍应对工程施工过程及质量等进行管理,对外承担施工合同的权利义务。当事人以内部承包合同的承包方无施工资质为由主张合同无效的,不予支持。

2. 问:如何区分劳务分包与转包、违法分包?

答:劳务分包是指建设工程的总承包人或者专业承包人将所承包的建设工程中的劳务作业(包括木工、砌筑、抹灰、石制作、油漆、钢筋、混凝土、脚手架、模板、焊接、水暖、钣金、架线等)发包给劳务作业承包人完成的活动。转包是承包人将所承包的全部建设工程转由第三人施工完成。分包是承包人将所承包的建设工程的某一部分施工项目交由第三人施工建设,其中《建筑法》与《建设工程质量管理条例》第七十八条所列的四种行为属违法分包。劳务分包既不是转包,也不是分包;转包及违法分包为法律所禁止,劳务分包则不为法律所禁止。

3. 问:被挂靠单位(出借名义的建筑施工企业)是否应对挂靠人在施工过程中的转包、购买施工材料等行为承担责任?

答:挂靠人以自己的名义将工程转包或者与材料设备供应商签订购销合同,实际施工人或者材料设备供应商起诉要求被挂靠单位承担合同责任的,不予支持;挂靠人以被挂靠单位的名义将工程转包或者与材料设备供应商签订购销合同的,一般应由被挂靠单位承担合同责任,但实际施工人或者材料设备供应商签订合同时明知挂靠的事实,并起诉要求挂靠人承担合同责任的,由挂靠人承担责任。

4. 问:发包人与无相应施工资质的承包人签订建设工程施工合同,承包人依合同取得的工程价款超过其实际施工成本的,超过部分是否应予收缴?承包人非法转包、违法分包、出借资质而依合同约定取得的"挂靠费"、"管理费"等是否应当收缴?

答:承包人无相应施工资质,所签订的建设工程施工合同虽然无效,但最高人民法院《关于审理建设工程施工合同纠纷案件适用法律问题的解释》第二条规定:"建设工程施工合同无效,但建设工程经竣工验收合格,承包人请求参照合同约定支付工程价款的,应予支持。"因此,对承包人依合同取得的工程价款不应予以收缴。

对承包人因非法转包、违法分包建设工程而已经取得的利益,或者建筑施工企业因出借施工资质而已经取得的利益,例如:"挂靠费"、"管理费"等,人民法院可以根据我国

《民法通则》第一百三十四条的规定予以收缴,但建设行政机关已经对此予以行政处罚的,人民法院不应重复予以制裁。

5. 问:建设工程施工合同无效,但建设工程质量合格,发包人请求按照合同约定计算工程造价,而承包人请求按照工程定额标准计算工程造价的,如何处理?

答:建设工程施工合同无效,但建设工程质量合格的,发包人或者承包人任何一方请求参照合同约定支付工程价款的,均应予以支持。

6. 问:建设工程施工合同约定的价款明显低于工程定额标准,已经超出一定合理范围的,当事人能否以合同约定价款明显违反定额为由,主张价款之约定无效,或者以显失公平为由,主张撤销或变更合同?

答:工程造价定额标准不属于法律、法规的强制性规定,因此,建设工程施工合同约定的价款低于工程定额标准,不导致该约定无效。当事人以合同约定的价款过低从而显失公平为由,主张撤销或变更合同的,依《合同法》的相关规定处理。

7. 问:依据《合同法》第九十六条的规定,当事人一方行使约定或者法定解除权时,应当通知对方,合同自通知到达对方时解除,对方有异议的,可以请求人民法院或者仲裁机构确认解除合同的效力。建设工程施工合同的当事人未通知对方的,能否径行向人民法院提起解除合同之诉?

答:一方当事人向人民法院起诉请求解除建设工程施工合同的,人民法院不得以未通知对方为由不予受理。

8. 问:一方当事人认为符合合同解除条件,但并未起诉请求解除合同,或者认为合同已经解除,而起诉请求对方承担恢复原状、采取其他补救措施、赔偿损失等合同解除的法律责任,审理后查明其解除合同之主张并未通知对方或者通知并未到达对方的,如何处理?

答:审理中查明解除合同之主张并未通知对方或者通知并未到达对方的,应当告知当事人可以增加解除合同之诉讼请求。告知后,当事人仍不请求解除合同的,应当驳回其诉讼请求。当事人增加解除合同之诉讼请求的,人民法院可以另行给予双方当事人一定的举证期限。

9. 问:根据《合同法》第二百八十七条,建设工程合同一章没有规定的,适用承揽合同的有关规定,而《合同法》第二百六十八条规定,定作人可以随时解除承揽合同。建设工程施工合同的发包人能否据此行使任意解除权?

答:发包人行使解除权必须符合最高人民法院《关于审理建设工程施工合同纠纷案件适用法律问题的解释》第八条的规定,不宜任意扩大解除权的行使。

10. 问:因承包人的过错造成建设工程质量不符合约定,承包人拒绝修理、返工或者改建,发包人以工程质量不符合约定为由请求减少支付工程价款的,应否必须反诉?工程未经竣工验收交付使用的,发包人以工程质量不符合约定为由请求减少支付工程款,应否支持?

答:发包人可以以此抗辩,请求在工程价款中扣减修理、返工或者改建的合理费用;

也可以提起反诉,请求承包人支付修理、返工或者改建的合理费用。但发包人要求承包人赔偿因工程质量不符合约定而造成的其他财产或者人身损害的,应当提起反诉。

工程未经竣工验收,发包人擅自使用后,又以质量不符合约定为由请求减少支付工程价款的,不予支持。

11. 问:建设工程质量不合格,发包人拒绝由承包人修复而另行委托他人修复的,承包人应否承担修复费用?

答:因承包人的原因造成建设工程质量不合格的,承包人应当承担合理的修复费用。发包人无正当理由拒绝由承包人修复而另请他人修复的,因另请他人而增加的费用不应由承包人承担。

12. 问:最高人民法院《关于审理建设工程施工合同纠纷案件适用法律问题的解释》第十二条第二款规定,造成建设工程质量缺陷,承包人有过错的,也应当承担相应的过错责任,应如何理解?

答:承包人具有下列情形的,应当认定其有过错:(1) 承包人明知发包人提供的工程设计有问题或者在施工中发现设计文件和图纸有差错,而没有及时提出意见和建议,并继续进行施工的;(2) 对发包人提供的建筑材料、建筑构配件、设备等未按规定进行检验或者检验不合格仍予以使用的;(3) 对发包人提出的违反法律、行政法规和建筑工程质量、安全标准,降低工程质量要求,未拒绝而进行施工的。

13. 问:承包人已经提交竣工验收报告,发包人拖延验收,而验收后工程质量不合格需要返工的,能否以承包人提交验收报告之日为竣工日期?

答:最高人民法院《关于审理建设工程施工合同纠纷案件适用法律问题的解释》第十四条第(二)项规定的"承包人已经提交竣工验收报告,发包人拖延验收的,以承包人提交验收报告之日为竣工日期"是指工程经竣工验收合格的情形。发包人拖延验收,而验收的工程质量不合格,经修改后才通过竣工验收。当事人对建设工程实际竣工日期有争议的,以承包人修改后提请发包人验收之日作为竣工日期。但在计算承包人的实际施工工期时,应当扣除发包人拖延验收的期间。

14. 问:当事人约定发包人收到竣工结算文件后一定期限内应予答复,但未明确约定不答复即视为认可竣工结算文件,发包人未在约定的期限内答复,承包人请求以其提交的竣工结算文件作为结算依据的,应否支持?承包人提交的竣工结算资料不完整,发包人未在约定期限内答复的,如何处理?如果当事人未约定答复期限,能否根据建设部《建筑工程施工发包与承包计价管理办法》第十六条第一款第二项和第二款的规定,认定双方约定的答复期限为 28 日?

答:当事人约定发包人收到竣工结算文件后一定期限内应予答复,但未明确约定不答复即视为认可竣工结算文件的,若发包人未在约定的期限内答复,承包人提交的竣工结算文件不能作为工程造价的结算依据。承包人提交的竣工结算资料不完整的,发包人应在约定的期限内告知承包人,发包人未告知的,视为在约定的期限内不予答复。当事人未约定发包人的答复期限的,不应推定其答复期限。

15. 问：施工过程中，发包方工作人员确认的工程量以及价款等的签证能否作为工程价款的结算依据？

答：双方当事人对有权进行工程量和价款等予以签证、确认的具体人员有约定的，除该具体人员及法定代表人外，他人对工程量和价款等所作的签证、确认不能作为工程价款的结算依据；没有约定的，发包人应对其工作人员的职务行为承担民事责任；但发包人有证明承包人明知该工作人员无相应权限的除外，该工作人员签证的内容对发包人不发生法律效力。

16. 问：人民法院在审理建设工程施工合同案件时，是否可以主动对工程造价进行鉴定？当事人不申请鉴定导致工程价款无法确定的，如何处理？

答：除依照最高人民法院《关于民事诉讼证据的若干规定》属于应当由人民法院调查收集证据外，人民法院对工程造价进行鉴定应当依照当事人的申请进行。工程造价需经鉴定才能确定的，人民法院应当告知负有举证责任的当事人在一定期限内提出鉴定申请，负有举证责任的当事人拒不申请的，应承担由此产生的不利后果。

17. 问：当事人对付款时间没有约定或者约定不明的，最高人民法院《关于审理建设工程施工合同纠纷案件适用法律问题的解释》第十八条规定的应付款时间是否可以作为承包人主张工程款的诉讼时效起算时间？

答：当事人对付款时间没有约定或约定不明，承包人请求发包人支付工程价款的，诉讼时效从建设工程交付之日起算。

18. 问：建设工程施工合同约定，工程竣工验收合格后支付工程款，但工程完工后，发包人拒不验收或者不组织验收，承包人起诉要求支付工程款的，如何处理？

答：工程完工后，发包人无正当理由不依照法律规定或者合同约定进行竣工验收的，视为恶意阻止付款条件成就，其应当履行验收或者组织验收义务之日为付款条件成就之日。

19. 问：建设工程施工过程中，因设计变更或者遇特殊地质情况等客观原因，当事人另行签订合同，变更了中标合同的内容，是否仍应以中标合同作为结算工程价款的依据？

答：建设工程施工合同履行过程中，因设计变更或者遇特殊地质情况等客观原因导致工程量增减，当事人协商一致对中标合同的内容进行修改，属于正常行使合同变更权，修改后的合同可以作为结算工程价款的依据。

20. 问：《最高人民法院关于审理建设工程施工合同纠纷案件适用法律问题的解释》是否适用于城镇个人自建房屋、农村建房合同或者房屋建筑之外的其他工程施工合同？

答：城镇个人自建房屋适用该司法解释，但农村建房不适用该司法解释，农村建筑活动由国务院《村庄和集镇规划建设管理条例》及相关法律、法规调整。桥梁、铁路、公路、码头、堤坝等构筑物工程、线路管道和设备安装工程以及构成专业承包的建筑装饰装修工程等施工合同适用该司法解释。

（六）广东省高级人民法院关于审理建设工程施工合同纠纷案件若干问题的指导意见

粤高法发〔2011〕37号

为正确审理建设工程施工合同纠纷案件，根据《中华人民共和国合同法》、最高人民法院《关于审理建设工程施工合同纠纷案件适用法律问题的解释》、最高人民法院《关于民事诉讼证据的若干规定》等有关规定，结合我省审判实际，制定本意见。

一、工程欠款纠纷案件中，发包人以建设工程质量不符合合同约定为由主张付款条件未成就的，可以作为抗辩处理。

发包人以建设工程质量不符合合同约定为由，请求承包人承担违约责任的，应当提起反诉。

二、最高人民法院《关于审理建设工程施工合同纠纷案件适用法律问题的解释》第二十一条规定的"实质性内容不一致"主要指的是工程计价标准、工程质量标准等主要条款内容差距较大。建设工程施工过程中，当事人以补充协议等形式约定的正常的工程量增减、设计变更等，一般不认定为"实质性内容不一致"。

三、经过招投标程序订立的建设工程施工合同与当事人另行订立的"实质性内容不一致"的建设工程施工合同都被认定为无效的，参照当事人实际履行的合同结算工程价款。

四、建设工程施工合同约定以政府相关文件的规定作为结算标准和依据，不能因该文件被修改、撤销或失效而否定合同相关条款的效力。当事人主张按合同约定结算工程价款的，应予支持，但符合《最高人民法院关于适用〈中华人民共和国合同法〉若干问题的解释（二）》第二十六条规定的除外。

五、建设工程施工合同约定工程款实行固定价，如建设工程尚未完工，当事人对已完工工程造价产生争议的，可将争议部分的工程造价委托鉴定，但应以建设工程施工合同约定的固定价为基础，根据已完工工程占合同约定施工范围的比例计算工程款。当事人一方主张以定额标准作为造价鉴定依据的，不予支持。

六、当事人于诉前或者诉讼中共同选定具有相应资质的鉴定机构对建设工程进行造价鉴定并出具了鉴定结论，一方当事人要求重新进行鉴定的，不予支持，但有证据证明该鉴定结论具有最高人民法院《关于民事诉讼证据的若干规定》第二十七条第一款规定的情形除外。

七、人民法院委托司法鉴定机构进行工程造价鉴定的，应当对当事人提交的鉴定材料进行质证，并将鉴定材料和质证意见移送鉴定机构。人民法院不得将鉴定材料的质证和审核认定工作交由鉴定机构完成。

鉴定机构出具鉴定报告初稿和定稿后，人民法院应当组织当事人进行质证。

八、承包人请求发包人支付工程款,发包人主张对其已经向实际施工人支付的工程款进行抵扣的,应予支持,但发包人未经承包人同意向实际施工人支付的超出其应得工程款以外的部分除外。

九、建设工程施工合同明确约定发包人收到竣工结算文件后,在约定期限内不予答复,视为认可竣工结算文件的,按照约定处理。建设工程施工合同没有约定或者约定不明,承包人请求参照建设部《建设工程施工发包与承包计价管理办法》第十六条的规定,或者依据建设部制定的建设工程施工合同格式文本(1999年版)通用条款第33条第3款的约定处理的,不予支持。

十、发包人在合同约定的审核结算期限届满后,以承包人提交的竣工结算文件不完整为由拒绝结算,承包人请求从合同约定的审核结算期限届满之次日起计算工程款利息的,应予支持,但建设工程施工合同另有约定的除外。

十一、建设工程施工合同约定的违约金低于或者过分高于造成的损失的,经当事人申请,人民法院可以根据《中华人民共和国合同法》第一百一十四条第二款和《最高人民法院关于适用〈中华人民共和国合同法〉若干问题的解释(二)》第二十八条、第二十九条的规定予以调整。发包人未依约支付工程款给承包人造成的损失,如发包人无法证明承包人实际损失的,可以推定为以未付工程款为基数,参照中国人民银行规定的金融机构同期同类贷款利率计算的利息。

承包人逾期竣工给发包人造成的损失,如承包人无法证明发包人实际损失的,可以推定为迟延期间内按建设工程所在地同期同类指导租金标准计算的租金。对于道路、桥梁等无法参照指导租金标准计算实际损失的建设工程,如承包人无法证明发包人实际损失的,可以推定为以发包人已付工程款为基数,参照中国人民银行规定的金融机构同期同类贷款利率计算的利息。

十二、合作开发房地产合同一方当事人作为发包人与承包人签订建设工程施工合同,承包人请求合作开发房地产合同的其他当事人对施工合同债务承担连带责任的,应予支持。

当事人签订名为合作开发房地产实为土地使用权转让等其他性质的合同,一方当事人与承包人签订建设工程施工合同,承包人请求其他当事人对施工合同债务承担连带责任的,不予支持,但承包人有理由相信当事人之间为合作开发房地产合同关系的除外。其他当事人承担责任后,有权向发包人追偿。

十三、合作开发房地产合同当事人设立具有法人资格的项目公司,项目公司与承包人签订建设工程施工合同,承包人要求合作开发房地产合同各方当事人对施工合同债务承担连带责任的,不予支持。但公司股东存在滥用公司法人独立地位和股东有限责任、虚假出资、抽逃出资等情形的,依照《中华人民共和国公司法》等有关法律、行政法规的规定处理。

十四、挂靠人以被挂靠人的名义与发包人订立建设工程施工合同,被挂靠人与挂靠人应当对施工合同债务承担连带责任,但建设工程施工合同明确约定被挂靠人不承担责任的除外。

十五、承包人将建设工程施工合同约定的工程款债权依法转让,债权受让方主张其对建设工程享有优先受偿权的,可予支持。承包人在转让工程款债权前与发包人约定排除优先受偿权的,该约定对承包人以外的实际施工人不具有约束力。

（七）广东省高级人民法院全省民事审判工作会议纪要

粤高法〔2012〕240号

......
二、关于建设工程施工合同纠纷案件
（一）关于民事责任主体问题

15. 对实际施工人向与其没有合同关系的转包人、分包人、总承包人、发包人提起的诉讼，根据最高人民法院《关于审理建设工程施工合同纠纷案件适用法律问题的解释》第二十六条第二款的规定，实际施工人以发包人为被告主张权利的，人民法院可以追加转包人或者违法分包人为案件当事人。审判实践中应注意要严格依照法律、司法解释的规定进行审查；不能随意扩大最高人民法院《关于审理建设工程施工合同纠纷案件适用法律问题的解释》第二十六条第二款的适用范围，并且要严格根据相关司法解释的规定，明确发包人只在欠付工程价款范围内对实际施工人承担责任。

16. 借用资质的实际施工人以自己的名义独立向第三人购买建筑材料等商品的，出借资质方无需对实际施工人的欠付货款承担民事责任。

（二）关于合同效力问题

17. 要依法维护通过招投标方式所签订的中标合同的法律效力。对以低于工程建设成本的工程项目标底订立的施工合同，应当依据《招标投标法》第四十一条第（二）项的规定认定无效；当事人违反工程建设强制性标准，任意压缩合理工期、降低工程质量标准的约定，也应认定无效。对于约定无效后的工程价款结算，应依据最高人民法院《关于审理建设工程施工合同纠纷案件适用法律问题的解释》的相关规定处理。

18. 建设工程没有取得建设工程规划许可证，属于违法建筑，就该违法建筑所签订的施工合同无效。但在一审法庭辩论终结前取得建设工程规划许可证或者经主管部门批准建设的，应当认定该施工合同有效。

19. 承担村庄、集镇规划区内建筑工程施工任务的单位，没有相应的施工资质等级证书或者资质审查证书，可根据国务院《村庄和集镇规划建设管理条例》第二十三条的规定认定合同效力。

（三）关于建设工程质量问题

20. 建设工程竣工验收合格后，发包人请求承包人承担质量问题的民事责任，应依法承担举证责任。经鉴定，建设工程在合理使用寿命内确实存在地基基础工程或主体结构质量问题的，承包人应依法承担民事责任；存在其他质量问题的，承包人应在保修期限内承担保修责任。

(四) 关于工程价款结算问题

21. 招标人和中标人另行签订改变工期、工程价款、工程项目性质等中标结果的协议，应认定为变更中标合同实质性内容；中标人作出的以明显高于市场价格购买承建房产、无偿建设住房配套设施、让利、向建设方捐献等承诺，亦应认定为变更中标合同的实质性内容。对于变更中标合同实质性内容的工程价款结算，应按照《关于审理建设工程施工合同纠纷案件适用法律问题的解释》第二十一条规定，以备案的中标合同作为结算工程价款的根据。协议变更合同是法律赋予合同当事人的一项基本权利。建设工程开工后，因设计变更、建设工程规划指标调整等客观原因，发包人与承包人通过补充协议、会谈纪要、往来函件、签证等洽商记录形式变更工期、工程价款、工程项目性质的，不应认定为变更中标合同的实质性内容。依法有效的建设工程施工合同，双方当事人均应依约履行。除合同另有约定，当事人请求以审计机关作出的审计报告、财政评审机构作出的评审结论作为工程价款结算依据的，不予支持。

22. 合同所涉工程不属于强制招投标的范围，当事人之间也没有进行招投标，但按当地建设行政主管部门的要求进行了备案，该备案合同与当事人另行签订的合同不一致的，以当事人实际履行的合同作为结算工程价款的依据。

23. 工程款的结算和支付，原则上应当在合同相对人之间进行，并符合合同约定。如果没有合同依据或者承包人的授权，发包人直接向没有合同关系的转包人、违法分包人、实际施工人结算和付款，一般不构成有效的结算和支付。

24. 当事人依照无效的建设工程施工合同就工程价款签订了结算协议，且工程经竣工验收合格的，可参照结算协议认定工程价款。

25. 承包人与发包人就工程价款有争议，人民法院认为应当委托进行造价鉴定的，应当向当事人释明。承包人经释明后仍不申请鉴定的，可依据证据规则判令其承担相应的不利后果。

26. 当事人在合同中对建筑材料价格变动的风险有约定的，按约定处理。没有约定的，约定工期内的建筑材料价格变动的风险由承包人承担；逾期竣工的，延误工期期间的建筑材料价格变动的风险，由对工期延误有过错的一方承担；双方均有过错的，按过错大小分担损失。建筑材料价格大幅变动，当事人以情势变更为由请求调整工程价款的，应从严把握。

(五) 关于建设工程价款优先受偿权问题

27. 非因承包人的原因，建设工程未能在约定期限内竣工，承包人依据《合同法》第二百八十六条规定享有的优先受偿权不受影响。承包人请求行使优先受偿权的期限，自建设工程实际竣工之日起计算；如果建设工程合同由于发包人的原因解除或终止履行，承包人行使建设工程价款优先受偿权的期限自合同解除或终止履行之日起计算。

28. 建设工程价款优先受偿的范围仅限于建设工程价值，不包括建设工程范围内的建设用地使用权价值。

29. 承包人应当通过行使建设工程价款优先受偿权等合法途径追索工程欠款，不得留置建设工程或施工资料。施工合同终止或工程完工后,承包人以发包人拖欠工程款为由,继续占有工程、拒绝撤场或者移交施工资料,发包人请求承包人赔偿损失的,应予支持。

(六)关于违约责任问题

30. 建设工程施工合同同时约定迟延付款的利息和违约金的,可以同时适用,但二者之和不得过分高于迟延付款的损失,过分高于的认定标准,按照最高人民法院《关于适用〈中华人民共和国合同法〉若干问题的解释(二)》第二十九条的规定把握。

31. 在承包人延误工期或发包人迟延付款的情况下,双方签订补充协议,承包人重新承诺完工时间或发包人重新承诺付款期限,不能视为守约方对违约方放弃主张违约责任,但补充协议明确约定放弃追究违约责任或当事人明确达成谅解的除外。

32. 建设工程施工合同履行过程中,出现了合同约定的迟延支付工程预付款、进度款、设计变更、工程量增加、停水、停电等导致顺延工期的情形,承包人主张顺延工期的,按照施工过程中形成的签证等书面文件确认。没有顺延工期的签证文件,人民法院可以根据当事人提供的会议纪要、往来函件等其他证据认定应否顺延工期。

……

(八) 贵州省高级人民法院关于审理建设工程领域农民工工资纠纷案件的指导意见(试行)

为了保障人民法院正确、及时地受理、审理和执行建设工程领域农民工工资纠纷案件,切实维护进城务工农民的合法权益,规范农民工工资支付行为,预防和解决建设工程领域拖欠或克扣农民工工资问题,根据《中华人民共和国劳动法》、《工资支付暂行规定》、《建设领域农民工工资支付管理暂行办法》等有关规定,结合审判实践,制定本意见。

一、关于案件的受理

1. 农民工与用人单位签订劳动合同或者形成事实劳动关系的,其与用人单位因工资支付发生争议提起诉讼,人民法院应当按照劳动争议纠纷受理的有关规定,执行仲裁前置原则。

2. 具有以下情形之一的,如农民工直接向人民法院提起诉讼,人民法院应当作为普通民事案件受理:(1) 不符合《劳动法》第二条规定的用工主体(如建筑工程实际施工人或者其他劳务使用人)因服务或者提供劳务与提供劳务的农民工之间发生的纠纷,人民法院应当按照雇佣关系处理;(2) 农民工以用工主体的工资欠条或者以其与用工主体达成的赔偿、补偿协议作为债务纠纷向人民法院起诉,诉讼请求不涉及劳动关系纠纷的;(3) 农民工一方直接起诉,而人民法院立案时不能直接地、明确无误地界定为劳动关系,应当直接按照普通民事案件受理。

3. 农民工为二人以上,向同一用人单位请求支付工资的,人民法院可以按共同诉讼或集团诉讼进行受理。

4. 用人单位不服劳动争议仲裁委员会作出的预先支付工资的部分裁决向人民法院起诉的,人民法院不予受理。

5. 人民法院对于农民工工资纠纷案件,应当优先立案,及时受理。立案时,农民工提出司法救助的请求,人民法院应当按照《最高人民法院关于对经济确有困难的当事人提供司法救助的规定》进行审查,依法准许农民工缓交诉讼费用。

立案庭应当当日内将案件移交审判庭。

二、关于案件的审理

6. 人民法院在审理农民工工资纠纷案件中,应当切实加强诉讼指导,及时全面行使释明权,依法追加或变更当事人,帮助农民工正确行使诉讼权利。

7. 基层人民法院一般应当适用简易程序审理农民工工资纠纷案件。适用简易程序审理的案件,一般应从受理之日起15日内审结;二审程序应尽量简化,一般应从受理之日起15日内审结。但共同诉讼或集团诉讼案件除外。

8. 对事实比较清楚、不及时裁定可能导致农民工生活困难的,人民法院可以根据当事人申请,裁定先予支付必要的生活费用。用人单位不履行该裁定的,农民工可依法申请执行。

9. 诉讼过程中,有证据证明用人单位大量拖欠农民工工资、可能或正在对于资产进行藏匿、转移或变卖的,人民法院应当依当事人申请或依职权依法采取财产保全措施。如农民工申请财产保全,确因经济困难不能提供担保的,人民法院可以免除其提供担保的义务。

10. 劳动争议仲裁申请期间为劳动争议发生之日起 60 日。用人单位与农民工之间因工资支付发生劳动争议的,劳动争议发生之日应当从约定支付期限届满之日起算;未约定支付期限的,从农民工主张权利之日起算。

仲裁申请期间因农民工向有关部门请求权利救济或者用人单位同意履行义务而中断,从有关部门作出处理决定、明确表示不予处理,或者用人单位明确拒绝履行支付义务时起,该期间重新起算。用人单位未明示拒绝支付工资视为同意履行义务,用人单位对于明示拒绝支付工资承担举证责任。

农民工因法律关系认识错误直接向人民法院提起民事诉讼,而被人民法院裁定不予受理或驳回起诉的,仲裁申请期间重新起算。

11. 用工主体挂靠或借用其他建筑业企业名义进行工程建设,农民工与用工主体发生工资争议的,人民法院应当追加其他建筑业企业为当事人,由其承担清偿拖欠工资连带责任。

12. 建设单位、工程总承包企业、专业承包企业或者劳务分包企业,如有违法发包、分包、非法转包给用工主体,而该用工主体拖欠农民工工资的情形,人民法院应当追加其为当事人,由其承担清偿拖欠工资连带责任。

13. 建设工程合法发包、分包,但建设单位或工程总承包企业未按合同约定与建设工程承包企业结清工程款,致使承包企业拖欠农民工工资的,人民法院可以追加建设单位或工程总承包企业为当事人,由其先行垫付农民工被拖欠的工资,先行垫付的工资数额以未结清的工程款为限。

14. 建筑业企业有下列情形之一,给农民工造成损失的,应当承担民事责任:(一) 未按照约定支付工资的;(二) 支付工资低于当地最低工资标准的;(三) 克扣或无故拖欠工资的;(四) 拒不支付加班加点工资的;(五) 违反工资报酬支付的其他行为。

双方对违约责任有约定的,依据约定处理;没有约定、约定不明或损失数额难以确定的,损失赔偿数额可以按照以下标准酌情确定:逾期支付农民工工资的,人民法院可以按照中国人民银行同期同类贷款利息 4 倍以下的标准确定;其他违约行为,人民法院可以按照应付金额 50% 以上 1 倍以下的标准确定。

本条所称拖欠工资是指用人单位无法定理由逾期未支付或者未足额支付劳动者应得工资的行为;克扣工资是指用人单位无法定理由扣减劳动者应得工资的行为。

15. 用人单位应当自劳动者实际履行劳动义务之日起计算其工资。

用人单位对工资支付情况承担举证责任。

用人单位拒绝提供或者在举证期限内不能提供有关工资支付凭证、支付记录、工资标准及劳动者出勤记录等证据材料的,人民法院可以按照劳动者提供的工资数额综合其他有关证据直接作出认定。双方都不能对工资数额举证的,人民法院应按照本意见第16条规定确定工资标准后,结合劳动时间,计算确定劳动者应得工资数额。

16. 用人单位支付的工资标准,应当按照约定的劳动者本人工资标准确定。合同没有约定的,按照集体合同约定的标准确定。用人单位与劳动者无任何约定或约定无效或双方都不能对工资标准举证的,人民法院应参照用工方相同工种、岗位的平均工资或者当地同工种在岗职工平均工资水平,按照有利于劳动者的原则计算确定。

17. 用人单位与不满16周岁的未成年人所签订的劳动合同或形成事实劳动关系的,应当无效,但《劳动法》规定的特殊情形除外。该提供劳动者可以按照约定工资标准主张赔偿。

18. 农民工与用人单位之间的约定或实际履行中具有以下情形之一的,人民法院应当认定该约定或行为无效:

(1) 用人单位以实物、有价证券等非货币形式支付劳动者工资的,但符合有利于劳动者的原则且劳动者同意的除外;

(2) 收取抵押金、风险金、保证金等财物的;

(3) 劳动报酬低于当地最低工资标准或者集体合同约定标准的。

19. 当地最低工资标准按照用人单位所在地人民政府公布的最低工资标准确定。用人单位所在地与劳动合同履行地的当地最低工资标准不一致的,人民法院按照有利于劳动者的原则计算确定。

三、关于案件的执行

20. 人民法院应当优先执行关于农民工工资的生效民事判决、裁定、调解书、支付令、仲裁裁决书以及其他有关农民工工资的具有执行力的法律文书。

21. 农民工工资的清偿顺序优先于担保债权以及其他普通债权。

建筑业企业因被拖欠工程款导致拖欠农民工工资的,其追回的被拖欠工程款,应优先支付拖欠的农民工工资。

22. 用人单位逾期不执行劳动保障行政部门作出的关于农民工工资支付的行政处理决定的,劳动保障行政部门可以依法申请人民法院强制执行。

四、其他规定

23. 劳动争议的双方当事人是劳动者和用人单位,前者包括进城务工的农民,后者包括各类企业、有雇工的个体工商户、民办非企业等用人单位。本意见所指用工主体除上述用人单位外,还包括包工头以及其他劳务使用人等雇主。

24. 本意见所指建筑业企业,是指从事土木工程、建筑工程、线路管道设备安装工程、装修工程的新建、扩建、改建等活动的企业。

25. 本意见自2005年5月1日起施行。

（九）四川省高级人民法院关于审理涉及招投标建设工程合同纠纷案件的有关问题的意见

(2010年6月22日四川省高级人民法院审判委员会第33次会议讨论通过)

根据《中华人民共和国招标投标法》、《最高人民法院关于审理建设工程施工合同纠纷案件适用法律问题的解释》等法律和司法解释规定，结合民事审判实际，就审理涉及招投标建设工程合同纠纷案件适用法律的有关问题，制定本意见。

第一条 对建设工程必须进行招标而未招标，或者中标无效的，人民法院应当严格按照《最高人民法院关于审理建设工程施工合同纠纷案件适用法律问题的解释》第一条的规定，认定建设工程施工合同无效。

第二条 当事人就同一建设工程另行订立的合同与合法有效的备案中标合同实质性内容不一致的，人民法院应当严格按照《最高人民法院关于审理建设工程施工合同纠纷案件适用法律问题的解释》第二十一条的规定，以备案的中标合同作为结算工程款的依据。

第三条 合同实际履行过程中因设计变更导致工程量（价）增加的，且履行了约定的或规定的报批、审查程序，承包人与发包人就中标合同的内容协商作了修订和补充的，人民法院可以按照《最高人民法院关于审理建设工程施工合同纠纷案件适用法律问题的解释》第十六条第一款的规定，以当事人实际履行的合同作为结算工程价款的依据；当事人对发生变化部分的工程价款不能协商一致的，可以按照《最高人民法院关于审理建设工程施工合同纠纷案件适用法律问题的解释》第十六条第二款的规定，参照建设行政主管部门发布的计价方法或者计价标准结算工程价款。

第四条 有证据证明设计、施工、监理或业主方在设计变更、工程量（价）增加等合同内容变更中有相互串通、弄虚作假情况的，人民法院对虚假部分的内容不予认可，并不得以此作为结算工程价款的依据。

第五条 合同中约定了以第三方审价或者审计确定的造价作为付款依据的，人民法院在诉讼中应当促使双方当事人履行合同，委托第三方对工程款结算的情况进行审价或审计，并以第三方确定的造价作为判决支付工程款的依据。

第六条 依照《中华人民共和国审计法》第二十二条规定必须接受审计监督的国家建设项目的工程，通过审计查验完成的工程量的，经审计确认的有关工程量的签证记录可以作为反映客观事实的证据，具有证明力，人民法院应当采信，作为双方工程价款结算的依据。

（十）浙江省高级人民法院《关于审理建设工程施工合同纠纷案件若干疑难问题的解答》

（2012年4月5日）

近年来随着经济和社会的迅猛发展，建设工程施工合同纠纷案件频发，新情况、新问题层出不穷。为正确审理此类案件，省高院民事审判第一庭经深入调研，并广泛征求意见，现就此类案件审理中的一些突出问题作出解答，供办案时参考。

一、如何认定内部承包合同？如何认定其效力？

建设工程施工合同的承包人与其下属分支机构或在册职工签订合同，将其承包的全部或部分工程承包给其下属分支机构或职工施工，并在资金、技术、设备、人力等方面给予支持的，可认定为企业内部承包合同；当事人以内部承包合同的承包方无施工资质为由，主张该内部承包合同无效的，不予支持。

二、如何认定未取得"四证"而签订的建设工程施工合同的效力？

发包人未取得建设用地规划许可证或建设工程规划许可证，与承包人签订建设工程施工合同的，应认定合同无效；但在一审庭审辩论终结前取得建设用地规划许可证和建设工程规划许可证或者经主管部门予以竣工核实的，可认定有效。

发包人未取得建设用地使用权证或建筑工程施工许可证的，不影响建设工程施工合同的效力。

三、如何认定当事人就工程价款计价方法所约定的条款的效力？

建设工程施工合同约定的工程价款的确定方法虽然与建设工程计价依据不一致，但并不违反法律、行政法规强制性规定的，该约定应认定有效。

四、如何认定当事人约定的保修期低于法律规定的最低保修期限的条款的效力？

建设工程施工合同中约定的正常使用条件下工程的保修期限低于国家和省规定的最低期限的，该约定应认定无效。

五、如何认定开工时间？

建设工程施工合同的开工时间以开工通知或开工报告为依据。开工通知或开工报告发出后，仍不具备开工条件的，应以开工条件成就时间确定。没有开工通知或开工报告的，应以实际开工时间确定。

六、如何认定工期顺延？

发包人仅以承包人未在规定时间内提出工期顺延申请而主张工期不能顺延的，该主张不能成立。但合同明确约定不在规定时间内提出工期顺延申请视为工期不顺延的，应遵从合同的约定。

七、发包人已经签字确认验收合格,能否再以质量问题提出抗辩,主张延期或不予支付工程价款?

发包人已组织验收并在相关文件上签字确认验收合格,后又以工程质量存在瑕疵为由,拒绝支付或要求延期支付工程价款的,该主张不能成立。但确因承包人施工导致地基基础工程、工程主体结构质量不合格的,发包人仍可以拒绝支付或要求延期支付工程价款。

八、如何把握工程质量鉴定程序的启动?

要严格把握工程质量鉴定程序的启动。建设工程未经竣工验收,发包人亦未擅自提前使用,发包人对工程质量提出异议并提供了初步证据的,可以启动鉴定程序。

九、发包人以工程质量为由提出的对抗性主张,究竟是抗辩还是反诉?

承包人诉请给付工程价款,发包人以工程质量不符合合同约定或国家强制性的质量规范标准为由,要求减少工程价款的,按抗辩处理;发包人请求承包人赔偿损失的,按反诉处理。

十、哪些证据可以作为工程量、工程价款的结算依据?

双方当事人在建设工程施工过程中形成的补充协议、会议纪要、工程联系单、工程变更单、工程对账签证以及其他往来函件、记录等书面证据,可以作为工程量计算和认定工程价款的依据。

十一、施工过程中谁有权利对涉及工程量和价款等相关材料进行签证、确认?

要严格把握工程施工过程中相关材料的签证和确认。除法定代表人和约定明确授权的人员外,其他人员对工程量和价款等所作的签证、确认,不具有法律效力。没有约定明确授权的,法定代表人、项目经理、现场负责人的签证、确认具有法律效力;其他人员的签证、确认,对发包人不具有法律效力,除非承包人举证证明该人员确有相应权限。

十二、能否调整总价包干合同的工程量、工程价款?

建设工程施工合同采用固定总价包干方式,当事人以实际工程量存在增减为由要求调整的,有约定的按约定处理。没有约定,总价包干范围明确的,可相应调整工程价款;总价包干范围约定不明的,主张调整的当事人应承担举证责任。

十三、建设工程施工合同无效,但工程竣工验收合格的,谁有权利请求参照合同约定确定工程价款?

建设工程施工合同无效,但工程竣工验收合格,按照最高人民法院《关于审理建设工程施工合同纠纷案件适用法律若干问题的解释》第二条的规定精神,承包人或发包人均可以请求参照合同约定确定工程价款。

十四、承包人能否直接请求按照竣工结算文件结算工程价款?

建设工程施工合同明确约定发包人应在承包人提交竣工结算文件后一定期限内予以答复,且逾期未答复则视为认可竣工结算文件的,承包人可以请求按照竣工结算文件进行工程价款结算。

建设工程施工合同虽约定发包人应在承包人提交竣工结算文件后一定期限内予以

答复,但未约定逾期不答复则视为认可竣工结算文件的,承包人不能请求按照竣工结算文件确定工程价款。

建设工程施工合同约定发包人在承包人提交竣工结算文件后未答复则视为认可竣工结算文件,但未约定答复期限,且经承包人催告后,发包人仍不予答复的,人民法院可根据实际情况确定合理的答复期限,但答复期限不应超过60天。

建设工程施工合同中对此未明确约定,承包人不能仅以《建设工程施工合同(示范文本)》(GF—1999—0201)通用条款33.2条为依据,要求按照竣工结算文件结算工程价款。

十五、如何认定"黑白合同"?

认定"黑白合同"时所涉及的"实质性内容",主要包括合同中的工程价款、工程质量、工程期限三部分。对施工过程中,因设计变更、建设工程规划指标调整等客观原因,承、发包双方以补充协议、会谈纪要、往来函件、签证等洽商记录形式,变更工期、工程价款、工程项目性质的书面文件,不应认定为《中华人民共和国招标投标法》第46条规定的"招标人和中标人再行订立背离合同实质性内容的其他协议"。

十六、对"黑白合同"如何结算?

当事人就同一建设工程另行订立的建设工程施工合同与中标合同实质性内容不一致的,不论该中标合同是否经过备案登记,均应当按照最高人民法院《关于审理建设工程施工合同纠纷案件适用法律问题的解释》第二十一条的规定,以中标合同作为工程价款的结算依据。

当事人违法进行招投标,当事人又另行订立建设工程施工合同的,不论中标合同是否经过备案登记,两份合同均为无效;应当按照最高人民法院《关于审理建设工程施工合同纠纷案件适用法律问题的解释》第二条的规定,将符合双方当事人的真实意思,并在施工中具体履行的那份合同,作为工程价款的结算依据。

十七、启动工程量和工程价款鉴定程序,应该注意哪些问题?

当事人对工程价款存在争议,不能协议一致,也无法采取其他方式确定的,可以根据当事人的申请,对工程造价进行鉴定;双方当事人均不申请鉴定的,应向负有举证责任的当事人一方进行释明,其仍不申请鉴定的,由其承担举证不能的法律后果。

诉讼前已经由当事人共同选定具有相应资质的鉴定机构对工程价款进行了鉴定,诉讼中一方当事人要求重新鉴定的,不予准许,但确有证据证明鉴定结论具有最高人民法院《关于民事诉讼证据的若干规定》第二十七条第一款规定的情形除外。

一审诉讼期间对工程价款进行了鉴定,当事人在二审诉讼期间申请重新鉴定或补充鉴定的,不予准许,但确有证据证明鉴定结论具有最高人民法院《关于民事诉讼证据的若干规定》第二十七条第一款规定情形的除外。

二审诉讼期间,双方当事人均同意鉴定的,可予准许,但可能损害社会公共利益或第三人利益的除外。

人民法院应避免随意、盲目委托鉴定和不必要的多次、重复鉴定。根据双方当事人的合同约定或者现有证据,足以认定工程量和工程价款的,不应再就工程价款委托鉴定。

十八、工程因发包人的原因未及时竣工验收,发包人能否以工程未竣工验收为由拒绝支付工程款?

发包人收到承包人竣工验收报告后,在合理期限内无正当理由不组织竣工验收的,不能以工程未验收合格为由,拒绝支付工程价款。

十九、如何认定建设工程施工合同关于工期和质量等奖惩办法约定的性质?

建设工程施工合同关于工期和质量等奖惩办法的约定,应当视为违约金条款。当事人请求按照《中华人民共和国合同法》第一百一十四条第二款,以及最高人民法院《关于适用〈中华人民共和国合同法〉若干问题的解释(二)》第二十七条、第二十八条、第二十九条的规定调整的,可予支持。

二十、合同无效是否影响关于工程质量的约定、承诺的效力?

建设工程施工合同无效,不影响发包人按合同约定、承包人出具的质量保修书或法律法规的规定,请求承包人承担工程质量责任。

二十一、承包人能否一并请求逾期支付工程款的违约金和利息?

承包人不能按照建设工程施工合同的约定,既请求发包人承担逾期支付工程款的违约金,又同时请求支付相应利息。

二十二、建设工程施工合同无效情形下,谁有权行使优先受偿权?

建设工程施工合同无效,但工程经竣工验收合格,承包人可以主张工程价款优先受偿权。分包人或实际施工人完成了合同约定的施工义务且工程质量合格,在总承包人或转包人怠于行使工程价款优先受偿权时,就其承建的工程在发包人欠付工程价款范围内可以主张工程价款优先受偿权。

二十三、实际施工人可以向谁主张权利?

实际施工人的合同相对人破产、下落不明或资信状况严重恶化,或实际施工人至承包人(总承包人)之间的合同均为无效的,可以依照最高人民法院《关于审理建设工程施工合同纠纷案件适用法律问题的解释》第二十六条第二款的规定,提起包括发包人在内为被告的诉讼。

（十一）重庆市高级人民法院关于对最高人民法院《关于建设工程价款优先受偿权问题的批复》应如何理解的意见

渝高法〔2003〕48号

重庆市第一中级人民法院：

你院关于审理购房消费者办理土地使用权证、房屋产权证历史遗留问题有关案件的情况汇报收悉，案件中大量出现购房消费者与抵押权人利益冲突的情况，即同一房屋既存在消费者获得房屋的请求权又存在抵押权人的优先受偿权。因对最高人民法院《关于建设工程价款优先受偿权问题的批复》（法释〔2002〕16号）的理解不一致，出现了不同意见。经我院审判委员会研究认为，从该批复第一条、第二条的文意理解，应按购房消费者、承包人、抵押权人的顺序享有优先权，故购房消费者与抵押权人利益出现冲突时，人民法院应优先保护购房消费者的利益。人民法院在审理和执行购房消费者办理土地使用权、房屋产权证历史遗留问题的案件，优先保护购房消费者的利益时，应注意把握以下几个条件。首先，购房消费者中消费者的含义应与《消费者权益保护法》中的"消费者"含义相同，即购房者购房是为生活消费需要而不是为经营需要。其次，购房消费者已交付全部或大部分购房款（超过50%），且能支付尾款。第三，购房消费者在购买商品房的过程中无恶意损害抵押权人利益的行为。以上意见在执行中出现什么新情况新问题，请及时报告我院。

（十二）深圳市中级人民法院关于建设工程合同若干问题的指导意见

(2010年3月9日审判委员会第6次会议修订)

为了依法、公正、及时处理建设工程施工合同纠纷，统一裁判标准，根据《中华人民共和国建筑法》、《中华人民共和国合同法》、《中华人民共和国民事诉讼法》等法律规定，以及最高人民法院《关于审理建设工程施工合同纠纷案件适用法律问题的解释》等司法解释，结合民事审判实践，就审理建设工程施工合同纠纷案件适用法律的问题，提出以下指导意见。

1. 人民法院受理的建设工程施工合同纠纷，在审理过程中，如行政主管部门正在对涉案工程的合法性进行审查处理，应中止审理，待行政主管部门作出有效决定后恢复审理。

涉案工程被认定为非法建筑的，应认定合同无效，承包人请求参照合同支付工程价款的，应予支持。

在开庭前，涉案工程已按行政主管部门规定补办手续，建设工程施工合同有效。

2. 人民法院受理的建设工程施工合同纠纷，在审理过程中，一方当事人以涉案工程未取得土地使用权或建设用地规划许可、建设工程规划许可主张合同无效的，在开庭前发包人仍未取得土地使用权及上述行政许可的，应认定施工合同无效；开庭前已经取得土地使用权及上述行政许可，但未取得施工许可的，应认定施工合同有效。

3. 两个以上的法人、其他经济组织或个人合作建设工程，并对合作建设工程享有共同权益的，其中合作一方因与工程的承包人签订建设工程合同而发生纠纷的，其他合作建设方应与签订建设工程合同的合作方共同对建设工程合同的履行承担连带责任。

4. 建设工程合同的发包人非建设工程项目的所有人，发包人以自己的名义实际履行合同的，建设工程的所有人与发包人共同对建设工程合同的履行承担连带责任。

工程代建合同的委托人与受托人共同对建设工程合同的履行承担连带责任，但建设工程合同明确约定仅由受托人、委托人或发包人承担合同约定义务的除外。

5. 承包人将工程分包给无劳务作业法定资质的劳务分包人，发包人以承包人违法劳务分包为由要求解除建设工程施工合同的，不予支持。

6. 按照《中华人民共和国招标投标法》第三条规定必须进行招标的工程，经过招投标而签订的施工合同，承包人有证据证明工程价款低于成本价，主张合同无效的，应予支持。

不属于《中华人民共和国招标投标法》第三条规定必须进行招标的工程，建设工程合同履行中承包人有证据证明工程价款低于成本价或承包人对总价包干合同中工程量有重大误解的，承包人在法定期限内要求撤销或变更合同的，应予支持。

7. 发包人有下列情形之一，致使承包人无法施工，且在催告的合理期限内仍未履行相应义务，承包人请求解除建设工程施工合同的，应予支持：(一) 未在约定时间内提供材料，或提供的材料不符合约定的；(二) 未在约定时间内提供施工场地、施工道路、施工用水、施工用电的；(三) 未在约定时间内提供完整工程地质和地下管线资料或施工图纸；(四) 未在约定时间内办理工程中间验收；(五) 未履行合同约定的其他协助义务的。

8. 发包人与承包人签订建设工程合同后毁约的，应赔偿承包人由此造成的损失，该损失应包括承包人履行合同后可获得的利益。

9. 建设工程开工时间一般以发包人签发的《开工报告》确认的时间为准，但如果发包人签发的《开工报告》确认的开工时间早于《施工许可证》确认的开工时间，则以《施工许可证》确定的开工时间作为建设工程开工时间。

承包人在领取《施工许可证》之前已实际施工，且双方约定以实际施工日为工期起算时间的，依照约定。

如果发包人签发开工报告后，迟延履行合同的约定义务而无法施工，工期顺延。

10. 发包人未按建设工程合同约定支付工程进度款致使停工、窝工的，承包人可顺延工程日期并有权要求赔偿停工、窝工等损失。

承包人在发包人逾期支付工程进度款后继续施工的，在发生纠纷后，发包人要求承包人承担工期违约责任的，不予支持。

11. 施工过程中因发包人拖欠工程预付款、进度款、变更设计造成工程停工、窝工或因不可抗力因素造成工程停工的，工期顺延计算。

12. 发包人或监理单位已组织验收并在填写的《建筑工程验收报告书》或相关文件上签字确认验收合格的，应认定工程验收合格，对工程中存在的质量问题作保修期内质量问题处理，发包人以工程存在质量问题为由，要求不支付或缓支付工程款的，不予支持。

13. 发包人接到承包人竣工报告后，无正当理由不组织验收的，经过一定合理时间(30天)后应视为工程已竣工验收，发包人以工程未验收或存在质量问题为由，要求不支付或缓支付工程款的，不予支持。

14. 发包人擅自变更工程设计的，承包人按照发包人指令施工的，除违反国家强制性标准造成质量缺陷外，发包人不得以未经过设计人同意为由主张变更无效。

15. 工程已施工完毕，承包人以发包人未按约定支付工程款为由，不协助办理工程竣工验收的，视为工程停工；工程施工完毕且已竣工验收的，发包人拖欠工程款或结算已到期工程尚未交工的，承包人可以行使抗辩权为由不交付建设工程，但不交付的工程价值应与工程欠款基本相当。

如果发包人拖欠的工程款与不交付的建设工程价值差距较大或部分不交付影响整个工程使用的，承包人应承担赔偿责任。

16. 建设工程完工后未经竣工验收，工程已由发包人实际控制的，发包人即不组织竣工验收，又未提出质量问题的，视为工程已经竣工验收合格，工程完工之日视为工程竣工验收合格日。

17. 当事人就同一工程签订的建设工程合同的实际内容与招投标文件不一致发生争议的,应当以招投标文件规定的计价方法或计价标准结算工程价款。

18. 当事人约定,发包人受到竣工结算文件后,在约定期限内不予答复,视为认可竣工结算文件的,按照约定处理。

发包人的答复应是针对竣工结算文件的内容,与竣工结算文件内容无关的答复视为没有答复,当事人另行约定的除外。

19. 当事人约定发包人审核结算的期限,审核期限届满后,发包人以承包人送交的结算文件不完整为由要求延期审核的,不予支持。

发包人应承担违约责任。

20. 建设工程合同无效或解除的,承包人主张工程款,发包人提出对已完成工程进行质量鉴定的,应予支持。

21. 建设工程合同约定为固定总价的,承包人以工程量增加为由要求调整合同价款的,应按照以下方式处理：

(1) 在固定总价若干范围以外增加的工程量,应计入合同价款。

(2) 固定总价包干范围约定不明,如发包人不能证明该增加的工程量已包括在包干范围内的,应计入合同价款。

(3) 发包人以固定单价包干形式,招标而签订固定总价包干合同后,发生工程量争议的,以实际工程量计算包干总价。

(4) 签订固定总价合同后,工程发生重大变化或固定总价所依据的设计图纸发生重大变更的,按照双方确定的工程量清单单价据实计价。

22. 施工过程中修改施工图纸或工程返工的,工程造价按双方约定或签证单确定；如果施工过程中废止原图纸,采用新的施工图纸,双方又重新约定工程造价的,按新约定确定；没有新约定或者新约定不明确的,则按实际工程量和原合同确定的单项价格确定工程造价；如果新的施工图纸所涉及施工内容原施工合同没有规定,双方又未重新约定工程造价或约定不明确,则按实际工程量,参照签订建设工程合同时当地建设行政主管部门发布的计价方法和计价标准结算。

23. 合同已约定工程价款或双方已经委托中介机构审价并确认的价款,与政府行政审计确定的价款不一致的,应以双方确认的为结算依据。

但在合同明确约定以审计结论作为结算依据或者合同约定不明确、合同约定无效的情况下,可以将审计结论作为结算依据。

24. 承包人在施工过程中不按图纸施工,擅自改变约定的建筑材料、构配件、设备的品种、规格等情形,发包人要求核减原材料差价的,应予支持。

25. 当事人共同选定审价机构审定价款后,一方当事人有异议要求重新审定的,不予支持,但有证据证明审价中存在重大错误、遗漏或审价机构与另一方恶意串通的除外。

如审价机构出具报告后明确告知如有异议可在一定期限内提出,当事人超过期限提出的,应视为认可。

26. 当事人约定工程款于工程竣工验收并交付后支付的,建设工程已竣工验收,发包人已实际控制工程,承包人已移交施工现场的,视为工程已交付使用,发包人以未签订工程移交协议为由不支付工程款的,不予支持。

27. 当事人约定工程价款以工程结算完毕作为支付条件,发包人拖延工程结算,合同对拖延结算有约定的,按照约定处理;没有约定的,按照中国人民银行同期同类贷款利率自拖延之日起计息。

28. 发包人已按约定支付工程价款或办理结算,但在建设工程竣工之日或建设工程合同约定的竣工之日起六个月内,承包人请求确认建设工程价款优先受偿权的,应予支持。

29. 在工程竣工验收合格前,建设工程合同被解除的,承包人对已完工程享有建设工程价款优先受偿权,承包人行使优先权的期限为六个月,自建设工程合同解除之日起计算。

30. 建设工程合同无效,承包人主张建设工程价款优先受偿权的,不予支持。

31. 承包人将其对发包人的工程款债权转让给第三人的,建设工程价款优先受偿权不能随之转让。

32. 建设单位直接发包的基础工程,享有工程价款优先受偿权。

建设单位直接发包的消防工程、玻璃幕墙工程、装修装饰工程,在该工程增加价值的范围内享有工程价款优先受偿权。

总承包人分包的专业工程,专业工程分包人不享有工程价款优先权。

33. 建设工程合同约定履约保证金、质量保证金在工程质量不符合约定或未按期竣工时罚没,但实际损失少,保证金数额大,承包人认为全部罚没过高的,应当按照公平合理原则并参照合同法第一百一十四条关于调整过高违约金的规定处理。

34. 建设工程合同对工期、质量、违法分包或非法转包等的罚款约定,视为违约条款,合同虽约定可直接从工程款中抵扣,但罚款未经承包人同意的,抵扣行为无效。

35. 劳务分包人不属于实际施工人,劳务分包人以建设工程的发包人为被告主张劳务报酬的,不予支持。

36. 当事人约定保修金在保修期届满后支付的,地基基础工程及主体结构工程的保修金应在工程竣工验收 2 年后返还。

37. 建设工程的工程款诉讼时效以合同约定最后一期工程款的支付期限为起算时间,工程质量保修款的诉讼时效以保修款返还日起算。

38. 建设工程质量诉讼时效,以知道或应当知道发生质量问题之日起算。

发包人请求总包人、分包人承担质量违约责任的,诉讼时效为两年;发包人、所有权人、实际使用人、受损害人请求总包人、分包人、实际施工人或保修义务人承担侵权责任的,诉讼时效为一年。

39. 承包人要求结算工程价款的诉讼时效为两年,自工程竣工或承包人移交完毕竣工档案资料或施工合同解除之日起计算。

（十三）杭州市中级人民法院民一庭关于审理建设工程及房屋相关纠纷案件若干实务问题的解答

（2010年11月1日）

第一部分　建设工程纠纷案件

一、合同效力认定

1. 如何理解《最高人民法院关于审理建设工程施工合同纠纷案件适用法律问题的解释》（以下简称《解释》）第一条第一款第（二）项中规定的"没有资质的实际施工人借用有资质的建筑施工企业名义承揽建设工程"？

答：具体可分为以下几种情形，即

（1）不具有从事建筑活动主体资格的个人、合伙组织或企业以具备从事建筑活动资格的建筑企业的名义承揽工程。

（2）资质等级低的建筑企业以资质等级高的建筑企业的名义承揽工程。

（3）不具有工程总包资格的建筑企业以具有总包资格的建筑企业的名义承揽工程。

2. 如何区分建设工程施工过程中的挂靠与内部承包？

对于建设单位内部承包合同，应当认定为是工程承包人就其承包的全部或部分工程与其下属分支机构或职工签订的工程承包合同，属建筑施工企业的一种内部经营方式，法律和行政法规对此并不禁止，该承包人应对工程施工过程及质量等进行管理，对外承担施工合同的权利义务。当事人一方以内部承包合同中的承包方无施工资质为由主张该内部承包合同无效的，不予支持。而挂靠则是指实际施工主体借用有资质的建筑施工企业名义承揽建设工程，该实际施工主体与被挂靠企业间并不存在隶属或管理关系，构成独立主体间的承包合同关系，如果挂靠单位并无相应施工资质的，应认定该承包合同关系无效。因此，二者区分主要应从合同当事人间是否有劳动或隶属管理关系，承包工程所需资金、材料、技术是否由对方当事人提供等进行判断。

二、合同责任认定

1. 对《解释》第二十六条中规定的，发包人在欠付工程价款范围内对实际施工人所应承担的责任，应如何理解？

答：建设工程因非法转包、违法分包导致建设工程施工合同无效的，发包人应当在其欠付工程价款范围内，与非法转包人、违法分包人向实际施工人承担连带责任。同时，实际施工人以发包人为被告要求支付工程价款的，一般应当追加非法转包人或者违法分包人为被告参加诉讼。

发包人以款项已付清或实际施工人要求给付的工程价款高于其欠付的工程价款进行抗辩的，应当由发包人承担举证责任。

2. 挂靠人以被挂靠人名义订立建设工程施工合同，因履行该合同产生的民事责任，被挂靠人是否应当与挂靠人一并承担连带责任?

答:挂靠人作为实际施工主体应对自己的施工内容承担相应的法律后果,被挂靠人虽未直接参与工程建设施工,但允许他人以自己名义承揽施工,也应负担该施工行为产生的法律后果。因此,当该建设工程施工合同发包人向对方主张挂靠人与被挂靠人承担连带责任的,一般应予以支持。

三、工程鉴定

1. 在建设工程造价鉴定中,鉴定单位以承包人出具的工程签证单等工程施工资料有瑕疵为由不予认定的,对于相应的工程量及工程价款法院应当如何处理?

答:首先,应当由鉴定机构对其不予认定的理由予以说明,在当事人一方有证据证明该工程签证单等施工资料有效的,或者所涉工程量已实际施工完毕的情况下,可要求鉴定机构对存疑部分工程量及价款仍予以签订并单列,供审判时审核认定。

2. 对于确需鉴定才能认定工程量或工程造价的案件中,当事人双方均拒不申请鉴定的,应如何处理?

答:除依照《最高人民法院关于民事诉讼证据的若干规定》,属于应当由人民法院调查收集的证据外,对工程量或工程造价进行鉴定应当依照当事人的申请进行。工程量或工程造价须经鉴定才能确定的,应当告知负有举证责任的当事人在一定期限内提出鉴定申请,负有举证责任的当事人拒不申请的,应承担由此产生的不利后果。

在鉴定过程中,因一方当事人拒不配合,导致鉴定无法进行的,在释明不利后果的情况下,可以判决不履行举证义务一方承担举证不能的不利后果。

四、价款结算

1. 建设工程施工合同中未明确约定"发包人收到竣工结算文件后,在合同约定的期限内不予答复视为认可竣工结算文件"的,承包人要求按照竣工结算文件进行工程价款结算的,如何处理?

答:合同中没有此项明确约定的,承包人要求按照竣工结算文件进行工程价款结算的,应不予支持。

2. 承包人向发包人提交工程结算文件,但发包人无正当理由拒绝结算的,承办人主张支付欠付工程价款利息的,应如何计算?

答:应区分为两种情况进行处理:

(1) 建设工程施工合同中明确约定,发包人应当在相应期限内对承包人送交的结算文件进行审核,发包人在期满后仍未支付工程价款的,应自合同约定的审核结算期限届满的次日起计算工程价款利息。

(2) 如果双方未作欠款约定或者约定不明的,该项利息应从承包人起诉之日开始计算。

五、工程验收

承包人向发包人提交竣工验收报告,发包人无正当理由拒绝验收的,或因发包人无正当理由,拒绝提供验收资料文件而导致无法验收的,如何认定处理?

答：在上述情形下，发包人的行为可视为放弃工程验收的权利，可推定该工程已验收合格。

六、工程质量

《解释》第十三条规定："建设工程未经竣工验收，发包人擅自使用后，又以使用部分质量不符合约定为由主张权利的，不予支持"。但如果建设工程进行了竣工验收，在竣工验收报告出具之前，发包方擅自占有建筑物并开始使用的，又再行以使用部分工程质量不合格为由，主张权利的，应如何进行认定？

答：此行为与使用未竣工验收工程性质一致，均属于接收不安全、不合格的建筑物，应由发包人自担质量风险。

七、工程价款给付

1. 在承包人诉请给付工程价款诉讼中，发包方以工程质量存在问题为由拒绝支付价款或扣减工程价款的，应如何处理？

答：可按照以下情形进行处理：

（1）如果是工程通过竣工验收合格后出现的质量问题，一般应属于保修范围，建设单位不能以此作为拒绝支付价款的抗辩而应当就此提出反诉或另行起诉，要求承包人承担保修责任或者赔偿损失。

（2）如果是在竣工验收之前或者竣工验收过程中，有证据证明存在质量问题的，建设单位以此作为抗辩拒绝支付价款或减少价款的，基于合同法先履行抗辩的原则，应当予以支持。但是如果发包方要求承包方承担修理、返工或者改建费用或要求承包方赔偿因工程质量不符合约定而造成的其他财产或者人身损害的，则应告知其进行反诉或另行起诉。

应当注意的是，发包人在施工过程中提出质量异议，若经鉴定异议不成立的，承包人的相应损失均应由发包方承担。

（3）若发包人要求承包人赔偿因工程质量不符合约定而造成的其他财产或者人身损害的，也应当告知其进行反诉或另行起诉。

2. 在建设工程施工合同中未约定付款期限或约定期限不明的情况下，是否可以在该合同示范文本中规定的结算文件审核期限届满后，即开始计算承包人向发包人主张欠付工程价款的诉讼时效期间？

答：根据工程建设现状，承包人提交决算文件后发包人长期未予答复的情形较为普遍，如果一概在合同示范文本中规定的结算文件审核期限届满后，即开始计算欠付工程款的诉讼时效期间，不利于保护承包人的合法利益。鉴于此，应当综合考虑工程价款已具备给付的客观性，应当在决算报告或者审计报告出具后，确定相应的合理时间点，开始计算承包人追索工程欠款的诉讼时效期间。如果在双方签订的建设工程施工合同中明确约定，"发包人收到竣工结算文件后，在合同约定的期限内不予答复视为认可竣工结算文件"的，则发包人未在该约定期限内答复的，即应视为认可竣工结算文件，在此情况下，若未再在另行约定付款日期的，则上述诉讼时效期间应从该约定的期间届满次日起计算。

八、其他问题

1. 如何认定加盖有项目部专用章或者由项目经理签字的单据、票证的行为效力？

答：项目部是施工承包企业具体实施施工行为的组织体，项目经理指受企业委托对工程项目施工过程全面负责的项目管理者，是企业在工程项目上的代表人。从当前的建筑工程承包现状来看，承包人的项目部或项目经理以承包人名义订立合同，债权人要求承包人承担民事责任的，一般应予支持，但承包人有证据证明债权人知道或应当知道项目部或者项目经理没有代理权限的除外。但应当注意的是，对于除项目经理以外的所谓现场负责人或材料员、采购员等，因其自身并无法律、法规或行业规范所赋予的项目部管理权力，故对此类人员的签证是否具有表见代理的效力，则应当由主张该表见代理行为成立的一方当事人举证。同理，对于项目部技术专用章的效力，也同样如此。

2. 按照《解释》第二十一条规定，应当以备案的中标合同为结算依据，但在建设工程合同履行过程当中，因设计变更或者遇特殊地质情况等客观原因导致工程量增减，当事人协商一致对中标合同的内容进行修改的，应如何认定该项变更行为的效力？

答：该项变更行为属于正常行使合同变更权，修改后的合同可以作为结算过程价款的依据。

3. 根据《合同法》第二百八十七条的规定，建设工程合同一章没有规定的，适用承揽合同的有关规定。而《合同法》第二百六十八条规定，定作人可以随时解除承揽合同。那么是否可以理解为，建设工程施工合同的发包人也享有"随时解除权"？

答：建设工程合同的发包人行使解除权必须符合《解释》第8条的规定，不应任意扩大解除权的行使范围。

4. 无效合同的实际施工人是否仍可行使优先受偿权？

答：建设工程价款优先受偿权，是立法对承包人应得工程价款的优先保护，属于承包人的法定权利。即使承包合同被认定无效，但承包人所享有的工程价款请求权依然存在，相应的其优先受偿权也应一并受到保护。

5. 《最高人民法院关于建设工程价款优先受偿权问题的批复》第四条规定：建设工程承包人行使优先权的期限为六个月，自建设工程竣工之日或者建设工程合同约定的竣工之日起计算。那么承包人行使该优先受偿权是否适用诉讼时效的规定？

答：虽然上述批复规定了该优先受偿权的行使期限为六个月，但从《合同法》第286条的条文本意分析，该六个月的期限，仅是规定应由承包人向发包人催告支付工程价款，至于是否选择折价、拍卖等形式受偿，并不在该期限内。但应当明确，从承包人催告时起，就意味着其知道自身可以行使优先受偿权了，所以也应当从这一时间点计算该项权利的诉讼时效，即为两年，若两年内还不起诉的，则应丧失该优先受偿的胜诉权。

……

(十四) 南通市中级人民法院关于建设工程实际施工人对外从事商事行为引发纠纷责任认定问题的指导意见(试行)

通中法〔2010〕130号

为统一全市法院审理建设工程中实际施工人对外从事商事行为引发纠纷案件的裁判尺度,规范建筑市场秩序,兼顾善意相对人和建筑单位的合法利益,依据相关法律、行政法规、司法解释,参照江苏省高级人民法院相关指导意见,结合我市实际情况,指定本意见。

一、严格审查基础事实

1. 审理涉建设工程买卖、租赁、借贷等商事纠纷案件,应严格审查案件基础事实,并加强对当事人的诉讼指导和法律释明,强化举证责任分配。

2. 审理涉建设工程买卖、租赁纠纷案件,应通过对合同、结算单、欠条、送货单等证据的综合分析判断,严格审查合同订立、履行及相关债权凭证的真实性,正确认定购买材料、租赁器材等基础事实。

3. 审理涉建设工程借贷纠纷案件,应对借款是否实际发生及借款本金数额的真实性予以严格审查。

对数额较大的借贷案件,建筑单位或实际施工人辩称借款未实际发生或债权凭证载明的借款本金数额包含利息,且提供的证据足以使法官对债权凭证或债权凭证载明本金数额的真实性产生合理怀疑的,应由相对人就借款是否实际发生及借款本金数额的真实性承担举证责任。相对人应对签订的借贷合同、出具债权凭证时间、地点及所涉资金的来源、交付方式、时间、地点等订立履行合同的因素予以举证证明。

4. 审理涉建设工程买卖、租赁、借贷等商事纠纷案件,涉及责任主体认定问题,应根据建筑单位和实际施工人之间的协议或其他相关证据查明是否存在工程挂靠、转包、违法分包等相关事实。

5. 建筑单位与实际施工人订立的相关协议的性质和效力,应依照《中华人民共和国建筑法》、《最高人民法院关于审理建设工程合同纠纷案件的暂行意见》、《最高人民法院关于审理建设工程施工合同纠纷案件适用法律问题的解释》,参照《江苏省高级人民法院关于审理建设工程施工合同纠纷案件若干问题的意见》等相关规定予以认定。

工程挂靠、转包、违法分包协议,违反《中华人民共和国建筑法》等相关法律、行政法规的效力性强制性规定,应认定无效。

二、正确区分行为性质

6. 与建筑单位具有行政隶属关系的项目经理或其他工作人员,在职权范围内以建筑单位名义所从事的买卖、租赁、借贷等相关商事行为,构成职务代理,其行为后果应参照委托代理的规定,由建筑单位承担。

前款规定的建筑单位工作人员职权范围应按建筑单位有无明确授权、相关人员所处职位的性质等因素进行综合分析判断。

建筑单位工作人员超越职权、职权终止后以建筑单位名义从事相关商事行为的,应根据《中华人民共和国合同法》第四十九条的规定认定责任主体。

7. 建设工程施工挂靠、转包、违法分包等关系中的项目经理等实际施工人在施工过程中对外从事买卖、租赁、借贷等相关商事行为,相关人起诉要求建筑单位承担责任的,应根据《中华人民共和国合同法》第四十九条的规定认定责任主体。但实际施工人依法取得建筑单位授权委托或建筑单位对实际施工人以自己名义对外从事的商事行为予以追认的除外。

8. 区分是行政隶属关系还是挂靠、转包、违法分包关系,可根据以下情形综合分析判断:施工合同约定的建筑单位与现场施工方之间有无产权关系、有无统一的财务管理;施工合同约定的建筑单位与施工现场的项目经理或其他现场实际施工人员之间有无合法的人事或劳动关系以及社会保险关系。

三、准确界定责任主体

9. 实际施工人以自己的名义对外订立、履行合同的,应由实际施工人自行承担责任。

实际施工人在订立、履行合同时虽自己签名或盖章,但确有证据证明实际施工人系以建筑单位名义与相对人订立履行合同的,不属于前款规定的"以自己名义"。

10. 实际施工人以建筑单位名义对外订立、履行合同或符合第9条第二款规定情形的,相对人只起诉建筑单位或实际施工人的,应根据案件具体情况对是否追加被告、诉讼请求的责任主体等进行法律释明。当事人申请追加另一方为共同被告的,应予准许;当事人不申请追加的,法院可以视案件具体情况决定是否依职权追加。

相对人只起诉建筑单位或实际施工人,且认定责任主体明确无争议的,为查明买卖、租赁、借贷等商事交易相关事实,可依申请或依职权追加另一方为第三人。

11. 工程挂靠、转包、违法分包等关系双方约定建筑单位对建设工程所涉债权债务不承担责任的,仅在其内部具有约束力,不能对抗善意相对人。

12. 相对人不知道存在挂靠、转包、违法分包的事实,实际施工人以建筑单位名义与相对人进行买卖、租赁、借贷等商事交易,构成表见代理的,其行为后果由建筑单位承担。

依前款规定,建筑单位在承担责任后可依其与实际施工人的约定或依据《最高人民法院关于合同法司法解释(二)》第十三条的规定向实际施工人追偿。

13. 相对人知道或应当知道存在挂靠、转包、违法分包的事实,仍同意实际施工人以建筑单位名义与之发生交易的,由实际施工人承担责任。

四、稳妥认定表见代理

14. 审理涉建设工程买卖、租赁、借贷等商事纠纷案件,应依照《中华人民共和国合同法》第四十九条及最高人民法院《关于当前形势下审理民商事合同纠纷案件若干问题的指导意见》、参照江苏省高级人民法院《关于适用〈中华人民共和国合同法〉若干问题的讨论纪要(一)》的相关规定精神,从严认定表见代理行为。

15. 以下情形应认定实际施工人的行为客观上形成具有代理权的表象:

(1) 实际施工人对外订立合同时加盖建筑单位或项目部符合要求的相关印章;

(2) 实际施工人对外订立合同时加盖无证据证明经建筑单位同意刻制的相关印章,相对人能举证证明该印章在工程施工中正常使用或者建筑单位知道或应当知道实际施工人利用该印章从事相关行为的;

(3) 实际施工人对外订立合同时未加盖相关印章,但以建筑单位、项目部或工地名义,相对人能举证证明在订立合同当时已知道实际施工人具有案涉工程项目部项目经理或其他相关身份的;

(4) 实际施工人与相对人未订立书面合同,但相对人能举证证明实际施工人在订立合同当时以建筑单位、项目部或工地名义,且其已知道实际施工人具有案涉工程项目部项目经理或其他相关身份的;

(5) 实际施工人的行为客观上形成具有代理权表象的其他情形。

16. 在衡量相对人是否构成善意无过失时,应依照最高人民法院《关于当前形势下审理民商事合同纠纷案件若干问题的指导意见》第14条的规定作出综合分析判断。

17. 建筑单位举证证明实际施工人确系无权代理,相对人主张实际施工人的行为构成表见代理的,应依照最高人民法院《关于当前形势下审理民商事合同纠纷案件若干问题的指导意见》第13条的规定,对"实际施工人的行为客观上形成具有代理权的表象"和"善意且无过失地相信行为人具有代理权"承担举证责任。建筑单位主张实际施工人的行为不构成表见代理的,可对相对人主观恶意或重大过失等情形进行反驳举证。

18. 适用第12、14、15、16条规定认定是否构成表见代理仍然存在重大争议,难以准确认定建筑单位是否承担责任的,应将合同标的物的用途作为重要参考因素予以审查,如购买的材料、租赁的器材和所借的款项实际用于项目施工的,可以认定建筑单位承担责任。

19. 相对人对"合同标的物的用途"承担举证责任。

相对人举证证明已将借贷资金通过转账、现金解款、票据等方式交付于建筑单位或项目部的,可以认定所借资金用于工程项目。建筑单位或实际施工人否认所借资金实际用于工程项目的,应证明所借资金的确切去向,或对工程所用资金来源、数额及工程所需资金数额等事实承担举证责任。

数额较大的借贷资金未进入建筑单位或项目部账户,直接现金交付于实际施工人的,建筑单位否认所借资金实际用于工程项目的,不应直接认定所借资金用于工程项目。实际施工人对所借资金是否实际用于工程项目承担举证责任,且所举证据间应形成紧密的证据链条,基本达到所借资金与用于工程开支资金系同一资金的证明程度。

相对人举证证明已将买卖、租赁合同标的物交付至项目部有关人员和工地相关地点的,可以认定买卖、租赁合同标的物用于工程项目。建筑单位或实际施工人否认买卖、租赁合同标的物实际用于工程项目的,应证明合同标的物的确切去向,或对工程所用该种标的物的来源、数量及工程所需该种标的物的数量等事实承担举证责任。

20. 下列情形不应认定构成表见代理:

(1) 建筑单位授权明确,相对人明知实际施工人越权代理的;

(2) 合同的订立履行明显损害建筑单位利益的;

(3) 实际施工人以自己作为交易主体与相对人订立、履行合同后,未经建筑单位授权又以建筑单位名义出具债权凭证的;

(4) 实际施工人加盖私刻(或伪造)的印章或偷盖相关印章对外订立合同或出具债权凭证,且无证据证明所涉标的物的交付、使用与本项工程有关的;

(5) 实际施工人订立合同未加盖建筑公司或项目部相关印章,即以建筑公司、项目部或工地的名义订立合同,相对人无证据证明实际施工人出示过任命书、授权委托书或其具有其他相信实际施工人有代理权的理由和依据的;

(6) 大额借贷资金现金交付于实际施工人,且无证据证明资金的交付、使用与本项目工程有关;

(7) 运用经验法则,通过对合同缔结和出具债权凭证时间、以谁名义出具、标的物的种类性质及交付使用等情况的综合分析判断,实际施工人或其与相对人的行为明显与常情常理不符的;

(8) 不应认定构成表见代理的其他情形。

五、附则

21. 本指导意见自下发之日起试行。如具体内容与法律、行政法规、司法解释及江苏省高级人民法院相关指导意见不一致的,以法律、行政法规、司法解释及上级法院指导意见为准。

22. 本意见试行前尚未终审的,适用本意见;本意见试行前已经终审,当事人申请再审或者按照审判监督程序决定再审的,不适用本意见。

（十五）苏州中院民二庭关于涉建工程中项目经理等对外从事买卖、租赁等民事行为的责任认定

（2009年7月29日）

建筑施工企业下的工程项目部、第＊工程处、项目经理或项目工地工作人员、分公司、子公司在工程施工过程中对外从事材料买卖、设备租赁、借贷、定作、担保等民商事行为，债权人作为原告向建筑施工企业主张权利时，如何确定责任主体和责任承担。

一、对"项目经理"的认识。

根据建设部《建筑施工企业项目经理资质管理办法》的规定，建筑施工企业项目经理，是指受企业法定代表人委托对工程项目施工过程全面负责的项目管理者，是建筑施工企业法定代表人在工程项目上的代表人。项目经理是岗位职务，须持证上岗，它并不是企业擅自授予的一种称谓，而是有其特定法律含义的。项目经理是建筑施工企业法定代表人的代表，是法定代表人的职权在该工程项目上的延伸，其在该工程项目中从事的职务行为应视为代表建筑企业法定代表人的行为。

项目经理在承担工程项目施工管理过程中，履行下列职责：

（一）贯彻执行国家和工程所在地政府的有关法律、法规和政策，执行企业的各项管理制度；

（二）严格财经制度，加强财经管理，正确处理国家、企业与个人的利益关系；

（三）执行项目承包合同中由项目经理负责履行的各项条款；

（四）对工程项目施工进行有效控制，执行有关技术规范和标准，积极推广应用新技术，确保工程质量和工期，实现安全、文明生产、努力提高经济效益。

项目经理在承担工程项目施工的管理过程中，应当按照建筑施工企业与建设单位签订的工程承包合同，与本企业法定代表人签订项目承包合同，并在企业法定代表人授权范围内，行使以下管理权力：

（一）组织项目管理班子；

（二）以企业法定代表人的代表身份处理与所承担的工程项目有关的外部关系，受委托签署有关合同；

（三）指挥工程项目建设的生产经营活动，调配并管理进入工程项目的人力、资金、物资、机械设备等生产要素；

（四）选择施工作业队伍；

（五）进行合理的经济分配；

（六）企业法定代表人授予的其他管理权力。

二、对"挂靠施工"的认识。

何谓挂靠施工？指没有资质的实际施工人或资质低的施工人（即挂靠人）借用有资

质或资质高的施工企业(被挂靠人)的名义承揽工程并向其交纳管理费的行为。

表现形式：1."内部承包型"，根本不具备建设工程施工能力的个人(俗称"包工头")寻找一个符合项目要求的施工企业，由施工企业与发包人签订施工合同，施工企业任命或聘用个人为其员工，并委以施工负责人或项目经理职务，双方签订内部承包合同，约定由个人承担该工程项目的全部经济责任，负责组织施工所需的人、财、物及施工管理职责，施工企业负责处理与业主、监理等单位的对外事务，个人向施工企业缴纳内部承包管理费。

2."借用资质型"，低资质等级的施工企业有社会关系可以承建某工程项目，因此寻找符合建设项目要求的高资质等级的施工企业，并以高资质等级的施工企业名义参考投标，中标后与发包人签订建设工程施工合同，然后直接由低资质等级的施工企业实际施工。

法律层面对挂靠施工的态度：《建筑法》、《建设工程质量管理条例》等法律、行政法规明确禁止建筑施工企业的挂靠行为。最高人民法院的司法解释对此也持否定态度，认为挂靠施工合同无效。但挂靠人为了建设工程而对外签订买卖、租赁、借贷、定作等合同(这是我们讨论的重点)并不无效。

三、根据建筑施工企业与项目经理或实际施工人(俗称"包工头")之间的关系来认定责任主体、确定责任承担。

1. 如果建筑施工企业与项目经理是上下级行政隶属关系，则项目经理对于施工企业而言就是履行合同的代表，他在工程项目中所处的地位不是代理而是代表，代表了施工企业，他对外从事买卖、租赁、借贷、定作等民商事行为是职务行为，由此引发的纠纷应以建筑施工企业为被告并承担民事责任。

2. 如果建筑施工企业与项目经理是挂靠施工关系，则项目经理对外从事买卖、租赁、借贷、定作等民商事行为是非职务行为，由此引发的纠纷如何确定责任主体和责任承担。

对于挂靠人(即实际施工人，俗称"包工头"，在实践中也有以项目经理身份出现)与第三人之间签订买卖、租赁、借贷、定作合同的民事责任，亦与挂靠人在签订合同时以谁的名义而有区别：

(1) 挂靠人以被挂靠人或被挂靠人的分支机构(项目部、工程处)的名义对外签订合同，挂靠人和被挂靠人的法律责任。挂靠人一般均以项目部的名义与第三人签订合同，此时，挂靠人和被挂靠人应承担何种法律责任，没有明确的法律规定。但对于责任主体，可以参照最高人民法院的规定。最高人民法院在《关于适用〈中华人民共和国民事诉讼法〉若干问题的意见》第43条规定，个体工商户、个人合伙或私营企业挂靠集体企业并以集体企业的名义从事生产经营活动的，在诉讼中，该个体工商户、个人合伙或私营企业与其挂靠的集体企业为共同诉讼人。第52条规定，借用业务介绍信、合同专用章、盖章的空白合同书或者银行账号的，出借单位和借用人为共同诉讼人。故挂靠人与被挂靠人可以列为共同被告，由名义经营者与实际经营者承担连带责任。由挂靠人和被挂靠人对第三人承担连带责任已被司法实践所接受，依据是《建筑法》第66条和最高人民法院《关于审理建设工程合同纠纷案件的暂行意见》第5条和江苏省高院《关于审理建设工程施工合同纠纷案件若干问题的意见》第25条的精神，另外，江苏省高院《关于当前经济审判工作中若干问题的讨论纪要》中明确规定，无进出口权的法人用有进出口权的法人的进出口业务章对外签约的，应将两者列为共同诉讼当事人，承担连带责任；《关于修改〈全省民事审判工作座谈会纪要〉的通知》中规定，挂靠经营的机动车发生交通事故造成他人损害的，应由挂靠人和被挂靠人连带承担赔偿责任。

（2）挂靠人以自己的名义对外签订合同，挂靠人和被挂靠人的法律责任。当挂靠人以自己的名义与第三人进行交易时，在挂靠人与该第三人之间就形成了合同关系。按照合同相对性原则，合同在双方之间发生效力，而对合同以外的第三人不发生效力，因此，第三人只能依据其与挂靠人的合同向挂靠人主张权利，而不能要求被挂靠人承担责任。挂靠人以自己名义签订合同后，挂靠人不能以材料实际用于项目公司而要求被挂靠人承担责任，因为在此情况下，交易的名义主体与实质主体是一致的，不存披露委托人的事实，挂靠人应对自己的行为负责，不应当溯及基础的挂靠关系。只有存在表见代理的情况下，被挂靠人才承担责任，即虽然挂靠人以自己名义对外签订合同，但合同相对人有充分理由相信挂靠人是有代理权的且合同相对人是善意无过失的，则构成法律上的表见代理。比如，挂靠人先以被挂靠人的名义对外购买材料用于特定工程，由于交易多次发生，为简化交易过程，后挂靠人以自己的名义交易并出具凭证，因债务未清偿，合同相对人起诉，此时，合同相对人有充足理由相信挂靠人是有代理权的，故挂靠人和被挂靠人应承担连带责任。法官应责令合同相对人举证表见代理的事由。

第三人只起诉挂靠人或被挂靠人的，根据挂靠人或被挂靠人的申请，应依法追加挂靠人或被挂靠人为共同被告参加诉讼。

3. 如何区分是上下级行政隶属关系还是挂靠施工关系？可根据下列情形进行判断：一、合同约定的施工企业与现场实际施工方之间有无产权关系；二、合同约定的施工企业与现场实际施工方之间有无统一的财务管理；三、合同约定的施工企业与施工现场的项目经理及主要工程管理人员（项目核算负责人、技术员、安全员、质量监督员）之间有无合法的人事调动、任免、聘用以及社会保险关系；四、合同约定的施工企业与施工现场的工人之间有无合法的建筑劳动用工和社会保险关系。若有之一，则是上下级关系；若无，则是挂靠关系。一般来说，挂靠人不是施工企业的职工，与施工企业没有行政上的隶属关系，不享受企业有关劳动保险待遇和工资待遇，与施工企业是平等的主体关系。

需要注意的是，无论是上下级行政隶属关系还是挂靠施工关系，都有可能以内部承包合同关系出现，但这不影响对上下级行政隶属关系还是挂靠施工关系的认定。

四、挂靠人以被挂靠人分支机构的名义擅自对外提供保证担保，保证合同的效力及挂靠双方民事责任的承担。

一种意见认为保证合同有效，由挂靠人承担保证责任。理由是挂靠人利用被挂靠人分支机构的名义对外保证担保已超出了挂靠双方因承接工程而所谓挂靠意思表示的范畴，故挂靠人应对自己的行为负责。

第二种意见认为保证合同有效，由挂靠双方承担连带责任。依据是最高法院《关于适用〈中华人民共和国民事诉讼法〉若干问题的意见》第43条规定。

第三种意见是保证合同有效，挂靠人承担保证责任，被挂靠人承担挂靠人不能清偿部分的赔偿责任。因为挂靠人与被挂靠人的挂靠关系毕竟与企业法人的分支机构是有根本区别的。企业法人的分支机构是非独立核算单位，不能对外承担民事责任，它如未经法人授权，擅自作保证则保证合同无效；而挂靠人是独立核算的民事主体，在保证合同上为担保意思表示的是挂靠人，故将保证人认定为挂靠人且合同有效比较适宜。

这个问题有待请示上级法院后予以统一。

五、建筑总公司下的分公司（有营业执照、非挂靠）对外从事买卖、租赁、借贷、定作、保证等民商事行为效力认定与责任承担。

依照我国《公司法》第14条第1款规定："公司可以设立分公司，设立分公司应向公司登记机关申请登记，领取营业执照。分公司不具有法人资格，其民事责任由公司承担。"

因此，分公司对外签订的买卖、租赁、借贷、定作等合同应认定有效（有法定无效事由除外），先由分公司承担责任，总公司承担补充责任。分公司对外签订保证合同的，按《担保法》第10条、第29条处理。

六、建筑总公司下的子公司对外从事买卖、租赁、借贷、定作、保证等民商事行为效力认定与责任承担。

我国《公司法》第14条第1款规定："公司可以设立子公司，子公司具有法人资格，依法独立承担民事责任。"因此，子公司相对于总公司来说具有独立的法人人格，它对外从事买卖、租赁、借贷、定作、保证等民商事行为应认定有效并独自承担责任。

七、项目经理离职以后所从事民事行为的效力。

项目经理离职以后，不论是原来系公司员工还是挂靠经营，项目经理均无权代表公司从事民事活动，但其离职后从事的与工程相关的民事活动仍然有可能产生相应的法律后果。

具体为：1. 相对人不知道其离职，但有理由相信项目经理仍然代表公司，而离职后的项目经理继续以公司名义与相对人从事民事行为，则构成表见代理，相应责任同上下级行政隶属关系和挂靠经营中项目经理行为责任相同。（建筑公司能举证证明相对人知道或者应该知道项目经理离职的除外。）

2. 相对人知道或者应该知道其离职，离职后的项目经理则无权代表公司从事民事行为，但项目经理作为业务的经办人或者知情者，其可以就相关事实进行陈述，项目经理所作对事实的陈述可以作为证人证言，与其他证据综合分析认定其效力。

八、民事行为完成以后，供应商至建设局等相关部门收集的项目部有关人员身份关系的证据是否为表见代理事由的问题。

由于表见代理基于的是没有身份关系而从事了无权代理、越权代理行为，而项目部有关人员具有身份关系的证据揭示有权代理的法律关系，故事后收集的身份关系的证据不是表见代理的事由,而是有权代理的事由。对于失去身份关系以后所从事的民事行为,相对人在民事行为完成以后至建设局等部门收集的有关人员身份关系的证据不能直接认定为表见代理的事由,因为相对人并非是信赖事后收集的身份关系的证据作为认定对方具有代理关系的依据,而是在从事民事行为时有充分理由相信无权代理人有代理权。

九、印章效力的认定。

(一)超范围使用印章的效力认定。一个单位根据各个部门的需求会经常刻制各种功能的公章,比如合同专用章、业务专用章、项目部章、财务专用章、资料专用章、档案专用章、收发章等等,各个公章均有不同的功能并由不同的部门进行管理和使用。而在建设工程合同中,印章使用不规范,经常出现混用的现象,实际加盖公章所对应的合同内容超出了该印章使用的范围。出现这种情况,应该审查该印章自身的功能及使用范围,对于该印章自身功能范围内使用的,可以直接认定其效力,因为相对方有理由相信持有印章者有权盖具印章,有权处理相关业务。如合同上加盖合同专用章、对账单上加盖了财务专用章等。对于超出了印章自身功能所涉使用范围的,不宜直接认定其效力,因为相对方应该明知印章的使用范围,超出印章使用范围使用的,属超越代理权或超越职权的行为,对合同双方不当然产生约束力。

超出印章使用范围使用的,对该印章效力的认定应该根据签订合同者的身份及授权情况、双方的交易习惯等,综合分析是否属于表见代理。对于既不属于印章使用范围,又不能认定为表见代理的,还应该根据实际情况判断是否具有一定的证据效力,能否与其他证据形成优势证据。

(二)项目部私刻印章的效力认定。建筑公司项目部为经营管理需要,未经建筑公司同意,私刻项目部章或材料章等从事相关民事行为,其实质是项目部的行为,仅对项目部产生法律效力。建筑公司不因为该项目部公章而直接承担责任,建筑公司承担责任的基础是基于与项目部的上下级行政隶属关系或者挂靠关系。

十、混凝土公司送货单单价高于合同约定单价的处理。

权利义务的变更,不仅需要有明确的意思表示,对作出变更的人员还必须要求具有相应的权限。对于混凝土公司以送货单价格来认定总货款的请求是否支持,应该看签收送货单的人员是否具有变更约定单价的权限,或者混凝土公司是否有理由相信签收人员具有变更单价的权限。如果混凝土公司不能举证表见事由,则其主张变更的请求不能成立。如果混凝土公司知道或者应该知道送货单签收人员不具备变更单价的权限,而仍然主张变更,则不应支持。例如工地收料员或者一般工作人员签收的送货单,则不能认定变更成立,因为对于收料员及一般工作人员不具备变更合同约定权限的事实,混凝土公司是明知的,或者是应该知道的。

（十六）宣城市中级人民法院关于审理建设工程施工合同纠纷案件若干问题的指导意见（试行）

（2013年2月6日）

为统一全市法院建设工程施工合同纠纷案件的裁判尺度，规范审理，根据《中华人民共和国民法通则》、《中华人民共和国合同法》、《中华人民共和国招标投标法》、《中华人民共和国建筑法》、《中华人民共和国民事诉讼法》、最高人民法院《关于审理建设工程施工合同纠纷案件适用法律问题的解释》等规定，结合我市法院民事审判实际，制定本意见。

建设工程施工合同纠纷的诉讼主体

第一条 建设工程施工合同的发包方应当具有独立财产、能够对外独立承担民事责任，包括法人、其他组织和公民个人等。

建设工程施工合同的承包方应当具有：企业法人资格；履行合同的能力，即必须具有营业执照和由建设行政主管部门核准的资质等级。

实际施工人是指无效建设工程施工合同的工程实际承建人，包括转承包人、违法分包合同的承包人、借用资质的承包人、超越资质等级的承包人、挂靠施工人等。

第二条 对于法人的分支机构所签订的施工合同，分支机构系依法设立并领取营业执照的，该分支机构可以作为诉讼主体参加诉讼；没有营业执照的，应以设立该分支机构的法人作为诉讼主体。

具有建筑资质的企业法人，其下属的工程项目部与发包人就该工程签订的建设工程施工合同，对该建筑企业法人具有约束力，合同的权利义务由该建筑企业法人享有和承担。

第三条 发包人未按建设工程施工合同或协议约定将工程款支付至承包人，而是支付给承包人的项目负责人，承包人起诉发包人支付该工程款的，人民法院可以依当事人申请追加该项目负责人为第三人参加诉讼。

第四条 合作开发房地产合同的一方当事人作为发包人与承包人签订建设工程施工合同，发包人与承包人因建设工程质量或工程款发生纠纷，对合作建设工程享有共同权益的其他合作建设方应为共同原告或被告。

建设工程施工合同的效力

第五条 建设工程施工合同的承包人与其下属的分支机构或职工就所承包的工程施工所签订的承包合同为企业内部承包合同，当事人以内部承包合同的承包方无施工资质为由主张合同无效的，人民法院不予支持，但名为内部承包，实为挂靠的除外。

第六条 建设工程施工合同约定的价款明显低于工程定额标准，当事人以合同价款明显违反定额为由，主张合同价款约定无效的，人民法院不予支持。

第七条 建设工程施工合同约定的正常使用条件下工程的质量保修期限低于法律、

法规规定的最低期限,当事人要求确认该约定无效的,人民法院应予支持。

第八条 发包人或承包人以未取得建筑工程施工许可证为由,主张双方签订的建设工程施工合同无效的,人民法院不予支持。

第九条 合作开发房地产的无房地产开发资质的一方,以自己的名义与承包人签订的建设工程施工合同无效,但有房地产开发资质的另一方已实际参与合作开发,且认可该建设工程施工合同的,可以认定该合同有效。

工期、工程质量

第十条 建设工程施工合同对建设工程的开工日期有明确约定的,按照合同约定处理。但当事人共同认可的开工时间与合同约定不一致的,则以当事人共同确认的实际开工时间为开工日期。

合同没有约定或约定不明,当事人对开工时间有争议的,则以《开工报告》记载的开工时间或者有其他证据证明能够确定的开工时间为开工日期。

第十一条 发包人和承包人在建设工程施工合同履行过程中,补充约定的竣工日期明显早于备案合同约定的竣工日期,对该约定不予支持,应以备案合同约定的竣工日期确定。但该竣工的建设工程质量经验收合格的,可以认定对竣工日期的补充约定有效。

第十二条 当事人在合同中约定工程质量评优标准,并约定了奖励措施条款,工程竣工后未参加评优,承包人举证证明未参加评优系发包人不提供必要材料或不尽其他配合义务所致,对承包人主张该奖励措施条款约定的权益,人民法院应予支持,但承包人未申请参加评优的除外。

第十三条 工程竣工验收后在质保期内存在质量问题,发包人未按合同约定通知承包人维修,而自行维修并支付维修费用。发包人主张承包人承担该维修费用的,应当在合理范围内予以支持。

工程价款及鉴定

第十四条 建设工程施工合同约定的工程总价低于中标价的,人民法院应按中标价认定涉案工程价款。

第十五条 法律、法规规定必须进行招标的建设工程,当事人实际履行的建设工程施工合同与备案的中标合同实质性内容不一致的,应当以备案的中标合同作为工程款的结算依据;未经招标的,建设工程施工合同无效,但工程经竣工验收合格的,当事人请求参照合同约定支付工程款的,人民法院应予支持。

法律、法规未规定必须进行招标的建设工程,当事人实际履行的建设工程施工合同与备案的中标合同实质性内容不一致的,可以按当事人实际履行的合同作为工程款的结算依据。

"实质性内容不一致"主要是指建设工程施工合同的工程计价标准、工程质量标准、工程期限等主要条款内容差距较大。建设工程施工过程中,当事人以补充协议等形式约定的正常工程量增减、设计变更等,一般不认定为"实质性内容不一致"。

第十六条 经过招、投标订立的建设工程施工合同,工程虽经验收合格,但因合同约定的工程价款低于成本价而导致合同无效,发包人要求参照合同约定的价款结算的,人民法院应予支持。

第十七条 建设工程施工合同约定工程价款实行固定价结算的,一方当事人要求按照定额结算工程价款的,人民法院不予支持。但因设计变更导致工程量变化或者质量标准变化,当事人要求对工程量增加或减少部分据实结算的,人民法院应予支持,当事人另有约定的除外。

第十八条 由国家财政投资的建设工程,当事人未在合同中约定以国家财政部门或国家审计部门的审核、审计结果作为工程价款结算依据的,承包人要求按照合同约定结算工程价款的,人民法院应予支持。

由国家投资的建设工程,发包人以财产投资评审机构未完成竣工决算审计为由拒绝支付工程价款或要求以财政投资评审机构的审计结果作为工程价款结算依据的,人民法院一般不予支持。但双方当事人明确约定以财政投资评审机构的决算审计结果作为工程价款结算依据的除外。

第十九条 当事人于诉前或者诉讼中共同选定,或者由当事人申请人民法院依法委托具有相应资质的鉴定人对建设工程造价进行鉴定并出具了鉴定意见,一方当事人要求重新鉴定的,人民法院不予支持。二审期间,当事人要求重新鉴定的,一般不予准许。如果该鉴定意见确有错误,需要重新鉴定的,可以将案件发回原审法院重审。

损失赔偿及责任承担

第二十条 建设工程施工合同的当事人以约定的违约金过高为由请求对违约金进行调整,但双方当事人均未举证证明守约方因违约造成的实际损失,人民法院可以根据《最高人民法院关于适用〈中华人民共和国合同法〉若干问题的解释(二)》第二十九条的规定,在中国人民银行发布的同期同类贷款利率四倍的范围内,对约定的违约金进行调整。

第二十一条 因发包人原因导致工期延迟,在延迟的工期内遇材料价格上涨,承包人要求发包人赔偿该部分材料价格差额损失的,人民法院应予支持。承包人对工期延误亦有过错的,应承担相应的责任。

因承包人原因导致工期延迟,在延迟的工期内遇材料价格上涨,承包人要求发包人赔偿该部分材料价格差额损失的,人民法院不予支持。

第二十二条 实际施工人以发包人和转包人或违法分包人为共同被告主张工程价款,发包人未能举证证明其已付清工程款的,人民法院可以判决发包人在欠付的工程款范围内对转包人或违法分包人应支付实际施工人的工程款承担连带责任。

建设工程价款优先受偿权

第二十三条 建设工程施工合同或补充协议约定建设工程质量保证金从工程价款的余款中扣留,承包人主张该建设工程价款优先受偿权的范围可以包括建设工程质量保证金在内。

第二十四条 建设工程施工合同无效,但工程经竣工验收合格的,承包人主张建设工程价款优先受偿权,人民法院可以支持。

第二十五条 承包人将其对发包人的工程款债权转让给第三人的,建设工程价款优先受偿权随之转让。

第二十六条 建设工程完工前建设工程施工合同已被解除,已经完成的建设工程质量合格的,承包人对已完成的建设工程享有建设工程价款优先受偿权,承包人行使优先权的期限为六个月,自该建设工程施工合同解除之日或该工程质量被确定为合格之日起计算。

第二十七条 本意见由本院审判委员会负责解释。

第二十八条 本意见自印发之日起施行。本意见与法律、法规、司法解释规定不一致的,以法律、法规和司法解释为准。